基于个性化需求的
精准出版研究

张　弛○著

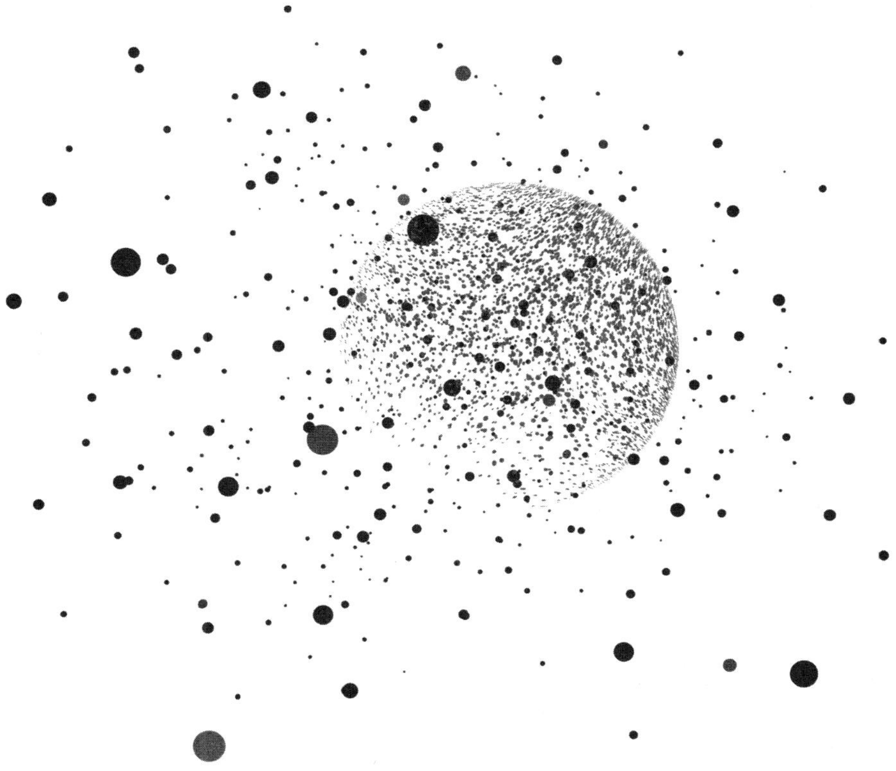

長江出版傳媒　湖北科学技术出版社

图书在版编目（CIP）数据

基于个性化需求的精准出版研究 / 张弛著. -- 武汉 : 湖北科学技术出版社， 2025. 4. -- ISBN 978-7-5706-3775-1

Ⅰ. G23

中国国家版本馆 CIP 数据核字第 2024U1K660 号

策　　划：杨瑰玉　　　　责任校对：王　璐
责任编辑：张波军　　　　封面设计：曾雅明

出版发行：湖北科学技术出版社
地　　址：武汉市雄楚大街 268 号（湖北出版文化城 B 座 13—14 层）
电　　话：027-87679468　　　　邮　　编：430070

印　　刷：湖北新华印务有限公司　　　　邮　　编：430035

---

787 毫米 ×1092 毫米　1/16　　15 印张　　300 千字
2025 年 4 月第 1 版　　　　2025 年 4 月第 1 次印刷
定　　价：68.00 元

本书得到国家社科基金2018年青年项目（18CXW009）资助

序

“天下之事，虑之贵详，行之贵力”，实现高质量发展，必须提高改革和发展的精准性。实现精准发展，一是各行各业防止产能过剩“去产能”的需要，二是防止库存增长过快“去库存”的需要，三是防止盲目举债“去杠杆”的需要，四是供给侧结构性改革“补短板”的需要。从这个意义上说，精准生产和精准服务是国民经济高质量发展的题中应有之义。对出版业来说，精准出版是出版业高质量发展的必由之路。

出版物库存问题是长期困扰出版业实现高质量发展的顽疾，如何去库存减少出版资源浪费，如何精准出版满足用户个性化需求，是出版业长期思虑并致力于解决的问题。张弛博士游学法国8年，由理科转文科，跟随我攻读传播学新媒体方向的博士，具有文理交叉的视野。10多年来，他一直致力于大数据出版方向的研究，在2016年基于博士论文出版了学术著作《大数据时代中国出版产业链的重构》，这次又以国家社会科学基金项目的成果为基础，出版了《基于个性化需求的精准出版研究》，既体现了学术研究的传承和沉淀，又体现了对理论研究与实践思考的前沿探索。

《基于个性化需求的精准出版研究》选题前沿、论证充分、资料翔实，既注重理论资源的挖掘，又注重现实问题的观照。通读全书，亮点颇多，显著特点可归纳为以下方面。

本书立论较高，站在新时代出版业高质量发展的战略高度指出精准出版是新时代出版业发展的必由之路，是新质生产力背景下形成新质出版力的必然趋势，是“双循环”战略背景下实现出版转型的必然要求，是传统出版与现代出版深度融入实现融合发展的迫切需求。

本书逻辑结构清晰，分析框架独到，技术路线明确。书中重点分析了基于个性化需求的精准出版必须用现代高新科技赋能，基于大数据的精准出版、基于5G万物皆媒的精准出版、基于AI的精准出版、基于用户画像和用户洞察的精准出版以及基于元宇宙视域的精准出版……这些研究依次展开，为我们清晰地呈现了精准出版的高科技时代背景和技术底色。

本书问题意识强，现代实践感突出。首先，书中直面现实存在的出版业供给侧结构性问题，用统计数据说明出版物库存压力大、退货率高的现状，并分析了产品不适销对路、不能满足用户个性化需求的原因，指出产品“质”“量”结构不合理、区域结构不合理、品种结构不合理等供给侧结构性问题。其次，书中深入探寻出版实践的创新路径，指出精准出版的创新驱动力来自大数据、云计算、AI、泛在网络、5G以及元宇宙等新兴技术群的聚合赋能，来自技术与技术之间的融合赋能，来自高科技生产要素的组合赋能。

本书出版得益于张弛博士的海外留学经历和理工科背景，这使其能从高新科技前沿研究分析出版转型。这种对新技术发展趋势及其产业应用的研究视角使本书具有较多理论亮点和较高实际应用价值。

实现精准出版涉及观念、政策、体制和技术等各个层面，需要研究的问题很多，本书的出版只是一个开端，只是起一个抛砖引玉的作用，期待学界和业界有更多更好的研究成果面世。

钟瑛

华中科技大学新闻与信息传播学院教授、博导　钟瑛

目录

CONTENTS

导　论

精准出版是一个现代出版概念。其本质要求是实现出版业态转型，即因应工业4.0趋势和大数据革命潮流，用基于用户个性化需求的精准出版业态改造传统的粗放出版业态。其现实要求是实现出版业高质量发展，即提供更多用户喜闻乐见的高质量出版物来满足用户日益增长的个性化市场需求。其技术要求是用高新科技赋能出版，即用大数据赋能精准出版、泛互联赋能精准出版、云计算赋能精准出版、AI赋能精准出版、5G赋能精准出版、元宇宙赋能精准出版，通过技术赋能推动出版业转型升级。也就是说，精准出版是在新技术推动下，实现传统出版与现代出版融合发展的新兴出版体系。

一、精准出版是新时代出版高质量发展的必然要求

党的二十大报告指出："高质量发展是全面建设社会主义现代化国家的首要任务。"①这既为我国新时代的经济发展指明了前进方向，也为我国出版业在新时代的高质量发展提供了根本遵循。进入新时代，我国社会主要矛盾的变化不仅要求满足人民群众对物质方面美好生活的需求，也要满足人民群众对精神文化方面美好生活的需求。出版业作为满足人民精神文化需求的重要行业，必须遵循高质量发展要求，实现出版业由数量型向质量型的转型、由产品"有没有"向"好不好"的转型、由粗放出版向精准出版的转型。

1. 出版供给侧结构性问题突显精准出版的紧迫性

出版供给侧结构性问题主要表现在以下几个方面。

第一，库存压力大。"中国图书出版业一度库存和销售比高达98%，动辄数百亿码洋图书化为纸浆。"②最近几年，图书出版市场的平均退货率30%~40%，"这是不太好的信号，对出版业的进一步发展有妨碍"，库存压力大有各方面的原因，其中退货率较高是重要原因，而退货率较高与产品不适销对路、不能满足用户个性化需求密切相关。

---

① 习近平：《高举中国特色社会主义伟大旗帜为全面建设社会主义现代化国家而团结奋斗》，人民出版社2022年版，第28页。

② 参见周玉波：《在新时代，出版业如何实现高质量发展》，中国共产党新闻网www.cpcnews.cn.，2020年9月18日。

第二，供给结构不合理。一是“质”“量”结构不合理，即数量增长快，但质量提高慢。质量问题又突出表现在两个方面：一方面是内容质量堪忧，同质化的跟风出版现象普遍存在；另一方面是编校质量堪忧，据国家新闻出版署“图书质量管理2019”专项工作检查，共抽查100家出版机构的300种各类图书，其中有29家出版机构的35种图书编校质量不合格，不合格率为11.7%。[①]二是区域结构不合理，即东部增长较快，中西部增长较慢。（图1-1）三是品种结构不合理，即科技类图书占比较小，生活类、教育类、人文社科类图书占比较大。“十三五”期间，科技类图书品种规模占比整体为20%左右。[②]四是印数结构不合理，即中小学教材印数占比大。“十三五”期间，中小学教材品种数量虽然只占整个出版图书总品种数的2%，但印数占到了图书总印数的30%～35%。[③]四是单品种平均印数下降，从1994年的6万册下降到2019年的1.8万

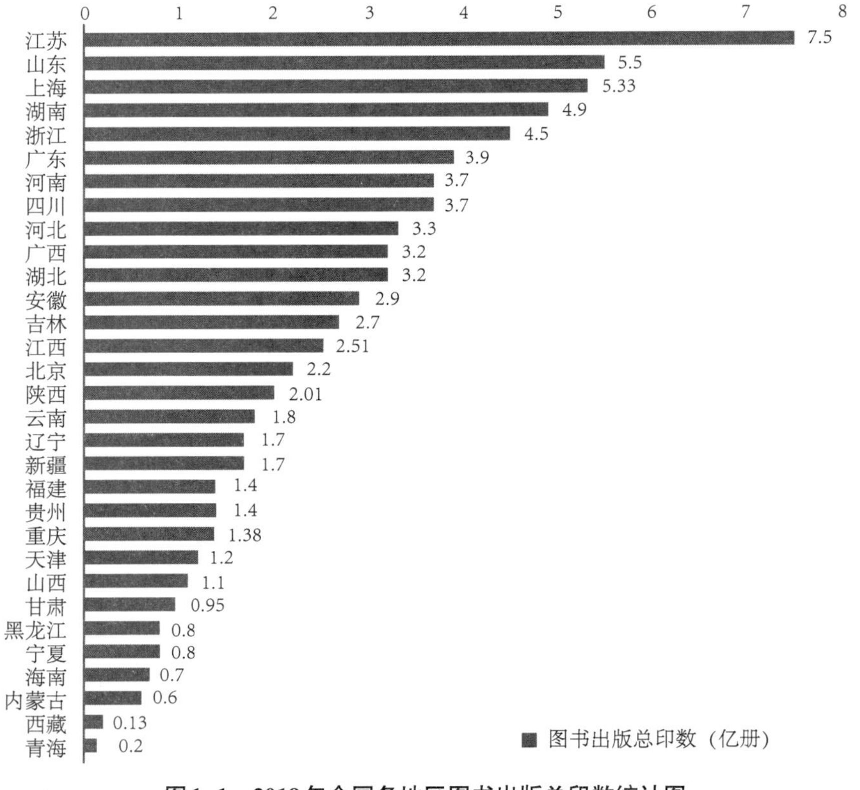

图1-1　2019年全国各地区图书出版总印数统计图

（资料来源：国家统计局，华经产业研究院整理）

① 参见王曦：《“十三五”时期我国图书出版业发展状况盘点》，《科技与出版》2020年第9期。

② 资料来源：《中国新闻出版统计资料汇编》，中国书籍出版社，2021年11月版。

③ 资料来源：《中国新闻出版统计资料汇编》，中国书籍出版社，2021年11月版。

册，下降幅度达70%，表明单品种边际效益不佳。第三，生产要素配置不合理。一是出版经济效益增长主要是依靠提高产品定价而获得，2018年图书定价金额比2015年增长了35.7%。二是人才、信息、技术等高级生产要素投入比重偏低，仍然主要是依靠增加一般工作人员、设备材料和资金投入来获得增长。特别是数字化、信息化程度不高，出版资源管理、出版流程管理、市场信息管理、内部运行管理都亟待转型升级，亟须推动出版与高新科技的深度融合。

2. 高新科技为精准出版提供强大推动力

精准出版的技术驱动力主要表现在以下方面。

第一，新兴技术群聚合赋能，即实施精准出版得益于大数据、云计算、AI、泛在网络、5G与区块链以及元宇宙的赋能。相对于其他产业领域，我国出版产业是一个业态相对传统的产业，线性产业链的形态较为明显，产业融合度不高，高新科技的产业应用相对滞后。本来，出版产业属于信息传播产业，在技术层面是距离数字技术、信息技术最近的产业，但由于政策保护等因素，出版产业一直处在被动应战高新技术挑战的状态。在新时代，大数据、云计算、AI、泛在网络、5G与区块链技术以及元宇宙不断给出版产业转型升级带来机遇和挑战，但面对机遇和挑战，出版业观望时间过长，思想观念、制度安排和人才准备都不是很到位。

第二，技术与技术融合赋能，仅就5G和元宇宙而言，能增强读者沉浸式体验的虚拟沉浸式阅读现在通过5G+VR即可实现，能增强现实体验的阅读现在通过5G+AR即可实现，还有5G+MR混合现实阅读、5G全息交互分享以及5G高效率阅读等等[①]，不仅颠覆了传统的阅读方式，而且大大拓展了出版阅读空间和延长了出版阅读时间，开创了基于5G和元宇宙的阅读新时空。

第三，高科技生产要素组合赋能。精准出版的精确性不是传统的经验式的精准，而是基于大数据和云计算的科学精准，精准出版的技术基础是“一大、二云、三网、四术”。“一大”即大数据，“二云”即云计算、云服务，“三网”即移动互联网、物联网、智联网，“四术”即信息技术、虚拟仿真技术、区块链技术、人工智能技术。这些高新技术进入出版生产要素组合，将极大改变出版内容组合、出版生产流程、出版产品样式、出版内容呈现方式、出版产品营销以及客户管理模式。

① 曹世生，范军：《融合创新：以新技术赋能出版高质量发展》，《科技与出版》2020年第5期。

二、精准出版是新时代出版产业发展的必然趋势

基于用户个性化需求的精准出版不仅具有新技术驱动，而且还是一种产业发展趋势。从产业链的角度讲，精准出版不仅是技术主导型产业链，而且还是资源主导型产业链，只不过当今的出版资源不是单一的内容资源，而是内容背后的数据资源。中国出版集团总裁谭跃认为："在新时代，传统出版业的重心正在转移，融合发展逐步将成为主旋律。在数字化网络化的浪潮中，传统出版商的要素是内容数据，关键是内容数据的集成，核心是内容数据的研发应用。在数据化中，出版将真正成为内容创新的主体，内容数据的规模、资产化、集约化、增值潜力越来越代表着出版新业态的方向。"①

1. 跨界融合成为拓展出版发展新路径的产业趋势

在工业4.0时代，跨界融合不仅只在出版领域出现，而是国民经济全产业发展大势。在金融行业，银行生存和发展的最大威胁并不是来自银行之间的同行竞争，而是互联网金融的竞争，如阿里系的蚂蚁金服、阿里银行，京东系的京东金融、京东银行以及腾讯金融、网银在线等都在金融行业做得风生水起，消费者日常的支付工具主要是支付宝和微信支付，日常转账也主要是使用支付宝和微信支付平台。在汽车制造行业，汽车制造厂商的最大威胁也不是来自行业内的同行竞争，而是一些从来没有研制过汽车的"门外汉"和"野蛮人"，小米汽车、格力汽车、恒驰汽车、百度汽车、阿里合资系的蔚来汽车等都在汽车行业攻城略地。同样，出版行业也面临着生产要素和市场竞争的跨界组合问题。阿里巴巴、京东、当当已在出版行业耕作了十多年，从《大卫·贝克汉姆》一书出版面世开始，"京东出版"开始创立自己的出版品牌，其"京东出版"系列图书选题都是通过大数据分析挖掘精选出来的。《大卫·贝克汉姆》一书的选题就是基于1700万用户的销售数据分析而确定的，在中国，基于大数据的"京东出版"是精准出版的先行者，曾被称为出版的"京东模式"。②一方面，跨界经营对传统出版业是一种挑战，另一方面，跨界经营又可以拓展出版产业的发展空间，开拓出版产业发展的新路径。跨界融合是出版生产要素的重新优化组合，是一种新的以"出版＋"为中心的文化产业发展模式，这种模式是对"互联网＋"的具体拓展。"出版＋"模式是将图书产业与国民经济其他产业领域融合共进，形成出版＋金融、出版＋互联网、出版＋移动互联网、出版＋物联网、出版＋智联网、出版＋旅游、出版＋体育、

① 参见袁舒婕：《数据驱动出版业态新方向，提供精准服务着力平台建设》，《中国新闻出版广电报》2018年1月8日。

② 范占英：《"京东模式"你学得会吗》，《中国新闻出版报》2014年3月31日。

出版+时尚、出版+教育的细化市场的精准出版样式。

2. 精准出版是智能出版的内在要求

自欧盟2007年率先提出“智慧城市”概念以来，IBM公司2008年首创“智慧地球”概念，随后，智慧交通、智慧校园、智慧图书馆、智慧医疗等概念接连出现，这不是人们一时心血来潮，而是人类经济社会发展的必然趋势。进入智能化时代，各行各业各个领域都在探寻智能化出路，如果说工业4.0时代的城市化趋势是“智慧城市”，电力工业的发展趋势是“智能电网”，金融业的发展趋势是“智慧金融”，商业化的发展趋势是“智能商务”，制造业的发展趋势是“智能制造”，医学医疗的发展趋势是“智慧医疗”，那么可以说，出版产业的发展趋势是“智能出版”。

但对“智能出版”新理念，出版业是呼吁多于行动。对这种现象，前中国出版集团总裁、现韬奋基金会理事长聂震宁曾一针见血地指出：“不用说，出版业肯定又要有人发出既是挑战，也是机遇，而且机遇大于挑战的呼吁。自20世纪90年代起，出版业已经一次又一次发出过这样的呼吁，可是也一次又一次错过了机遇，而且在一个个挑战面前“损兵折将。”[①]在工业4.0时代，出版业主要服务对象没有变，但服务对象的需求变了，用户需求越来越个性化，越来越要求“量身定做”和“私人定制”，这对习惯于动辄开印数几千册的传统出版模式而言还真是巨大的挑战。其实，满足用户个性化的需求的“量身定做”并非没有规模效益，只是选题更贴近用户需求，印数和销售更具有用户针对性。

智能出版不仅是一种理念，也是一种新的产业技术体系，其基本特征主要四个：泛互联范式、AI协同、全媒体、精准出版。从这个意义上可以说，智能出版是产业形态，而精准出版是运行目的，智能出版所要实现的就是满足用户个性化需求的目标。

① 聂震宁：《智慧时代：出版业又一次挑战与机遇》，《出版与印刷》2022年第1期。

第一章　融合发展背景下的精准出版

自改革开放以来，中国出版业一直与改革同行。经过几十年改革开放的艰难探索，中国出版终于找到了一条推动传统媒体和新兴媒体融合发展的出版转型之路。关于出版转型有各种各样的表述，如市场化转型、数字化转型、数智化转型等，都是基于不同视域对出版改革发展大势的研判和表述。

第一节　出版转型与融合发展

一、出版市场化转型与数字化转型

1.出版市场化转型

出版市场化转型是由经济体制改革和经济发展方式的转变决定的，是中国由计划经济体制向市场经济体制转变改革大潮的产物。自20世纪80年代开始，在中国探寻从计划经济向市场经济转型之路时，出版业也开始了改革探索之路。1988年4月1日，中宣部、国家新闻出版署发布的《出版社改革试行办法》明确指出出版社可以试行承包责任制，“继续试行和完善出版社内部的各种承包责任制”[①]。同年5月6日，中宣部、国家新闻出版署发出《关于当前图书发行体制改革的若干意见》以及《关于当前出版社改革的若干意见》，提出“要逐步实行社长责任制”，图书发行体制实行“三放一联”的改革思路，即放权承包国营书店，批发市场放开搞活，发行折扣和购销形式逐步放开，推动不同形式的出版发行企业集团和企业群体健康发展。[②]2009年3月25日，国家新闻出版总署颁布《关于进一步推进新闻出版体制改革的指导意见》，明确指出国有独资、国有控股出版发行企业与出版上市公司之间可以跨地域合作。党的十八大之后，新闻出版业改革开放的步伐进一步加快，2014年9月25日，国家新闻出版广电总局颁布《深化新闻出版体制改革实施方案》，

① 范军主编：《新中国新闻出版业70年》，中国书籍出版社2019版，第409页。

② 郝振省：《中国新闻出版业改革开放30年》，人民出版社2008年版，第49页。

明确了新闻出版体制改革的五个重点改革任务，并制定了23项具体措施。[①]及至2018年12月25日，国务院办公厅印发《文化体制改革中经营性文化事业单位转制为企业和进一步支持文化企业发展的规定》。[②]由上可见，中国出版业的市场化转型是和经济体制由计划经济向市场经济转型同步进行的。面向计划的出版业出现了“书荒”，出现了出版物“有没有”的问题，出现了出版业能不能满足人们日益增长的精神文化需要的问题。面向市场的出版业出现了“书海”，出现了出版“好不好”的问题，出现了出版业能不能满足人们对美好精神文化生活向往的问题。面向市场的出版要求直面读者用户，能不能满足用户日益个性化的需求实质上就是能否满足人们对美好精神文化生活的向往问题。从这个意义上来说，市场化转型是精准出版的内驱动力，精准出版是市场化转型的必然要求。

2. 出版数字化转型

出版数字化转型是由技术时代决定的。如果说市场化转型具有显著的中国特色的话，那么，数字化转型就是全球性的。面对互联网、大数据、云计算、5G、AI和元宇宙的全球性浪潮，全世界各行各业都自觉不自觉地在实现数字化转型，经济社会发展迈入工业4.0时代，社会生产和生活迈入智慧时代，新闻传媒迈入全媒体和融媒体时代。出版数字化转型的直接动因是读者用户的网民身份和生活数字化，也就是说，传统出版的地域空间和纸媒空间必然要向网络空间和数字空间延伸拓展。理解数字化转型，要明确几点基本认识。其一，出版数字化转型“是改革、发展所需，是行业潮流、大势所趋，这已是业界的普遍共识”[③]。其二，出版数字化转型“不仅深刻地改变着出版业的产品形态和生产运营模式，而且从根本上改变着出版业的社会功能，价值属性和思维理念”[④]。其三，出版数字化不仅只是简单地把纸媒内容搬到网上去，将纸媒出版物换成电子出版物，而是信息传播方式的转变。[⑤]其四，出版数字化转型既是出版产业改革发展的目标，同时也是一个过程。时至今日，出版数字化转型过程经历了两个阶段。一是IT阶段，即信息化建设阶段。出版机构在转型升级过程中，不断通过IT技术和工具来实现产品的数字信息化、业务的自动化、管理的信息化，这一阶段可视为数字化转型的早期阶段。在这一阶段出现了一批软件服务商，如以SAP为代表的ERP平台厂商，推动了出版机构的信息化建设。二是DT阶段，即数字化建设阶段。数字技术的迅猛发展，特别是大数据、云计算、5G、AI、泛互

① 范军主编：《新中国新闻出版业70年》，中国书籍出版社2019版，第462页。

② 范军主编：《新中国新闻出版业70年》，中国书籍出版社2019版，第471页。

③ 孙寿山：《以转型升级促进传统媒体与新兴媒体融合发展》，《出版发行研究》2014年第6期。

④ 李建臣：《传统出版的数字化转型与融合发展》，《科技与出版》2016年第12期。

⑤ 柳斌杰：《发展高品位高质量高效益出版业》，《中国出版》2018年第19期。

联的广泛应用，对传统出版机构的IT信息系统架构带来巨大冲击。英国学者曼东尼·利利和保罗·摩尔在《计算什么是重要的：大数据可以为文化部门做什么》一文中将数据应用分为数据1.0、数据2.0、数据3.0三个阶段。数据1.0阶段主要是着重于各种数据系统的建设，如财务数据系统、人事数据系统、销售数据系统。数据2.0阶段开始进行不同系统之间的数据交换和数据流转。数据3.0阶段则开始构建大数据平台，如构建数据中台来进行大数据资源的收集、清洗、储存和整合。①其五，“数字化转型重在转型，数字化只是手段”。数字化转型成功，要找到商业模式和数字化的结合点，如果能找到其中的关键支点，则会让数字化转型过程事半功倍。②对出版数字化转型来说，关键支点是用户，是满足用户日益个性化的需求。蒋建国认为，抓住用户是核心的问题、第一位的问题，争夺用户是要害所在、关键所在。有人说，这是“存人失地，人地皆存；存地失人，人地皆失”的重大问题。要从面向读者变为抓住用户，从内容生产变为服务提供，关注用户体验，满足用户多样化和个性化需求。③

出版的市场化转型和数字化转型的目标任务是实现出版产业的融合发展，即实现传统出版与新兴出的融合发展。原国家新闻出版广电总局副局长孙寿山认为：转型升级与融合发展的区别在于：“转型升级还是以传统新闻出版单位为主体的视角，融合发展则超越传统新闻出版的既有思维模式，以平行化、全局化的视角看待产业发展。”④

二、出版转型的基调：融合发展

2014年8月18日，习近平总书记主持召开中央全面深化改革领导小组第四次会议时指出：“推动传统媒体和新兴媒体融合发展，要遵循新闻传播规律和新兴媒体发展规律，强化互联网思维，坚持传统媒体和信息媒体优势互补、一体发展，坚持先进技术为支撑、内容建设为根本，推动传统媒体和新兴媒体在内容、渠道、平台、经营、管理等方面的深度融合，着力打造一批形态多样、手段先进、具有竞争力的新型主流媒体，建成几家拥有强大实力和传播力、公信力、影响力的新型主流媒体，形成立体多样、融合发展的现代传播体系。”⑤习近平总书记的这一重要讲话，有三个重要内涵。一是新闻出版产业改革发展的总方向是“推动传统媒体和新兴媒体的融合发

① 周耀林，刘晗：《数据3.0思维下的文化大数据应用研究》，《学习与实践》2019第9期。
② 钟华：《数字化转型的道与术》，机械工业出版社2020年版，第2页。
③ 蒋建国：《加快推动传统出版与新兴出版融合发展》，《中国编辑》2015年第1期。
④ 孙寿山：《以转型升级促进传统媒体与新兴媒体融合发展》，《出版发行研究》2014年第6期。
⑤ 中共中央宣传部：《中国共产党宣传工作简史》（下册），人民出版社2022年版，第590页。

展”。二是传统媒体与新兴媒体要一体发展，“传统媒体和新兴媒体不是取代关系，而是迭代关系，不是谁主谁次，而是此消彼长；不是谁强谁弱，而是优势互补”①。三是融合发展要立足于传统媒体，立足于“内容建设为根本”，创新性地提出了“内容为本，平台为王”的媒体新发展理念。习近平总书记的重要讲话为新闻出版业改革发展提出了融合发展的目标方向、方针原则和任务要求，也为推动传统出版和新兴出版融合发展提供了根本遵循。

1. 强化互联网思维

推动传统出版和新兴出版融合发展必须首先转变思维观念，要“强化互联网思维”。互联网思维是开放性的“互联网＋”思维，互联网思维除了包括跨界思维、平台思维、大数据思维、流量思维之外，还有一个重要方面是用户思维。“为什么要强化用户思维呢？为什么传统出版要向网络空间延伸呢？用政治语言说，‘人民’到网上去；用社会语言说，‘民众’到网上去了；用商业语言说，‘用户’到网上去了；用行业语言说，‘读者’到网上去了；用网络语言说，‘粉丝’到网上去了；用文化语言说，‘受众’到网上去了。”②总之一句话，“人”到网上去了。进入5G—万物互联时代，网络是互联网、移动互联网、物联网—万物互联的泛在网络，互联网思维是泛互联思维。泛在网络的覆盖面几乎涉及全民。因此，泛互联思维要求出版向网络空间延伸和拓展不是仅仅局限于互联网和移动互联网，而且要逐步向物联网延伸和拓展。

2. 转变出版运营模式

出版运营模式包括两个主要方面：一是出版生产模式，二是出版商业模式。

首先，关于出版生产模式。传统出版的生产模式总体上是单一、封闭的自循环生产模式。所谓单一，是指内容单一、媒介单一、传播形式单一、发行渠道单一。出版机构策划一本书往往只是为了出一本纸质书，最多是将纸质书印装成平装本、精装本、线装本或者口袋本。发行也是寄销制，货发出去卖得完就赚了，卖不完就退货进仓库、化纸浆。所谓封闭，是指出版业由于自身行业特性和政策性因素与外界很少交集，跨界跨行业的情况比较少见。但在互联网、大数据、云计算、5G时代，新兴出版横空出世，时代要求传统出版必须与新兴出版融合发展，改变传统的出版生产模式。融合发展是一个内容，多次开发和形成多种产品，实现多种效益。这种从出版内容到产品形态到营销渠

① 《习近平新时代中国特色社会主义思想学习纲要》，学习出版社2019年版，第152页。

② 蒋建国：《加快推动传统出版与新兴出版融合发展》，《中国编辑》2015年第1期。

道到生产管理的全方位转变只有将传统出版与新兴出版融合发展才能做到，仅仅停留在传统出版模式上徘徊不前是无法实现的。

其次，关于出版商业模式。传统出版的商业模式是单一的线下模式和线性的买卖模式。所谓单一的线下模式，是指传统出版的销售渠道主要是线下书店，尽管随着图书销售市场的改革开放出现了国有书店、民营书店、出版社自办发行书店等多种线下书店，但除了产权形式不一样以外，线下书店的商业模式基本上是一样的。单一的线下商业模式要面对两个挑战：一是作为书店门面的房地产价格和人工成本逐年上涨，导致销售成本增加；二是用户客源减少导致销售收入减少。成本增加收入减少导致实体书店数量持续下降。所谓线性的买卖模式，是指传统的出版商业模式是简单的买卖关系，出版发行部门大部分是和付款的人打交道，是你买我卖的一对一的线性交换关系。这种交换关系具有很强的功利性，关注的主要是经济效益，至于读者用户购书之后的阅读体验和深度学习需求，就不再是要花精力去关注的问题。传统的线性的买卖关系不重视出版供需链拓展，不重视价值链增值，当然会面临现代商业模式的巨大冲击。进入互联网和大数据时代，诸如阿里巴巴、京东商城、拼多多、当当以及国际电商巨头亚马逊等都大举进军出版业，其电商平台上的出版物销售额呈逐年增长趋势，增长的重要原因正在于其商业模式的优势。电商平台不仅只是简单地卖东西，同时也通过用户的浏览足迹和购物记录收集用户大数据，对客户进行用户画像和智能分组，基于大数据、云计算和算法推荐构建起快捷的商品推荐系统和口碑评价系统。在电商平台上，用户下单购买衣食住行等日常生活用品时还会有所纠结，因为没看到实物，很多人是跟着用户评价口碑推荐走的，但在购买图书等出版物时，读者用户下单时的纠结就会少得多，因为他们觉得书是用来看的，不是用来吃喝穿用的，只要内容合适，印装质量如何不是主要考虑的问题。显然，电商的商业模式不仅仅是关注如何获得收入，更重要的是关注如何获得用户。大量浏览商品目录的人群虽然不一定存在买卖关系，但很可能会成为潜在用户，而且也是获取市场大数据的重要来源。把用户当资源，把用户大数据当资源，还是仅仅把用户口袋里的钱当作商业资源，这是传统商业模式和现代商业模式的重要区别。传统出版如果不根本转变出版运营模式，“必然陷入失去用户、失去读者、失去粉丝、失去受众、失去市场、自娱自乐、自说自话、自拉自唱、自我欣赏的境地”[①]。

3. 转变出版体制机制

观念转变和运营模式的转变，必然要求体制机制的转变，必然要求出版业的平台建

① 蒋建国：《加快推动传统出版与新兴出版融合发展》，《中国编辑》2015年第1期。

设、生产流程、运行机制、管理体制、内容管理也发生相应转变。

首先，关于出版体制转变，要“一手抓融合，一手抓管理”。抓管理，一是宏观导向管理。“明确融合发展沿着正确方向推进。”二是抓版权管理，严厉打击侵犯盗版侵犯知识产权的行为，越是市场化转型和数字化转型期越要重视版权保护。三是抓市场管理，深化开展“扫黄打非”，完善法律法规规范市场秩序。长期以来，单一的出版管理体制导致出版单位形成严重的路径依赖，靠出版专业分工赚钱，靠书号赚钱，靠出版发行教材赚钱，靠纸质出版物赚钱，靠系统渠道发行赚钱，这一系列路径依赖使传统出版企业少有创新动力，甚至少有生存危机。“相比其他行业，出版行业体制的固化和僵化程度更加严重，抱残守缺，进取心不足。对出版发展新趋势缺乏敏感性，面对山呼海啸的外部世界，都我自岿然不动。”①自改革开放和数字经济蓬勃发展以来，出版体制制度屡受冲击，但出版体制的转变大都处于浅水区，“多是浅滩戏水，谈不上在深水作业。在这一个过程中，传统出版的路径依赖仍然很严重，出版业的转轨可谓任重道远”②。

其次，关于出版机制转变。一是建立健全出版市场的准入机制和退出机制。相比其他行业，传统出版的准入机制和退出机制相对固化，由于鲜有出版机构破产倒闭，出版产业的市场化程度和数字化程度都不太高，长期以来形成了一种“孤岛式”的生产和传播结构，“在数字化的冲击下，绝大多数传统行业的边界在消失”③。融合出版一方面会促使出版业向其他行业进军拓展市场，另一方面其他行业的生产要素也会进入出版行业，出版运行机制将进一步优化。二是进一步优化激励机制，中共中央办公厅、国务院办公厅印发的《关于推动国有文化企业把社会效益放在首位、实现社会效益和经济效益相统一的指导意见》中明确提出“在新闻出版传媒领域探索实现特殊管理股制度，但具体怎么操作亟待不断探索建立起股权激励的良性机制”。三是形成多元化的发展良性机制。出版融合发展在巩固传统主业的同时，业务范围逐步拓展，有的出版传媒集团已进入文化旅游、房地产、商业贸易等领域，需要规避多元化发展的风险，谨防掉入“多元化陷阱”④。融合发展是要实现“在平台、内容、经营、渠道、管理等方面的深度融合”，这就要求融合发展在创新渠道、平台、经营、管理的同时，要把内容创新作为根本。而融合发展背景下的出版内容创新，必须以实现基于用户个性化需求的精准出版为目标。

---

① 宋永刚：《大数据时代加快出版业转型升级的思考》，《中国编辑》2013年第5期。

② 张涛甫：《大数据时代的出版困局及其突破》，《编辑学报》2013年第2期。

③ 李建臣：《传统出版的数字化转型与融合发展》，《科技与出版》2016第12期。

④ 傅伟中：《内容为本、平台为王》，《中国编辑》2017年第4期。

三、出版转型的目标：精准出版

传统出版体制的一个突出问题是出版与用户的脱节，生产与消费的分离，关于这一点，蒋建国曾尖锐地指出：“传统体制下，出版社就是我编我的，不管读者要不要，书店是我卖我的，不管读者买不买，对个性化不重视，对分众化不了解，对多样化不研究，基本不知道用户的真正需求。”①这表明，国家出版管理部门的高层也知道传统出版的问题所在，要改变这种局面，必须首先转变发展观念和模式，改变长期形成的将消费者图式化，将个性需求作为一种“幻象”的观念和导向，构建以用户需要为导向的知识服务模式。而在互联网和大数据条件下，构建以满足用户个性化需求为导向的知识服务模式，既有现实必要，也有技术条件。

1. 关于传统纸媒的精准出版

进入21世纪以后，关于传统纸媒与网媒的生存优势之争不绝于耳。纸媒“悲观论”认为，纸媒正在成为一座“孤岛”。原因在于其最后一代读者已年龄大了，纸媒读者群体越来越小，发行成本日渐上涨，广告收入来源迅速萎缩。某些西方国家的报纸已在考虑和安排纸版报纸的停印时间表。物种或产业、产品濒临危机，使人们不得不想起“达尔文主义”。纸媒在面临读者大规模向网民“迁徙”的时代变迁时，必须思考如何将他们送达数码大陆的彼岸。还有“悲观论”者甚至相互打赌，纸媒如果“两年不死输你两万，五年不死输你五万”，打赌双方看似意见对立，其实都是“悲观论”者，争的不过是两年或五年的时间长短。而纸媒的“乐观论”者认为，尽管在互联网时代“纸媒肯定要让出不少地盘，但迎来的是多媒体的共存时代，不可能是网络的一枝独秀”②，“纸张在网络面前，有其至今仍为读者无法割舍的优势，不至于一触即溃”③“网络有网络的优势，纸书同样有纸书的魅力。不同的媒体有不同的生存哲学”“文字是网络的短板，恰是纸书的强项”④。全英书籍联盟会长巴莫戈说过：“迄今为止，我曾五次听到图书即将寿终正寝的话。即使这样，图书依然生存下来了。”

纸媒与网媒共存共荣是传统出版与新兴出版融合发展的媒体常态。但这并不意味着纸媒的存在不需要条件，在网络新媒体条件下，传统纸媒必须树立用户意识，确定用户

---

① 蒋建国：《加快推动传统出版和新兴出版融合发展》，《中国编辑》2015年第1期。

② 郝铭鉴：《出版的灯光》，上海文艺出版社2017年版，第9页。

③ 郝铭鉴：《出版的灯光》，上海文艺出版社2017年版，第8页。

④ 郝铭鉴：《出版的灯光》，上海文艺出版社2017年版，第7页。

目标，将过去的“基本不知道用户的真正需求”的粗放出版转变为基于用户个性化需求的精准出版。也就是说，只要面向用户个性化需求，传统纸媒出版仍大有可为。

（1）全媒体时代纸书出版生成发展的空间。

其一，经典文献出版的空间。我国是有着五千年悠久历史的文明古国，具有世界上唯一没有中断的文明形态，在各个历史时期都有不同的经典文献流传于世。古籍整理作为历史文化工程，作为传承历史文化的世纪工程都为纸质出版提供了巨大发展空间。如北京大学出版社的世纪出版工程《儒藏》仅精华编就有2亿多字，从2016年开始，连续获得国家出版基金资助（一期60册、二期80册、三期43册）。习近平总书记2014年视察北京大学时，亲切探望了总编纂汤一介先生，询问《儒藏》编纂情况，并高度赞扬其为中华传统文化传承、发展、创新作出了重要贡献。[①]

其二，工具书出版的空间。工具书是人们日常所用的学习工具，是学习工作的案头必备之物，哪怕是到了电子书和网络百科搜索时代，纸质工具书的存在发展仍有很大空间，只是其出版形式要更贴近读者用户，如《辞海》自1979年出版以来，每10年修订一次，已出到第七版。面对网络工具读物的冲击，上海辞书出版始终坚信知识的魅力是永远存在的，精品图书是有市场的，从第六版开始，《辞海》出版了两个版本：一是五卷本的彩图本，定价1080元/套，目标用户是图书馆、学校、文化团体和政府机关，二是缩印本，目标用户是个人。目标用户的确定使《辞海》刮起一场“蓝色旋风”，仅第六版彩图本在4个月即发行7万套，4个月的销售就达7560万码洋。可见，只要找准目标用户，纸质工具书的市场空间仍有巨大潜力。

其三，深度阅读的空间。尽管电子网络阅读给读者带来便捷性和廉价性，但电子阅读又有碎片化、浅阅读的弊端。阅读虽然能给人带来愉悦，但阅读也能引人深入思考，在纸媒与电子媒体融合发展的条件下，虽然碎片化阅读、快餐化阅读的读者用户人数相对较多，但忠实的书籍粉丝仍然会是纸质图书的用户来源，高端的学术性论著仍然拥有不少的读者，很多人在网上买的很多还是纸质图书，只是下单的渠道不一样，买书读书的初衷并没有变。而且在知网上检索学术文献资料的读者，很多人还是先下载再打印成纸质文件。对于快餐文化消费的电子网络图书，一些经典作品也会选择出版纸质版，印制装帧都更加精美，既增加了使用价值，也增加了收藏价值。

其四，藏书的空间。中国是一个有着深厚藏书传统的国家，自古就有官藏、私藏、寺藏三大类藏书。仅私藏就涌现出不少藏书阁和藏书家。在电子网络时代，虽然一个硬

---

① 《事不避难义不逃责：重大古籍整理工程〈儒藏〉的出版》，《中国新闻出版广电报》2021年10月22日。

盘的信息容量就有一个图书馆的信息容量大，但中国人藏书的传统不会丢。被称为“中国现代藏书第一人”的韦力说：让买书的，回归买书；让阅读的，回归阅读。碎片化知识再多，纸质书依然是最便捷的、最好的、最有价值的阅读选择。“藏书是因为爱书，所以愿意去探寻跟书有关的一切，凡是与之相关者，都能给我带来无限欢欣，这让我更加留恋这个世界的美好。”①

其五，电子阅读的低俗化和对视力影响造成的纸书空间。在电子阅读迅猛发展的条件下，一方面，阅读手段和阅读工具日益便捷深受读者用户欢迎，另一方面，由于网络编辑的开放性，电子阅读的一些内容难免粗制滥造，特别是网上一些百科搜索类的专业知识性很强的条目编辑，没有经过专业训练和内容审核，经常出现错误百出的情况，以至于读者经常在网上“吐槽”留言，不准确、不健康甚至各种恶劣的不良文本充斥网络，严重影响广大网民特别是青少年读者的身心健康。②而专业出版社的纸质图书都经过三审三校，在内容把关方面是严格的。除了电子阅读产品的低俗现象让读者回归纸质图书，同时，电子阅读产品的读屏时间过长还会严重影响读者特别是青少年读者的视力健康。这些情况都为纸质图书存在和发展带来生存空间。

（2）全媒体时代纸书向精准出版的转变。

尽管在全媒体时代纸书出版仍然具有很大的生成发展的空间，但纸书向精准出版的转变也势在必行。全媒体时代为纸书向精准出版的转变提供了机遇和条件。

其一，“全民阅读”“书香中国”培育读书人。2022年4月23日，首届全民阅读大会在北京开幕。习近平总书记在致大会的贺信中指出：“中华民族自古提倡阅读，讲究格物致知、诚意正心，传承中华民族生生不息的精神，塑造中国人民自信自强的品格。”“希望全社会都参与到阅读中来，形成爱读书、读好书、喜读书的浓厚氛围。”③在全民阅读和书香中国建设中，纸质媒体和网络媒体都同样扮演着重要角色，形成全社会浓厚的读书氛围，培养一代又一代读书人是纸质媒体和网络媒体同样肩负的历史使命。“书香门第”一直是中国人向往的社会人生背景，“读书人”“大先生”一直是饱含敬意的人生标签。张学良将军在饱经人生沉浮后感叹道：“余生烽火后，唯一愿读书。”“读书人”的增加一方面是文化传统熏陶的结果，另一方面也得益于出版阅读的培育。因此，出版机构不是单纯的卖书人，也是“读书人”的培育者。出版机构培育“读书人”主要靠两大本事。一是靠内容品质，如果图书的内容品质不佳，不仅不能

---

① 李月红：《专访’中国藏书第一人‘韦人：纸质书依然是最好的选择》，《浙江日报》2019年1月2日。

② 洪晓英：《全媒体时代纸质图书出版思考》，《新闻传播》2016年第2期。

③《习近平致首届全民阅读大会举办的贺信》，新华网2022年4月23日。

给人以心灵启迪，反而使人产生“厌书症”，有一位读者曾说：“我把书当作情人，不料一次次遭到戏弄。有些书看上去明眸皓齿，读起来却空洞无物，甚至差错连篇。”可见低俗的作品害人不浅。二是靠满足读者用户需要，如果图书不贴近读者用户需求，同样会失去受众并最终丧失自己生存的空间。《阅读史》一书的作者曼古埃尔曾说：“每本书都自成一个世界，可以让我逃到里面避难。”这说明一书一世界的私密性，书籍的读者之所以不像电视观众和电影观众那样称之为“读众”，正在于书籍阅读的个人体验性。不培育“读书人”，出版市场很难做大，不能满足读者用户的个性化需求，出版市场将会萎缩。

其二，慧眼识才选准写书人。图书内容品质的好坏和是否能满足读者用户个性化需要，是检验图书市场兴旺还是低迷的两个关键因素，而且内容品质与满足读者需要也是不可分割的。创作高质量内容作品和满足读者需要与写书人有很大关系，如果编辑缺乏慧眼识才的能力，很多高质量作品也许会石沉大海。著名作家二月河在创作出《康熙大帝》后曾赴北京请名家指点，但遭到冷遇，对其以高中肄业学历能创作历史小说表示质疑，如果不是长江文艺出版社周百义社长慧眼识才，二月河的“帝王系列”作品也许会遭受埋没。科幻小说作家儒勒·凡尔纳一生创作过100多种科幻小说，赢得了全世界众多读者喜爱，以至于他的葬礼有众多国王和总统的特使参加，但其处女作《气球上的五星期》先后遭到过15家出版社退稿，以至于他一怒之下将手稿投入火炉，幸亏他的妻子将手稿抢了出来，劝他另投稿一试，终于第16家出版社出版了他的作品。如果不是第16家出版社的编辑慧眼识才，就不会有《气球上的五星期》的畅销，甚至不会有凡尔纳这位著名科幻小说作家。培育“读者人”与选准“写书人”有关，更与“编书人”有关。只有心里想着读者，真正了解读者的读书需求，所编之书就一定会有市场。

其三，提高素质当好编书人。编辑是作品和读者之间的纽带和桥梁。首先，编书人眼里要有光，即要有眼光。编书人既要善于发现作者，也要善于发现读者，更要善于发现作者与读者共同关注的热点。编书人既要抓住当下热点，也要预测未来热点，成为兼具编书人和策划人多重角色的出版人。日本著名出版商CCC公司和茑屋书店创始人增田宗昭在《知的资本论：茑屋书店的经营之道》一书中说，出版社和书店本质上应该“是一家策划公司，通过提出更加有效的策划来创造价值”。策划的价值在于“该策划是否能增大顾客价值”①。好的策划都与编辑眼光有关。在百年中国近代史上，《新青年》杂志是“觉醒年代”新文化运动的重要推动力量，1918年1月接手编辑《新青年》杂志的钱玄同在读了编辑部存稿以后，觉得可编用的稿件不多，就以新文化的眼光盯着

① [日]增田宗昭：《知的资本论：茑屋书店的经营之道》，中信出版集团2017年版，第33页。

几位“新文化运动的闯将”，其中主攻对象之一就是鲁迅。鲁迅曾在《呐喊》自序中写下了他与钱玄同之间的一次对话，当时鲁迅正处于寂寞无聊状态，以抄古碑消磨打发时间，钱玄同劝他向《新青年》投稿，鲁迅说：在一间没有窗户的铁屋子里，人们因昏睡不醒即将死灭。如果现在大嚷起来，惊醒了其中几个，他们不是更痛苦了吗？钱玄同回答道：几个人既然起来，你不能说绝没有毁坏这铁屋的希望。这场对话就是著名的“关于铁屋子的讨论”。正是钱玄同所说“毁坏这铁屋的希望”深深触动了鲁迅，鲁迅写了中国新文学史上第一篇白话小说《狂人日记》，并由钱玄同组稿刊出，有力地推动了新文学运动进程。《新青年》被誉为“一份独领风骚的刊物”，钱玄同这位“独具慧眼的编辑”功不可没。其次，编书人脑里要有“魂”，即编辑要成为出版“脑库”。曾有人形象地称编辑工作是“人脑＋电脑”，是说相对于现代化工业大机器生产，编辑使用的工具比较简单，一台电脑加上编辑大脑就可以开展工作，这表明出版是一种精神生产活动，脑力劳动成分多，硬件设备成分少。编辑的“脑库”作用表现为编辑要有编辑思想与编辑精神。杰拉尔德·格里斯在《编辑人的世界》中说编辑肩负着两种使命：一种是高尚的“文化使命”，另一种是不会明说的“商业革命”①。文化使命要求编辑人要有正确的文化态度和文化立场，“事实上，图书出版的过程中，没有哪一个环节是真正中立的”②。编辑人不能为了“商业使命”而放弃“文化使命”。再次，编书胸中要有“数”，编辑胸中的数不仅来自其文化立场和文化态度，不仅来自其胆识和知识水平，更重要的还来自其经验积累。美国出版家约翰·布莱克曾说：“我们选择编辑，并不看重学历，甚至也不看重专业，经验证明，良好的整体素质和敏锐的判断力是必不可少的。”随着融媒体出版时代的到来，对编辑的要求几乎到了“全才”的程度，在纵向工序上既要策划选题、组稿、加工，又要参与排版、印制、发行，是“全程策划”。在横向联系上，既要有纸媒出版，又要有超文本的非纸媒出版，线下与线上联动，对编辑的综合素质和实战经验提出了越来越高的要求。③

由此可见，全媒体时代传统纸媒的市场空间依然是存在的，其顽强生命力在于：一是社会不管怎么发展，“好书”的“读书人”总是会越来越多，而不是越来越少，例如，尽管网络阅读日新月异，但犹太人和日本人读纸书的习惯并没有改变；二是不管社会如何变化，但随着人们精神生活的丰富和科技文化知识水平的提高，高素质的“写书人”也会越来越多；三是不管出版产业如何变化，高素质的“编书人”也会越来越多，

---

① [美]杰拉尔德.格罗斯：《编辑人的世界》，新星出版社2014年版，第90页。

② [美]杰拉尔德.格罗斯：《编辑人的世界》，新星出版社2014年版，第335页。

③ 张俊：《论编辑的新使命新担当》，《中国编辑》2021年第2期。

出版是内容产业，只要有人需要高品质的内容，只要有人能写出读者喜爱的高品质内容，只要有人能编出满足读者需要的高水平的图书，纸质出版就会存在发展的空间。2022年11月11日，目前全球最大的商业体“WS梦时代”在武汉盛大开业，位于“WS梦时代”的知名线下书店“西西弗城市定制店”也与广大读者见面。在线下书店纷纷关张或惨淡经营的境况下，“西西弗书店”已在全国80多个城市开设了300多家线下实体店，这表明纸质书和线下书店仍然具有广阔的市场前景。这也进一步说明出版的本质是不变的，所变化的只是其形式和应用。

第二节　融合发展打造精准出版价值链

传统出版与新兴出版融合发展必然会打破原有的出版价值链，要求打造新的出版价值链。出版产业和国民经济的其他产业一样，其存在的根本价值是满足人们日益多样化、个性化的精神文化需要，虽然其直接价值是盈利，但在本质上，出版产业特别强调两个效益的统一，强调通过创造经济效益来实现社会效益。从这个意义上来说，出版价值是社会价值和经济价值的统一。在泛互联网、云计算、大数据和新一代人工智能等高新技术条件下，融合发展打造的出版价值链不再是单一的线性价值链，而是立体的多元的价值网链。

一、融合线下资源和线上资源的精准出版

迈克尔·波特在《竞争优势》中论述价值链理论时指出：“每一个企业都是用来进行设计、生产、营销、交货以及对产品起辅助作用的各种活动的集合。所有这些活动都可以用价值链来表示。”[①]进入互联网时代后，企业活动越来越网络化、数字化，企业价值链已不再是单一的线性结构，而演化成网链结构，“如核心企业与供应商，供应商与供应商乃至一切前向的关系，与用户、用户的用户及一切后向的关系，价值链变成了一个网链”[②]。泛在网络使出版活动从线下向线上延伸拓展，出版价值链也呈现线下线上不同形态，单一的线下价值链被解构。融合线上线下的出版资源拓展使出版产品构造、出版内容构造、出版用户构造都发生了很大变化，也为满足用户个性化需求的精准

① ［美］迈克尔·波特：《竞争优势》，陈小悦译，华夏出版社2005年版，第36页。

② 王海林：《价值链内部控制》，经济科学出版社2007年版，第3页。

出版提供了条件。

1. 基于用户个性化需求拓展出版产品线

传统的出版产品线主要是纸质产品、有形产品和收费产品，在融合出版条件下，出版产品线不断丰富。

（1）纸介质与光电介质产品复合价值构造。

纸介质出版物一直是传统出版的主要产品形态，占据着出版盈利的主要价值版图。随着网络和数字技术的发展，光电介质出版物层出不穷。出现了“一个内容、多种创意，一个创意、多次开发，一次开发、多种产品，一种产品、多个形态，一次销售、多条渠道，一次投入、多次产出，一次产出、多次增值”①的复合价值链。在这方面，中国深圳华强数字动漫有限公司（以下简称“深圳华强”）开发的动漫片《熊出没》是典型案例。自2012年上线以来，深圳华强一方面与中央电视台、中国移动、中国电信、中国联通合作，在电视频道、电信频道、电商频道、手机视频平台和专业视频网站上持续热播此动漫，在线上中国动漫点击排名榜单上长期居于首位，另一方面又大力开发线下系列产品，深圳华强首先与北京华图宏阳图书有限公司合作开发《熊出没》纸质出版物，授权其出版印刷销售《熊出没之环球大冒险》系列纸质图书，后又与深圳盟世奇商贸有限公司合作推出儿童玩具产品。2021年春节档，《熊出没·重返地球》以超9亿元电影票房创出《熊出没》系列电影票房最高纪录，成为中国国内电影贺岁片动漫累计票房总冠军。与此同时，北京冬奥组委会许可将熊大、熊二、光头强作为中国经典动漫片品牌形象列入动漫电影《我们的冬奥》中，和冬奥吉祥物冰墩墩、雪容融一起走上冬奥大屏幕。《熊出没》通过原创IP数据—IP授权—IP衍生品—IP交易—品牌IP联名＋电商大数据分析平台将产品线不断拓展。截至2022年2月初，该动漫共完结主线TV版10部，幼教系列5部，贺岁片2部，大电影8部，舞台剧2部，儿歌1部，系列图书5套，产品线覆盖到线上线下、纸媒和非纸媒甚至玩具开发和儿童奶粉等广阔领域，将单一的产品价值链变成了复合多维的产品价值网链，产品线越拉越长，产品价值丰度越来越高。

（2）有形产品与无形产品复合价值构造。

在传统的出版体系中，产品形态主要是实物封装型的有形产品，哪怕是光电介质的光盘、U盘也是有形的实物封装型产品。在传统出版与新兴出版融合发展条件下，实物封装型的有形产品仍然存在，但非实物封装的无形产品不断涌现。无形产品主要有两种形态。一是网络出版物等虚拟在线产品。虚拟在线产品很多是由有形产品拓展而来。比

---

① 蒋建国：《加快推动传统出版与新兴出版融合发展》，《中国编辑》2015年第1期。

较典型的案例是《纸牌屋》。《纸牌屋》原本是由迈克尔·多布斯于1989创作、1990年出版的一部政治小说，长期在线下书店售卖，销售并不火爆。但自2013年奈飞公司（Netflix）将其搬到线上后，不管是影院观众还是网络视频点击率都迅速上升，Netflix用直接的流媒体方式替代在线预订和物流邮寄方式，而流媒体采用的是流式传输在网上播放的媒体格式，这种数据包选择的即时性和在线观看的便捷性可以大大提高用户黏性，Netflix因此而成为全球最大的流媒体，中国的爱奇艺、优酷、土豆等流媒体从Netflix那里学习了不少有用的发展经验。二是服务产品。服务产品主要包括知识服务产品和数据服务产品。知识服务、信息服务、数据服务本质上是一致的，只是服务层级不同而已。从传统出版到新兴出版，随着用户需求的不断提高和日益个性化，服务层次也遵循“信息—知识—智能”的方向相应提升。[①]进入大数据时代，“信息—知识—智能”的层次进一步拓展，发展成“数据—信息—知识—智慧”四个层级，人类的智力运动，是将数据格式化为信息，将信息转变为知识，将知识上升为智慧的永恒过程。在大数据推动下，“出版机构知识服务产品的设计和研发向个性化、多元化、立体化、精准化方向发展”[②]。数据服务就是出版知识服务产品的个性化、精准化产物。以“中国统计年鉴数据库”（CSYD）为例，“中国统计年鉴数据库”收录了新中国成立以后中国正式出版的全部统计年鉴和年报，但其利用率一直不是很高，重要原因之一是其只是一堆统计数字的堆砌，缺乏对统计数据的分析评价，而数据分析和数据评价往往是用户最关心、最需要的。数据统计只是资料性、介绍性的，而数据分析、数据评价则是研究性分析性的，介绍只是分析和研究的基础，分析和研究则是介绍的升华。“如果我们不断地深入挖掘各种用户和读者研究和学习的需求，把出版看成为读者提供知识服务的过程”[③]，并且将知识服务细化为数据服务，就能满足更多用户的个性化需求。

（3）收费产品与免费产品的复合价值构造。

在传统的出版体系中，收费产品一直是主要产品形式，出版物都会有标价，标价也是出版物劳动价值的体现。进入传统出版与新兴出版融合发展的时代，尽管收费产品仍是主要产品形态，但免费产品也在不断涌现。《免费：未来的商业模式》一书中认为，在21世纪，免费已经成为一种全新的经济模式。[④]其本质上是一种直接交叉补贴模式，即以A产品吸引客户，通过B产品盈利。车音网就是这种模式的践行者，其运

① 许剑颖：《数字出版知识服务的内涵、模式及对策》，《科技与出版》2017年第11期。

② 黄先蓉，常嘉玲：《融合发展背景下出版领域知识服务研究新进展：现状、模式、技术与路径》，《出版科学》2020年第1期。

③ 王明亮：《关于“大数据出版”的一些体会和猜想》，《中国新闻出版报》2013年8月29日。

④ [美]克里斯·安德森：《免费：未来的商业模式》，中信出版社2009年版，“内容提要”。

行模式是：用户注册成车音网会员，缴纳一定数额会费后就可任意免费拨打国内电话，还可以以会员身份享受紧急救援服务、行车导航服务、预约维修服务、代办违章缴费等一系列免费服务，注册会员时还能够享受比市面价格低很多话费优惠待遇。这种收费＋免费的运行模式成功利用了用户天生爱占便宜、害怕吃亏的消费心理，通过对用户容易认可接受的通信部分收费而对附加的服务项目免费，来消解用户“心智交易成本”。由此可见，“免费模式对单一的产品（或服务）是无法进行交叉补贴的，需要企业提供多种产品（或服务）。而这多种产品（或服务）组合在一起，就具有了超越其他竞争者的核心竞争力”[①]。收费＋免费的产品组合在出版行业运用最多的是网络游戏出版，传统的网游主要采用点卡收入、计时收费方式，但这种方式对用户数量的增加不利，用户数量不足又限制了收入增加。“征途网络”为改变这种状况，宣布征途游戏免费，随后，盛大网络也宣布对《梦幻国度》《传奇》等产品实现免费，主打产品免费后，采取了通过“游戏装备”等虚拟产品销售增加收入的策略，收到了较好的效果。用户从线下转入线上后，网络出版物用户迅猛增长，线上出版企业和线下出版产品采取免费方式吸引用户应该会成为一种常态，因为线上企业和线上产品的生存和发展的关键是用户点击率，而提供免费产品是提高用户点击率的一个重要策略，尽管主打产品免费会影响企业和产品营收，但点击率提高会增加广告收入和流量。电商巨头淘宝、拼多多创业时的主要收入来源就是广告收入和流量，以至于网络营收中出现了“流量变现”这一概念。

2. 融合出版资源满足用户个性化需求

推动传统出版与新兴出版融合发展的一个主要方面是出版资源的融合。融合出版资源的工作重点主要有如下几个方面。

（1）融合线上和线下两种资源。传统出版的优势是内容资源，新兴出版的优势是平台资源。推动传统出版与新兴出版融合发展，就要体现“内容为本，平台为王”的融合优势。这种优势的具体表现是基于互联网和大数据的线上＋线下的O2O模式。O2O模式的尝试之一是阿里巴巴“马上淘”业务。“马上淘”是阿里巴巴联合六大城市的12家纸媒联合开发推出的“纸媒＋电商”模式，“与阿里巴巴合作的报纸上的二维码只能用手机淘宝客户端扫描，而不能使用别的移动客户端扫描，如此操作，纸媒无疑成了阿里巴巴争抢O2O（线上到线下）入口的重要平台之一”[②]。O2O的另一种

① 陈小垃：《流行美和车音网：直接交叉补贴中的免费》，《世界经理人》2010年5月11日。

② 任晓宁：《阿里：欲造“线下”生态链》，《中国出版传媒商报》2014年4月8日。

模式是“慕课”。“慕课”是一种大规模的网络公开课，是一种没有固定听众没有边界的开放式课堂，“慕课”的大规模性表现为16万人可同时在网上学习同一门课，其开放性表现在听众没有听课人数限制、没有学籍限制、没有年龄限制、没有地域限制。这种大规模开放式课程显然是基于海量课程资源和互联网运行的，是典型的线上＋线下的网络教学模式。“慕课”依托的是在线教育平台、二维码的各类应用、移动App等。如中国大象出版社构建的基于移动互联网的“大象e课”网络服务平台、App与数字出版与学习平台就是这方面的成功案例。[①]精准出版的出发点是要满足用户个性化需求，教育类出版社可以依托O2O构建“慕课”平台，其他出版机构也可以依托O2O开发出版资源。

融合线上和线下出版资源的关键是移动互联平台和大数据平台，大数据平台是内容挖掘的技术基础，移动互联平台是手机用户的关键入口，O2O模式是“内容为本，平台为王”融合优势的具体体现，如果不占据大数据平台和移动互联平台并融合各方优势，推动融合发展就是一个空话。传统出版的优势主要表现为两点。一是内容优势。出版业一直被称为内容产业，内容是属于精神生产范畴，是出版产业安身立命的核心资源，因此，以“内容建设为根本”指出了出版产业生存和发展的关键。二是线下优势。出版业除了出版社之外，还包括印厂、书店等生产和市场营销企业，在长期的生产经营过程中形成了遍布线下的密集出版阵容。这两大优势是拥有网络平台优势的电商所不能企及的，因此才会出现“马上淘”这种纸媒＋电商的“合作”模式。O2O除了纸媒与电商的合作模式之外，大型出版集团等头部企业也可以构建自己的网络平台，如浙江出版联合集团、四川新华发行集团等出版企业就构建了博库网和文轩网[②]，这种专业性网站虽然没有淘宝网、腾讯网等门户网站影响面大，但也是融合线上与线下出版资源的有效举措。

（2）融合内容与数据两种出版资源。在传统的出版价值链中，内容出版是价值创造的核心和主体，形成了以内容创造和内容提供为中心的线性的单一的价值创造，表现为出版社只卖图书，不卖数据。随着大数据技术的广泛应用，“数据已成为21世纪的石油”，数据资源的战略意义已广为人知。

首先，数据资源具有“再利用性”，突出表现为“数据废气”可转变为“数据资产”。数据废气和黑暗数据通常是指长期沉睡很少使用或者根本没有使用过的数据，数据废气和黑暗数据的产生与数据库彼此孤立形成的“数据孤岛”有关。数据孤岛与传统

① 崔征：《传统教育出版的融合发展探究》，《出版广角》2018年第6期。

② 傅伟中：《内容为本、平台为王》，《中国编辑》2017年第4期。

的分立式的信息化建设模式有关。大数据的来临使大量数据废气变成“数据资产”，使数据资源具有可“再利用性”。如人民卫生出版社在数据资源建设过程中，改变原来单一的机构所有的管理信息系统（MIS），而搭建起“人卫内容云平台”，集合人民卫生出版社建社以来的图书内容资源、音频、视频、动画等富媒体资源进行出版大数据管理。①云平台是基于大数据、云计算、新一代人工智能运行的，将出版数据资源集中在云平台进行管理，既提高了出版数据的“可再利用性”，也降低了数据信息管理成本，既提高了数据利用的“精准性”，也降低了数据沉淀的冗余性。

其次，数据资源具有“非竞争性”，“非竞争性”来源于数据的“可再生性”和无穷循环使用。大数据曾被人称为“21世纪的石油”，这主要是指石油资源是关系国计民生的大宗商品，将大数据比喻为石油凸显其珍贵性是合理的，但大数据与石油有本质的区别，区别在于石油是不可再生性资源，用一桶少一桶，而数据资源是不断再生的取之不尽、用之不竭的循环资源，只要人类不停止生产和生活，数据的产生就不会停止。数据的价值在于使用，而科学使用数据的技术就是大数据技术。大数据资源不同于一般物质性资源，数据资源的价值在使用过程中不会产生物质性消耗，反而越用越有价值，这就是经济学家所说的“非竞争性”的好处：个人的使用不会妨碍其他人的使用，而且信息不会像其他物质产品一样随着使用有所消耗。②雅昌（文化）集团有限公司（以下简称“雅昌”）是将数据资源变成数据资产的成功案例，其于1993年创建时只是一家毫不起眼的艺术品印刷厂，但与其他印刷厂不同之处在于，雅昌自创建之日起就一直在将每次印刷后的电子数据资料存储起来，历经近40年的数据积累，构建起庞大的艺术品数据仓库，基于专业的艺术品数据分析，雅昌推出“雅昌艺术市场指数”（AMI）。目前，雅昌已成为拥有深圳、上海、北京三大运营基地以及杭州、合肥、广州、南京、西安、成都六大艺术服务中心，产品和服务遍及全球几十个国家和地区的大型文化传媒集团。其艺术数据服务以中国艺术品数据仓库为核心，利用大数据和云计算技术，为用户提供包括雅昌云图、雅昌VR、雅昌AR、雅昌MR、博物馆艺术馆展览、博物馆艺术馆等众多数据服务产品，并与中国故宫博物院、中国国家博物馆、西藏布达拉宫等馆院合作推出数字博物馆，依托雅昌艺术品大数据，雅昌系列的雅昌艺术网、雅昌艺术家服务、雅昌印刷、雅昌艺术图书的影响力越来越大，其中雅昌艺术图书已发展成为精选艺术图书达5万种、十大主要语种的文化艺术公益平台。其旗下的中国艺术品鉴证服务，已发展成为对艺术品进行真伪鉴

---

① 王雪凝：《传统出版单位推动媒体融合纵深发展的思考》，《中国出版》2019年第13期。

② 张弛：《大数据资源扩展性探究》，《山西师范大学学报》（社科版）2015年第3期

定、高清图像采集、作品DNA数据提取、数据存储备案、版权登记备案、备案数据库查询、艺术品“身份证”信息查询等为用户提供个性化精准服务的知识和数据平台。

表面上看，融合内容和数据两种出版资源是基于数字技术的出版产品结构的升级，本质上看，是基于数字技术的出版价值功能的转换，即从传统的单一的产品传播向更高层次的产品＋服务的转型升级。在用户日益细分的个性化分众传播时代，出版机构要更加关注用户的个性化需求，而洞悉用户个性化需求的途径已经不能仅仅靠问卷调查，而是用户数据分析。

（3）融合产品服务与体验服务两种服务功能。传统的出版价值链主要是以产品服务为中心展开的，产品的购买者才是客户，没有买卖关系的人一般不纳入客户关系管理的范围，“顾客是上帝”的说法一般是把付费的购买者作为服务对象，这种一对一的商业模式具有很强的功利性，是一种简单的二维经济关系。进入互联网和大数据时代，平台经济为获取用户数据、开展用户互动、实现用户体验提供了技术条件。

首先，构建“内容＋体验”新阅读模式。《体验为王》一书的作者哈雷·曼宁认为，“只有客户体验是一切的核心—它决定了你如何进行你的业务，你的员工在同客户和彼此之间互动时的行为方式，以及你所提供的价值”①。《卖什么都是卖体验》一书中直接将当今时代称为“体验经济时代”②。增强用户体验不仅具有加强商家和用户情感联系的作用，而且还具有获取用户体验数据的价值功能，即通过对用户数据的收集、存储和分析挖掘，来制订更有针对性更加精准的产品生产和营销方案。产品服务与体验服务实现出版价值增值的一个案例是Coliloquy。Coliloquy原本是一家纸媒出版商，进入电子书时代后，其主动与亚马逊的Kindle合作实施“Kindle主动型内容开发者计划”③，增强互动性，增强情感联系，获取用户体验大数据，“内容＋体验”的新阅读模式不仅拉近了出版者与读者用户的距离，也拓展了融合出版新空间。现在出版物高度同质化的现象依然严重，要解决同质化这类低水平重复问题，必须掌握读者用户阅读体验数据，从这个意义上可以说，用户体验本质是内容和产品服务的延伸，这种延伸要求转变内容创造和产品生产的思路：要在离用户最近的地方创造内容，要基于用户个性化需求生产产品。

其次，构建“大众＋分众”新受众模式。传统的出版传播体系是基于大众传播模式

① [美]哈雷·曼宁：《体验为王》，中信出版社2012年版，第6页

② [美]李·科克雷尔：《卖什么都是卖体验》，中信出版社2014年版，第3页。

③ 周红，潘俊成：《传统出版与数字出版融合的多元化发展思路》，《新媒体研究》2019年第5期。

构建的，大众传播是一点对多点，出版社出版一本书开印数通常是几千册起印，印刷几万册甚至数十万册的图书传播效果更佳，但进入互联网时代，大众传播虽然仍然有其优势，但分众传播已然兴起，传统出版与新兴出版的融合发展必然要求大众传播优势与分众传播优势的融合。丹尼斯·麦奎尔在《大众传播理论》一书中将“受众”与满足理论相联系，指出受众之所以会使用媒体是为了达到满足感，“受众”是大众传播内容的受传者、大众传播媒介的接受者、大众传播产品的使用者，是处于分散状态、彼此没有联系的个人集合体，“受众”的满足模式[①]既包括受众中的大众，也包括受众中的分众，满足本质上是一种主观体验，体验的主观性因人而异，且越来越具有个性化色彩。在日益个性化和“量身定制”的分众传播条件下，尽管受众“具备某些共同的社会人口学特征，但是看起来都似乎没有什么集体意识。因此，想要充分满足受众需要，达到受众“量身定制”的效果就必须对受众进行全方位分析”[②]。推进大众传播模式与分众传播模式的融合发展，出版机构要顺应从聚众时代的人类族群到分众时代的人类族群的变化，精准把握每一个用户族群分层，了解用户读者的消费心理和阅读习惯，通过用户画像和用户分组标示用户差异化个性，建立产品与受众之间的精准关联。

二、融合内部资源和外部资源的精准出版

出版产业从来不是一个孤立的系统，正常的出版活动都必须和外界进行物质、信息、能量的交换。出版内部系统是一个有机整体，出版外部系统也有着千丝万缕的联系。由于中国出版专业分工界线分明，传统出版内部系统相对独立固化，仅仅靠出版机构自身来突破固有的系统边界是不大可能的。事实上，目前推动传统出版与新兴出版融合发展的动力并不主要来自出版机构内部，由于长期以来形成的政策界线和路径依赖，使中国出版机构缺乏自我革命的动力。但面对新的时代新的使命新的担当，出版机构必须打破固有藩篱的束缚，实现传统出版与新兴出版的融合发展。[③]

1. 深度融合内外部资源拓展出版价值版图

习近平总书记指出，要“推动传统媒体和新兴媒体在内容、渠道、平台、经营、管理等方面的深度融合，着力打造一批形态多样、手段先进、具有竞争力的新型主流媒体”[④]。

---

① Denis McQuail，Mass Communication Theory，SAGE，2010，P334.

② 周宝曜等著：《大数据战略、技术、实践》，电子工业出版社2013年版，第29页。

③ 张浩：《探索新发展担当新使命审视新内涵》，《新闻传播》2019年第8期。

④ 中共中央宣传部：《中国共产党宣传工作简史》（下册），人民出版社2022年版，第590页。

这是对新闻出版产业转型升级融合发展的重要战略指引。中国宏观经济发展已进入高质量发展的新时代，出版产业与国民经济其他一些产业领域一样，也面临总体产能过剩，必须深入进行供给侧结构性改革的新形势、新任务，也进入了“产能出清进入尾声，行业集中度提升，开始进入胜者为王、赢者通吃、强者恒强的时代”。“传统行业的龙头企业通过规模效应、打通产业链上下游、节省成本、设备更新、研发投入、提高环保标准等建立了壁垒和‘护城河’。越来越多的行业从‘数星星’进入了‘数月亮’时代。”[①]

推动传统出版与新兴出版融合发展的基本动因是市场化转型和数字化生存，打通产业链上下游，实现出版产业链重构是必由之路。而打通出版产业链上下游，必须遵循产业链形成和发展规律进行产业结构治理。

（1）打通出版内部价值链与外部价值链。所谓出版业的内部价值链，是由出版企业的上下游工序构成的，“就出版企业而言，各编辑部、出版部、发行部、市场部就构成了出版企业内部价值链”[②]。企业内部价值链呈剪刀差运行：既付出运行成本消耗企业资源，又创造价值产生利润。如果消耗大成本高而产出少，这样的内部价值链就需要解构重组，如果产出多消耗少，这样的内部价值链就需要维护和进一步提升。内部价值链是企业自己可操控的，关键是要通过分解价值链各环节的短板，找到价值链运行的增值作业环节和非增值作业环节，从而明确自身的优势。

传统的出版企业内部价值链的运行逻辑是投入—产品—价值，投入少价值大是目标追求，成本控制是核心环节。但有时为了市场竞争，与竞争对手竞相压价，降低成本的同时也会降低产品价值，导致出现低质低价的恶性循环。新兴出版依托“互联网+”“大数据+”，既可以盯住成本控制这个关节点，也可以通过“免费”模式拓展产品价值链。“免费”模式是以A换B，以牺牲核心产品的收入来吸收用户，通过广告收入、流量变现以及衍生产品的收入来获取收益。在这方面征途网络和盛大网络有成功经验，征途网络和盛大网络都先后将核心产品《传奇》《征途》《梦幻国度》免费开放，吸引了大量用户，待黏住用户后再以“游戏装备”等虚拟产品销售、流量变现和广告收入来获得收益。出版内部价值链重构涉及流程再造和内部机构调整，如广东人民出版社在“一批人坚决冲出去，一批人坚守大本营，用市场反哺情怀”的发展战略指引下，在内设机构中成立新出版传媒分社、融合发展分社。[③]其中新出版传媒分社下设一个领导小组及6个职能部门，包括产品研发部、在线教育部、电商运营部、物流仓储部、市场营销部及人力资源部。这种机构设置和运行

① 任泽平，甘源：《新周期》，中信出版集团2018年版，第30页。

② 于春迟，谢文辉：《出版管理》，中国人民大学出版社2011年版，第284页。

③ 周贺：《用互联网思维改造传统出版业，这家出版社怎么做的？》，《出版商务周报》2019年10月9日。

流程已具有独立运作的能力，通过流程到股权再造，成功实现出版价值链优化。

所谓出版业外部价值链，是指出版业从上游供应商（合作者）到协作商（含印刷厂和纸张供应商）到销售商（含书商书店）到用户读者等各个产业运行环节的系统集合。传统出版业的外部价值链呈线性结构，上游—中游—下游的时间序列依次展开。由于中国的出版业实行审批制，具有出版权的出版机构数量较少，产业价值链相对闭合，出版机构的价值创造逻辑表现为以纵向关联技术为基础的投入产出转换逻辑，这种线下结构的价值逻辑呈现清晰的三段式特征，即投入—产品—价值的线性展开。在互联网＋大数据＋条件下，出版外部价值链构造必然发生变化：跨界“野蛮人”的闯入，首先表现为大量电商巨头纷纷涉足出版行业，如“京东出版”“当当出版”“阿里数字媒体”版块的出现，后来又有一些电信巨头也纷纷涉足出版阅读，设立阅读频道。这种跨界经营极大地改变了传统的出版价值版图，在一个被互联网和新技术深刻改变的时代，出版业过去赖以生存的条件已经变了，整个行业需要重新审视一下自己身处何方。从传统出版的三段式线性价值链结构到新兴出版的立体网状的价值链网链结构，出版机构应将原来重点关注企业自身如何获利转向重点关注产业共同体如何协同获利，由重点关注价值分配转向重点关注价值创造，由重点关注如何分蛋糕转向如何做大蛋糕，由重点关注行业竞争者转变为关注行业合作者。

新兴出版的价值网链是开放式结构而不是传统的闭合结构，网链连接的人流、物流、信息流不仅是上中下游关系，也是交叉平行的关系，如新兴出版条件下出现的“自助出版”模式和“体验阅读”模式，用户不仅具有后端的“读者”消费者身份，也具有前端的“作者”创造者身份，而且还具有出版数据“提供者”身份，这种多身份特征是自媒体时代的必然产物。新兴出版重构出版价值网链，有“一网打尽”之说，即在价值网链上不仅在纵向链条上包括作者、出版者、销售者、购买者和读者，还在横向链接中包括合作伙伴和联盟成员，甚至包括竞争对手、中介机构、NGO以及其他关联者。出版业所涉及的人流、物流、信息流已扩大到线上线下的广泛领域，全国出版物发行标准技术委员会等机构建立发布的全国出版业“无边界信息流”系统以及“中国出版物在线信息交换标准”（CNONIX）系统都为出版信息流在全国乃至全球出版业的流动共享提供了条件。出版价值网链的外向型拓展不仅仅只是市场化转型的驱动，更多的是新技术驱动。互联网、移动互联网、物联网、大数据、云计算、新一代人工智能、VR/AR技术等都已成为出版价值网链运转的驱动力。如商务印书馆与武汉传神信息技术公司在2020年合资运行《全球华语大词典》项目，推出全球华人共建共创共享的“图文影音VR全息”以及“无限包含扩展”的融媒体词典。中华医学会杂志社将“中华医学期刊全文数据库”与亚马逊AWS云服务商合作，将187种医学期刊和105万篇论文加载到

AWS云上，通过云计算和云空间为用户提供精准、便捷的服务。[①]

（2）建构业内与业外合作参与的出版价值网链。传统出版有两个显著特征：一是系统闭合，一直是同类企业集合意义上的产业或行业；[②]二是系统刚性，一直拒斥业外势力介入系统运营。封闭和刚性使行业外生产要素很难融入出版行业。最先进入出版行业是民营书商，但民营书商运营几十年一直依附于国有出版机构，基本上未对出版业带来颠覆性影响。真正作为系统外的“野蛮人”对出版业带来颠覆性影响的是互联网以及由平台经济造就的互联网巨头。阿里巴巴、当当、京东、拼多多等都是从改造出版商业营销模式入手，从出版产业链的下游环节进入出版业，先从控制出版市场和黏住读者用户开始，再逐步进入出版产业链的中游环节和上游环节，直接介入出版选题策划和组稿。与最早的民营书商运营模式相比，电商巨头的竞争力是拥有网络平台和大数据资源以及云计算能力，这种技术优势和商业模式优势催生出版新业态。现在，在市场转型和新技术赋能的大潮推动下，出版产业过于的闭合系统和刚性系统已然被攻破，建构业内与业外合作参与的出版价值网链是出版产业链现代化的必由之路。

产业链现代化是产业关联、产业组织和产业结构的突破和变革，是由过去传统的“压缩式”快速工业化进程向“高质量”工业化进程的转变，是由传统的量的扩张向质的飞跃的增长模式的转变。[③]出版产业链现代化同样是出版产业关联、产业组织和产业结构突破和变革。出版产业链现代化一个重要战略部署是建成几家拥有强大实力和传播力、公信力、影响力的新型媒体集团，形成立体多样、融合发展的现代传播体系。[④]

随着出版业改革的深化，新型出版传媒集团都突破了传统出版的边界，建构起业内与业外合作参与的出版价值网链。至2019年底，我国共组成新型出版传媒集团53家，这些出版集团有些是单体转变而成，如中信出版集团、北京出版集团、重庆出版集团等；有些是由产业关联多元化“机构”联合组建而成，如江西出版集团、安徽出版集团、江苏凤凰出版传媒集团等；有些是由“泛关联化”多业态机构联合组成，如中原出版传媒投资控股集团、长江出版传媒集团、四川出版集团、广东出版集团等。“泛关联化”出版集团大都涉足房地产、文化旅游、金融业等多个领域，甚至还有一些出版集团出现了“无关多元化”业态，如广东出版集团涉及医疗健康、老年康养、绿色食品等业务、安徽出版集团涉及“智慧城市”业务等。（表1–1）

---

① 邱菊生，邓涛：《集团管理视域下出版融合发展核心策略研究》，《出版科学》2020年第5期。

② 刘志彪：《产业链现代化的产业经济学分析》，《经济研究参考》2020年第2期。

③ 郭伏：《产业集群中产业链的关键环节识别方法研究》，《辽宁工业大学学报》2019年第3期。

④ 中共中央宣传部：《中国共产党宣传工作简史》（下册），人民出版社2022年版，第590页。

表1-1　出版集团“泛关联化”业务范围

出版集团名称	控股集团业务范围
上海世纪出版集团	书刊出版、印刷印务、新型实体书店、艺术品经营四大业务板块
广东省出版集团	图书、报刊、发行、印务、数字、投资、文化地产、绿色食品、医药健康、商贸物流、养老服务、旅游酒店等
山东出版集团	集编辑、印刷、发行、物资供应、对外贸易完整产业链于一体，并涉足文化地产、文化金融、艺术品经营等产业新领域
凤凰出版传媒集团	出版、发行、印务、影视、文化酒店、文化地产、金融投资（涵盖银行、证券、保险、基金、金融租赁、担保、财务公司等）、艺术品经营等
中国出版集团	出版物生产和销售为主业，集纸质出版、数字出版、版权贸易、出版物进出口贸易、印刷复制、艺术品经营、翻译服务、信息服务、科技开发、金融投资于一体
中原出版传媒投资控股集团	出版、印制、发行、数字融媒、物资供应、教育装备、实体教育、文化创意、文化酒店、文旅地产、电子商务、物流快递、保理金融等
长江出版传媒集团	出版传媒、国际贸易、文化地产、旅游文创、文化金融等五大业务板块
安徽出版集团	出版传媒、国际贸易、医疗健康、文化旅游、智慧城市和文化金融六大业务板块
江西出版集团	图书编辑出版、报刊传媒、印刷发行、物资供应等传统出版业务；国内外贸易和供应链业务、现代物流和影视剧生产、艺术品经营、投融资、文化地产和会展等产业链延伸业务；新媒体和在线教育、互联网游戏、数字出版、物联网技术应用、国际版权交易等新业态业务

资料来源：《出版发行研究》2019年第11期。

出版集团的组建是传统出版与新兴出版融合发展的必然产物，其发展突破了原有的出版行业界线，为推动业内与业外合作参与出版提供了融合发展平台。业内业外合作参与的融合发展虽然给人一种出版业态越来越复杂的感觉，但却是出版实现高质量发展的必然选择。原国家新闻出版总署署长柳斌杰指出：“中国图书创意不新、文化品位不高、质量参差不齐、内容影响力小、经营水平低是很大的短板，要竞争就要实现高品位高质量高效益发展，造就国际市场竞争优势。”①同时，面对人民群众对美好生活的向往，面对人民群众对出版物的多层次多样性需求，出版业要加强集体作战能力，不断创新出版业态、出版物形态和商业运营模式，以满足读者用户不断增长又日益个性化的阅读需求。

2. 深度融合建构价值让渡和出版营收新模式。

（1）通过组合价值让渡建构新兴出版商业模式。价值让渡概念最早是由菲利普·科

① 柳斌杰：《发展高品位高质量高效益出版业》，《中国出版》2018年第19期。

特勒在《营销管理》一书中提出来的，原本是指“顾客让渡价值”，即顾客总价值与顾客总成本之间的差额。[①]这一概念后来衍生出组合价值让渡，是指通过加盟或者联营方式联合业外具有自身产品优势或市场优势的经营者共同参与价值创造过程的商业模式。组合价值让渡的主要特点是：一是参与合作者能优势互补，而不是同质化竞争；二是参与市场扩容，抢占更多市场份额；三是参与产品创新，让用户有更多的消费选择。组合价值让渡追求的是双赢或多赢，有的是用市场换投资，有的是用品牌换市场，参与合作者都要让渡自己的一部分价值以换取更长远的价值。组合价值让渡模式本质上是参与合作者的聚集，既是人才聚集，也是资本聚集；既是产品聚集，也是市场聚集；既是信息聚集，也是数据聚集。产品线的扩容和市场规模的扩大，不仅能降低成本，还能满足用户日益多层次的个性化需要。从这个意义上来说，组合价值让渡既是关联企业集成，也是市场集成；既形成企业群，也形成客户群。传统出版过去运用组合价值让渡模式也大都是关联度较强的产品互补，而将业外关联性不强甚至毫不相干的行业作为合作对象，只有在基于互联网和大数据的平台经济条件下才能实现。组合价值让渡的一个经典案例是《天道密码》产品组合。《天道密码》原本是上海文汇出版社出版的描写密码破译的励志类小说，在产品形态上，《天道密码》有纸质图书和在线电子版图书；在销售渠道上，有线下销售的《天道密码》和线上销售的《天道手札》和《天道秘本》。由于《天道密码》的故事情节涉及道教圣地武当山的人文地理和历史故事，有许多关于武当山著名景点的描述，出版社就与武当山旅游部门合作拓展《天道密码》价值链，由武当山方面出资100万元设立奖励金，重点奖励那些《天道密码》的粉丝读者，双方合作的结果是双赢，不仅图书读者量猛增，武当山也游客量大增，其中很多人就是由《天道密码》的读者转变为游客的。

（2）通过“逆向收入源”模式建构新兴出版商业模式。所谓“逆向收入源”是指收入来源逆向化，亦是企业收入来源的多元化。具体表现为三种形式：第一种是向买方收费，这是最常见的收入形式；第二种向卖方收费，这是产品过剩情况下的新收费形式；第三种是向第三方收费。[②]传统的商业模式一般是由卖方向买方收费来获取收益，但在市场竞争越来越激烈、产品过剩越来越严重的情况下，市场关系已由卖方市场转为买方市场，“顾客是上帝”的商业口号就是这种市场关系转变的反映。“逆向收入源”作为市场关系转变的新商业模式也被越来越多地采用。在出版行业，一些大型线下实体书店也采取向出版商收取进场费、专柜费、促销费等方式获利。在电商平台上，电商头

① [美]菲利普·科特勒：《营销管理》（第15版），格致出版社2016年版，第6页。

② 赵生光，薛小燕：《逆向选择视角下电子商务盈利模式的最优模型构建》，《商业经济研究》2019年第6期。

部企业也会向出版社收取诸如旗舰店加盟费、新产品广告费等不同费用。向卖方收费而向买方免费，已然成为一些电商头部企业聚集人气实现市场裂变的盈利模式。“逆向收入源”模式颠覆了传统的单一的线性的买卖关系，买方和卖方之间的界限越来越模糊。除了向卖方收费颠覆了传统的买卖关系之外，向第三方收费的情形也越来越多。如一些出版行业协会和政府主管部门为了支持学术精品出版，每年都会组织评选优秀学术出版物，通过财政补贴方式设立优秀学术著作出版基金，而基金来源是出版社缴纳的财政收入，这实际上是用经济效益好的图书上缴的税收返过来支持社会效益好的学术精品。“逆向收入源”模式实质上是收入通道多元化的产物，收入通道多元化既是日益激烈的市场竞争使然，如平台经济中向卖方收费向买方免费的做法就与向买方收费的空间被不断压缩有关，同时又是业内外合作参与构建利益共同体的结果，合作双赢往往是价值互补，“你消费、我埋单”往往是利益相关者利益的不同分割方式。

第三节　融合内外部资源重构出版供需链

一、供需链与出版供需链

1. 供需链理论

供需链理论是20世纪80年代形成的，其理论内容主要有两个方面：一是供需链系统，二是供需链管理。供需链系统主要讨论供需链关系的建构，供需链管理主要讨论供需链关系的运行。系统建构偏重静态描述，关系管理偏重于动态描述。关于供需链的定义，最早的定义者是Stevens，他提出：“供需链是一个系统，包括前向物流和反向信息流连接在一起的原材料供应商、生产厂商、配送服务和顾客。”[①]Ellram进一步将供需链定义为一个多企业围绕核心企业形成的网链。他指出，“供需链”是从原材料供应到最终交付产品或服务过程中，通过各种流连接的、相互影响的企业构成的网络。[②]我国标准物流术语将供需链定义为：“供需链是生产及流通过程中，涉及将产品或服务提

① Stevens J,“Integrating the Supply Chain”, International Journal of Physical Distribution and Material Management, 1987, 17(2):51-56.

② Ellram L.M.,“Supply Chain Management:the in dustrial organization perspective”, International Journal of Physical Distribution and Logistics Management, 1991, 21(1):13-22.

供给最终用户活动的上游和下游企业，所形成的网链结构。”[①]显然，供需链是由上中游的生产参与者组成的一个过程链条，反映了企业生产运行的供需关系。出版产业的供需链虽然在具体环节的构造上与其他产业的供需链有所不同，但所依据的基本原则和基本要素是一样的，出版供需链只是具有自身的行业特点而已。

2. 出版供需链

出版供需链的基本要素仍是四大要素：人、物、资金、信息。这四大要素构成“四流”，即人流、物流、资金流、信息流。这“四流”构成网链式拓扑结构。新的产业供需链和新兴出版供需链所变化的不是要素，而是要素的组合方式和表现形式。

出版供需链管理是对出版要素进行科学配置，所要实现的是“6R”目标，即按照用户所需的正确产品（right product）、按正确的时间（right time）、正确的数量（right quantity）、正确的质量（right quality）、正确的状态（right status）、正确的地点（right place）安排生产。“6R”的正确性主要上是指供需链运行的精准性。正确的时间要求在时间上重新规划供应流程，以充分满足客户的个性化需求。推迟制造（postponed manufacturing）就是供需链管理中满足客户个性化需求的重要方式，即将传统的生产制造流程进行改变，将顾客个性化需求部分推迟到最佳时间安排生产。正确的地点要求在地理位置上合理布局各生产环节，以最低成本和最快捷的渠道供应客户个性化需求。正确的状态要求有机协调生产资源，使生产资源的调度既能供应所有客户的需求，也能满足某一个企业的个性化需求目标。出版变革中的“按需出版”“按需印制”“定点供应”就是满足读者用户个性化需要的一种流程再造。

流程再造是将供需链塑造成一个创意、研发、采购、制造、产品分列、财务与成本控制、市场目标、客户关系管理、营销策略、市场反馈等诸环节有机运转的环状轮盘，迈克尔·波特教授称之为“竞争战略轮盘”[②]。出版供需链重构要实现提升“竞争优势”的目标就必须实现上游、中游、下游主要生产环节的运行逻辑转换。

二、出版供需链上游稿源结构转换

出版业是内容产业，稿源是出版内容的核心资源，稿源一般包括两个方面：即作者资源和内容资源。这两个方面既有联系又有区别，作者是内容的创造者，内容是作者的

---

① 靳伟：《现代物流系列讲座——第十一讲：供应链》，《中国物流采购》2002年第12期。

② 迈克尔·波特：《竞争战略》，华夏出版社2005年版，第4页。

创造物，在出版资源中，内容资源的来源要更加广泛。

1. 作者资源的转换

传统出版供需链中的作者资源呈现出两个显著特点：一是小众性，即作者来源有限，挑选作者的范围局限性很强，编辑人员基本上是与熟人作者圈子打交道；二是专业性，在出版专业分工布局下，作者主要是各方面专业人员，文艺类出版社主要是和作家或其他文学艺术创作者打交道，科技类出版社主要是和科技人员打交道。[①]小众性和专业性使传统出版有较高的创作门槛，普罗大众很难跻身作者的行列，同时，中国出版资源（书号、刊号、版号）的稀缺性也使出版成本（如出版费、赞助费、版面费）较高，一般初次创作者和普罗大众很难负担居高不下的出版费用。传统出版主要以实物封装型读物出版为主，这些实物封装型读物不仅生产成本高，而且生产周期也长，基本上是按规模化、标准化、流水线方式生产，高成本、长周期、专业性都是限制作者资源成长的重要因素。在互联网和大数据条件下，新兴出版正逐步改变原有的作者资源格局。

（1）全媒体的兴起改变原有作者资源格局。

全媒体是新兴出版的重要媒介形态，主要是指媒介传播将文字、声音、图片、网页、视频、动漫等内容通过图书、报纸、期刊、广播、音像、电视、网络、电影等不同媒介进行呈现和传播。在传播网络方面，全媒体是依托纸媒网、广电网、互联网、电信网等网络媒体进行传播；在阅读终端方面，全媒体是通过电视、手机、阅读器、电脑等多种终端满足读者用户阅读需求；在时空特征方面，全媒体是实现任何人、任何终端、任何时间、任何地点信息传播的传媒形态，具有全时空特征。[②]全媒体一方面加强了媒介融合，另一方面也促进了人们的交往交流，使一些“大隐隐于市”的民间高手也能通过触网触电迸发出创作热情。如《明朝那些事儿》的作者石悦（笔名当年明月）原本是广东顺德海关的公务员，凭借自己对历史的兴趣和明史知识的积累，在工作之余进行业余文学作品创作。《明朝那些事儿》最初是在网络上连载，每天更新2000字，一经推出就成为一个爆帖，每篇的点击量达到几十万。出版商迅速抓住这个商机，签约出版纸质图书第一卷，第一版首印25万册被一抢而空，随后陆续出版到全9册，总印数1000多万册，销量一直稳居国内图书市场畅销榜前3位，作者光公开的版税收入就超过4100万元，由一个公务员一跃为著名作家，连作者的妻子都没想到：“想不到我老公还有这本事。”其实，《明朝那些事儿》能最先在网上爆红，很大程度上与新媒体条件下读者阅读口味的转变有关。作者首创了一

① 舒立霞，毕克成：《论专业图书作者资源的开发与维护》，《传播与版权》2018年第9期。

② 刘峰：《出版生态圈重构：基于5G思维的全媒体出版路径探析》，《编辑之友》2022年第2期。

种“说史”的方法，用现代语言讲史实，语言风趣幽默，故事情节环环相扣，人物鲜活涌现，更重要的是书中还有深度挖掘和评论，朝堂、战争、权谋、人心，文字描写既场面恢宏又细致入微，画面感很强，就像一幅幅电影画面引人入胜，扣人心弦。网络连载方式其实并不新颖，有点类似于金庸小说的报纸连载，都是用精彩的内容吊人胃口，但网络连载又有报纸连载不具备的传播优势，即运用网络的“病毒式传播”形成“瘋传”效应。①一本网红书的内容，不仅可以通过电子邮件发送给亲朋好友，还可以通过微信、QQ、微博、抖音等平台以“比特流”的形式进行传播，网上形成的“流内容”不固定出版时间，随时更新，随时传送，其产生的网红效应不仅丰富了读者用户的阅读内容，也使一些非专业草根作者成长转变为著名作家。

（2）自出版的兴起改变原有作者资源格局。

自出版也是一种新兴出版形式，主要是指作者利用网络电子平台自主出版图书或其他出版物的出版方式，自出版的产品亦称为“原生电子书”。自出版有两种主要方式：一种是出版行为没有第三方介入，由作者自主完成出版程序；另一种是有第三方出版商介入，由作者完成出版程序。第三方介入自出版的一个经典例子是美国DIY出版商LuLu.com。“只需要支付不到200美元，你就能实现出版梦：LuLu.com不仅能把你的作品变成一本平装或精装书，给它一个国际标准书号（ISBN），还能保证在线零售商们把它列入书库。一旦进入了书店，这本书就能被数百万读者搜到，或许还能跟《哈利·波特》肩并肩地排在一起——如果自动推荐引擎决定这么做的话。”②自出版有两种版本形式；一种是纸质印刷版，另一种是电子版。全球大规模自出版电子版图书的是亚马逊的Kindle版图书，美国作家布莱克·克劳奇是最早在Kindle上自出版图书的作者之一，其Kindle版图书自出版后一个月就售出188本，从2011年4月开始，每月销量都在2万册左右。另一位自出版成功的作者约翰·洛克的作品也实现了几个月售出100多万册的佳绩。目前的统计数据表明，在Kindle上排行前100名的畅销书中，有28种图书是自出版的，在排名前50名的图书中也有11种是自出版的。③

在中国，时光流影（TIME FACE）是最早开展自出版的出版社交平台，时光流影引入“一键成书”概念，用户上传图片和文字后，便可通过“一键成书”系统打印成书，实现自出版。时光流影平台上有时光书、微信时光书、照片书、时光记事本等不同自出版版本。时光流影本着记录、整理、传承的出版理念，旨在通过自出版获取出版大数据，建设

① [美]乔纳·伯杰：《瘋传》，电子工业出版社2014年版，第16页。

② [美]克里斯·安德森：《长尾理论》，中信出版社2012年版，第70页。

③ 刘蒙之：《美国图书“自出版”模式的历史、现状与评价》，《燕山大学学报》2012年第4期。

一个创意产品延伸、出版资源整合、信息服务推广的内容数据库，运用数字技术和网络出版平台进行各种载体的内容生产和产品制作，从而促进自出版和版权交易，实现用户个性化的按需出版和按需印刷。时光流影是时代出版集团推进传统出版与新兴出版融合创新实践的重点项目，其内部逻辑架构体现了鲜明的出版融合创新，新出版理念和新出版技术以及新出版形态共同融合成一个有机整体（图1-1）。其中，自出版和POD按需出版打印系统更是突出的亮点，登录方式和访问终端的个性化和多样化、第三方服务系统的建立、集成出版系统的建立都紧紧围绕传统出版和新兴出版的融合进行有序展开，体现出版鲜明的“融合”特色。[①]自出版的自主性不仅大大拓展了作者资源，也为个性化出版开辟了一条通道，无须排版一键成书的核心功能还能根据用户的个性化需求将网络输入的文字图片印制在纸上。这种自出版方式拉近了出版与作者、读者的距离，一键成书不仅消除了图书出版的神秘感，也使出版离作者和读者更近、互动性更强。

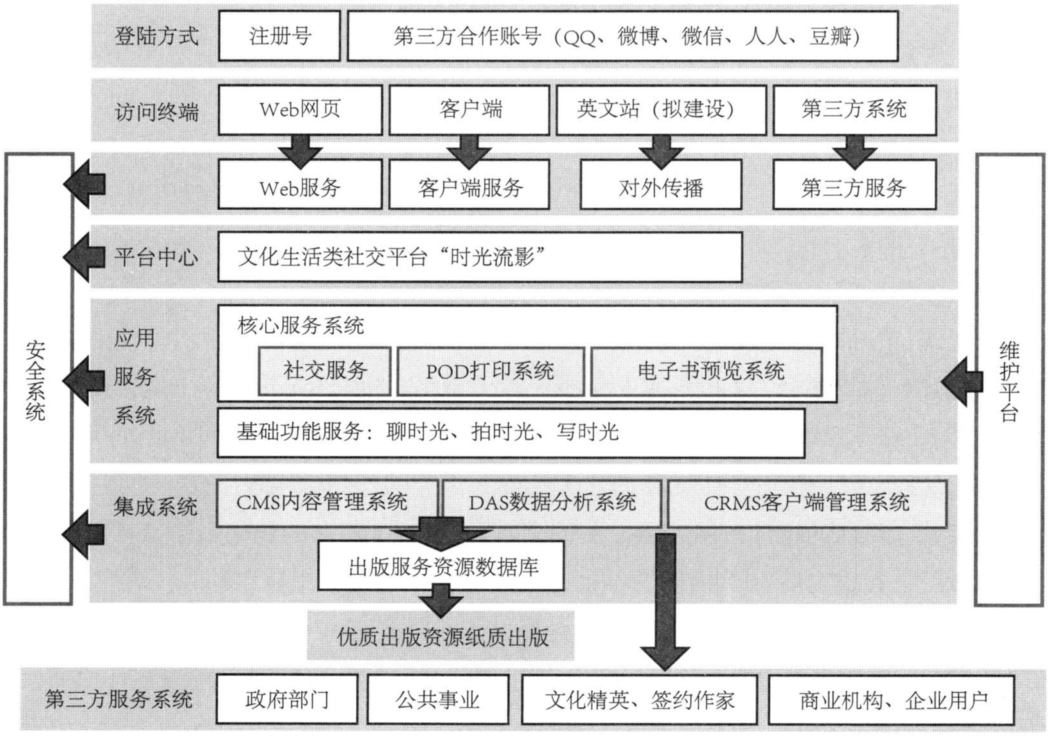

图1-1　时光流影内部逻辑架构图

（资料来源：《编辑之友》2015年7月）

① 曹健敏：《传统出版的新媒体融合与创新实践研究：以时代出版“时光流影”项目为例》，《编辑之友》2015年第7期。

2. 内容资源的转换

在出版资源中，内容资源是最核心的资源。出版业是内容产业，出版活动是围绕着内容展开的，不管是传统出版还是新兴出版，都必须以内容为中心进行活动，这是出版业亘古不变的本质属性，所变化的只是内容的呈现形式和技术应用。在传统出版供需链中，内容资源有“两多两少”，即知识性内容多，文本性内容多；智慧性内容少，“超文本性”内容少。在新兴出版条件下，依托互联网、大数据、云计算、5G和新一代人工智能。智慧性内容和“超文本”内容将更多成为出版内容资源。

（1）通过“文创出版”拓展出版内容资源。

哈耶克在《自由宪章》一书中将人类精神活动描述为一个逻辑进程：信息—知识—智慧。信息上升为知识，知识转变为智慧。[①]这个逻辑进程既是动态性的依次递进过程，也是一个静态性的金字塔构造，智慧位于金字塔最顶端。智慧一方面以知识为基础，另一方面又超越知识。创意智慧是人本身所具有的创造力，创新是人类进步的阶梯，创意智慧既依靠知识积累，依靠逻辑力量，也依靠非逻辑力量来激发。[②]传统的出版内容之所以以知识性内容为主，很大程度上与传统出版缺乏大数据、云计算，新一代人工智能技术支撑有关。新兴出版依托新技术可以极大拓展内容创意空间。

在2021年上海首届书店自有文创节上，上海图书出版业9家公司推出630多种文创新品，这届文创节的主题，就是让消费者在浩如烟海的文创产品中，遇“见”自己独有的那一款。“见”成了文创节现场的主题，四大展区依次分为“见字如面”区、“一见倾心”区、“喜闻乐见”区、“难得一见”区。展会期间每天下午两点，世纪朵云、新华发行、读者书店、上图书店、百新文化、逗好文化等6家公司依次推出7场精彩纷呈的新品分享会，吸引了大批读者用户。如上图书店采撷上海图书馆馆藏精华，切入文创研发创意，重点推出“九华堂印泥”和“铜鱼镇纸”等文创产品，既具有使用价值，又具有收藏价值。除此之外，《读者》还带来了以“看见别样人生”为主题的2022年的读者日历，每日一句内容精选自《读者》中“人世间”“人生之旅”等生活类栏目内容，将传统的出版内容赋予社会生命力。上海人民出版社旗下的逗号文创以“逗号”作为创意元素，推出马卡龙少女主题系列产品，用逗号表达创意的古往今来、承上启下、传承发展。[③]文化创意是无穷无尽的精神资源，上海首届文创节由出版行业的书店牵头

① [英]弗里德里希·哈耶克：《自由宪章》，中国社会科学出版社2012年版，第68页。

② [美]史蒂夫·里夫金：《创意智慧》，企业管理出版社2003年版，第6页。

③ 《一口气630余种文创产品上新，一定能遇“见”自己独有的那一窥》，《新民晚报》2021年11月12日。

联合出版社推出读者用户能遇“见”的文创产品，不仅丰富了出版物市场供给，拓展了出版物内容创意空间，也为传统书店这一“老派”的行业探索出新的发展模式。在传统出版与新兴出版融合发展背景下，出版文创已成为出版业发展的新产业模式和新发展热点，“出版文创”已蔚然成风。

文创产品的开发主要是依托出版社现有资源，传统出版物大都是纸质图书，内容资源是其核心优势，对不同优势的核心内容资源进行N次开发，既是出版文创新的增长点，也是吸引用户读者的有效途径。如敦煌研究院将《这盛世，如飞天所愿》《云想衣裳花想容》《愿做菩萨那朵莲》系列图书进行衍生出版，开发出一套涂色壁画系列产品，图书+壁画原图+高清线描稿的文创组合，让读者用户既可以欣赏敦煌壁画的精美艺术，也可以体会敦煌文化的博大精深，还可以亲自动手描图添色，这套文创产品一上市就断货，显示了文创作品的强大市场吸引力。少儿类图书的“图书+”混搭模式也是文创作品的重要尝试，如湖南少年儿童出版社的《爱因斯坦传：天才的一生》少儿图书，不仅出版有纸质书，还有为当当网量身定制的一款图书+T恤的盒装典藏版，一上市其销量就位居当月当当童书新书排行榜前列。实践证明，出版文创依靠的是出版特定内容和IP资源，如果出版社没有自己的核心内容或IP，出版社就难以形成自己的特色产品。①

（2）通过“超文本”丰富出版内容资源。

传统出版的内容主要是文本性内容，文本性内容以结构性知识内容为主，这种文本性内容结构主要与传统出版缺乏数据和信息处理能力有关。传统出版所面对的数据和信息以及由这些数据和信息转变而来的知识大都是结构性数据或半结构性数据，结构性数据是指可以用逻辑运算表达实现的关系性数据，其数据模型呈现为二维表结构，其生成逻辑是先有结构再有数据。而半结构性数据是介于结构性数据与非结构性数据之间的数据，其数据模型是图状、树状结构，具有自描述性，数据的内容和结构混杂在一起，生成逻辑是先有数据再有结构。“超文本”是文字文本内容之外加上图片、音频、视频等多媒体或全媒体内容的文本形式，也就是说，“超文本”包含了所有形态的数据，文件格式包括文字、文件、办公文档、图片、图表、XML、HTML、聊天记录、购物记录、消费记录、行程轨迹、音频、视频等格式的文件资料。

在传统出版条件下，纸质图书以出版文字内容为主，新兴出版是全媒体出版，由“文本”出版发展为“超文本”出版，即所有的文件格式都是出版内容。而在人类活动的所有数据中，结构化数据只占15%左右，非结构性数据占85%左右②，“超文

① 梁媛：《出版文创：如何找准产品定位》，《传媒论坛》2019年第7期。

② 贾利军，许鑫：《谈“大数据”的本质及其营销意蕴》，《南京社会科学》2013年第7期。

本”的产生为拓展出版内容提供了丰富资源。“超文本”是伴随着大数据和网络平台出现的，与纸质印刷物的数字化发布不同，新兴出版的内容发布一般用HTML在网上呈现给用户，用户读者能即时快捷地阅读到最新的内容，并能对内容进行深入思考和再利用。①

“超文本”的出现，实现了使传统出版内容由静到动的转变，使出版物“活”起来，实现媒体与读者的实时互动，并且这种互动没有时间、地点、边界限制。文字配以灵活、生动的图片、音频、视频以及各种快捷方便的终端工具，使读者用户利用碎片化时间阅读。“超文本”使出版成本降低、产品形式增多、出版内容盘活。杉浦康平曾提出图书出版的“五感”理论，“书的表达需要五感，即视觉、听觉、触觉、嗅觉、味觉”②。“超文本”的出现正在助推出版“五感”的实现。对出版来说，“超文本”转型不应仅仅只将图片、音频、视频看作增加了一种传播和出版知识内容的介质或工具，更应挖掘图片、音频、视频本身蕴含的文化动力，出版的内容才能回归到传播的真正本义，即“媒介即人的延伸”③。

三、出版供需链驱动力转换

传统出版的供需链驱动力具有“两多两少”的特点，即行政推动的多、横向整合推动的多，以及市场推动的少、垂直整合推动的少。这与中国出版产业长期形成的出版管理体制和出版本身的文化及意识形态属性有关。改革开放以来，面对市场化转型，管理部门一直用行政手段推动出版转型并对出版产业供需链中游环节进行资源整合，但推进效果并不理想。中国出版产业一直没有真正走出国境，其中一个重要原因，是整合的思路仍然局限在工业时代的“标准化、规模化、线性化、模块化”的传统框架内。在网络平台经济和大数据条件下，出版供需链的驱动力应该向消费者驱动和“垂直整合”驱动转变。

1. 由卖方驱动向买方驱动转变

在短缺经济和计划经济条件下，市场形态是卖方市场而非买方市场，往往是生产者生产什么，消费者就买什么，没有什么挑选的余地，由此造成了生产者驱动的供需链运

① 刘琪：《融合媒体出版平台在新媒体发展中的现状》，《新闻知识》2020年第10期。
② 王效云：《新媒体融合发展环境下出版社如何突围》，《传播与版权》2014年第7期。
③ 孟伟等：《知识经济背景下在线音频出版的媒介原动力》，《科技与出版》2018年第12期。

行模式，这种模式是遵循“大生产、大规模、大品牌、大零售”的框架建构运行的，产品销售也带有短缺经济时代“皇帝女儿不愁嫁”的浓厚色彩。如福特汽车公司早年生产的T型车，基本上都只有黑色一种颜色，让顾客没有挑选自己喜欢的颜色的余地，福特还因此做自嘲调侃式广告：“顾客可以随意选择他喜欢的颜色，只要是黑色。”这是典型的“生产者霸权”。同样，文化市场也会出现生产者驱动的“文化霸权”，克里斯·安德森曾指出，长久以来我们一直在忍受大众流行文化的专制，不得不消极地屈就于那些暑假大片和人造热门。为什么？因为背后的经济学。我们所认定的流行品实际上只是供需失衡的产物—而供需失衡就是市场对无效分配的一种反应。“这种热门中心主义倾向已经由好莱坞的董事会议室渗透进了美国的国民文化中。由热门知道机器产生的经济需求注定会让我们习惯欣赏大热门，而瞧不上其他东西。”①由此可见，生产者驱动模式有两方面原因：一是由客观的短缺经济环境造成的产品短缺，二是由主观的文化观念造成的“生产者霸权”。

由生产者驱动转变为消费者驱动是过剩经济环境和市场经济竞争机制的必然要求。市场经济条件下市场主体关系的变化一方面造成市场主体多元化和消费需求多元化，另一方面又造成利益共生和命运共同体。因此，消费者驱动既有市场主体多元化机制发挥作用，也有市场主体合作化机制发挥作用。市场化机制加上新兴技术，“互联网＋”“大数据＋”都是由生产者驱动转变为消费者驱动的动能倍增器。首先，互联网思维是一种用户至上的思维，传统的生产企业做广告打品牌，靠巨额广告费来堆品牌，其实那些产品与消费者并没有很强的关联性，就算是一些消费者跟着广告产生的从众效应买了一些产品，也不一定是真正的用户。互联网平台经济的特点是没有区域市场之分，因为互联网世界是平的。其次，互联网时代是消费者主权的时代，消费者主权强调“顾客是上帝”，满足用户需求不是生产者的道德自律和良心发现，而是源于市场和企业的生存竞争。再次，互联网平台经济背景下的产品和服务是一个相互联系的有机的生命体，在产品功能基本相同的技术条件下，满足用户分散化、个性化的需求会成为产品生命力的关键。产品生命力的长短与技术的精益和迭代过程有关，小米手机每周迭代一次，微信第一年迭代开发了44次，市场竞争机制加上新技术赋能，会使企业和产业发展借“势”而飞，产生“飞轮效应”②。

出版产业的消费者驱动有着同物质产品同样的共性特征，也有文化产业精神消费产品的特殊性。消费者驱动要适应消费主体的两个变化。一是用户身份的变化。网络平台

① [美]克里斯.安德森：《长尾理论》，中信出版社2012年版，第29页。

② 吕本富，刘颖：《飞轮效应》，电子工业出版社2015年版，第9页。

经济条件下，用户变成了网民，用户到网上去了，出版物形式和内容都要适应用户网络消费的变化。二是用户消费喜好的变化。数字时代的文化出版产品市场消费周期短、消费喜好变化快，这就要求出版企业重构出版供需链，积极进行文化出版产品的创意创新，缩短产品制作周期，用更多的创意产品而不是低水平重复的产品满足用户日益个性化的需求。[①]

出版产业的消费者驱动同物质生产行业的消费者驱动的共性在于，都必须建立以消费者为中心的生产模式和商业模式，都必须依托大数据、云计算和新一代人工智能挖掘用户数据，洞悉用户心理，基于用户画像进行精准营销。但毋容讳言，传统出版的图书读者定位分析虽然也做市场调研、问卷调查、销量库存分析、开卷数据分析、网上书店反馈信息等消费市场调查，但这些调查大多数只能分析受用户欢迎或冷遇的图书类别以及图书发行区域差别，数据分析不具有全数据特征，甚至连读者群细分都做不到，更不知道图书热销和滞销背后的原因。运用大数据分析细分读者群，掌握不同读者的阅读习惯、消费水平、消费心理、消费结构、消费趋向等数据并有针对性地进行精准营销，才是真正的新兴出版意义上的消费者驱动。当然，出版产业的消费者驱动不是一味迎合消费者和消极满足一部分用户的低俗文化消费，而是在更高文化层次上引导用户的文化消费，用更多样化的出版文化产品满足不同层次的读者用户个性化需求。也就是说，消费者驱动并不是要出版机构放弃文化主导权，放弃自身的传播"守门人"角色，放弃出版"内容为本"的行业属性和职业操守，正如郝铭鉴在《出版的灯光》一书中所说："未来的纸书特别要注意内容的经典化、形态的艺术化和文字的权威化，把玩价值和文字是网络的短板，恰是纸书的强项。"[②]

2. 由横向整合驱动向垂直整合驱动转变

横向整合是出版产业传统的发展逻辑，主要表现为强强联合。横向整合有其优势，对做大做强出版产业有重要作用，但横向整合大都是出版供需链中游环节的整合，并没有从根本上解决供需链上游的出版资源拓展问题，特别是作者资源和内容资源的来源问题，也就是说，横向整合是传统出版模式的复制和叠加，一些横向整合后的出版集团并没有创新出版模式。由于作者资源与内容创意问题没有根本解决，重复出版、低俗出版、同质化出版现象层出不穷，《穷爸爸，富爸爸》之类跟风出版的选题品种繁多，哪怕是新媒体出版也存在低俗化倾向。正如柳斌杰所说："在新媒体、微传播、泛阅读的

① 郝挺雷：《产业链视域下数字文化产业高质量发展路径研究》，《理论月刊》2020年第4期。

② 郝铭鉴：《出版的灯光》，上海文化出版社2017年版，第11页。

情况下，五光十色的网、屏等新媒体平台大量推送各种信息，传播内容越来越泛、越来越乱、越来越滥，低俗、娱乐化倾向越来越严重，引起社会特别是教师、家长、知识界的焦虑和担心，对现今社会的文化品位提出质疑。”①

垂直整合是指在出版供需链上的优势企业向上游或中下游收购重组生产要素的行为，旨在借助在供需链上具有优势资源和掌握先进生产要素的外部力量来创新生产模式和拓展产品形态。垂直整合具体有两种路径，其中一种是向供需链上游或下游展开的整合，如在“三业融合”（电信、广电、电商融合）背景下，不仅电商巨头凭借网上销售优势大举向出版中上游进军，出现了京东出版、当当出版等全产业链电商出版模式，而且通信巨头（中国移动、中国联通、中国电信）也凭借电信网特别是5G网络大举向手机阅读业务领域进军，形成了出版阅读领域的“电商帮”和“电信帮”。

（1）“电商帮”的发展路径是凭借互联网平台优势先占领销售市场，从供需链下游出发溯流而上，再通过资源整合抢占中下游优势资源。当当最初的起步是售卖纸质图书，借助互联网“风口”开启“腾飞”之路，其发展的路径就是“中国版亚马逊”，尽管目前与亚马逊偶像还有相当大差距，但已成为中国网络出版的老品牌老资格。后来居上的“京东出版”更是出手不凡，自引入卓越网原副总裁石涛主管“京东出版”后，将大数据应用于出版产品开发，其最早的产品《大卫·贝克汉姆》一书就是依据京东网1700多万用户数据挖掘分析而策划推出的。将大数据应用于出版选题策划，京东是率先示范者之一，表明电商帮不仅仅满足于做出版供需链下游的卖书者，也要做上游和中游的策划者和出品人，“京东出版”与天下霸唱、蔡骏等知名作家合作推出“名家电子书创作计划”②，出版《天坑·鹰猎》《告别》《不微笑的蒙娜丽莎》等电子书并在京东商城上售卖，最初的售价每本书2元，这样低廉的售价大大满足了人们喜欢买到物美价廉产品的消费心理。京东打造的电子书品牌“eRead”系列是比较典型的篇幅短、题材新、故事性强的碎片化阅读产品，主要就是针对手机和平板电脑等移动终端用户进行的“量身定做”或“私人定制”，以满足用户日益个性化和碎片化的阅读需求。③

虽然电商帮的出版业务只是其全部业务版图中的一个模块，但其全产业链垂直整合优质出版资源的能力不容小觑，在垂直整合过程中，传统出版机构大都处于劣势，包括纸质图书数字的主导权也基本被数字技术提供商掌握。有资料表明，中国数字图书市场

① 柳斌杰：《发展高品位高质量高效益出版业》，《中国出版》2018年第19期。

② 张岱：《出版业离“大数据”还有多远》，《中国出版传媒商报》2014年4月1日。

③ 《京东启动“名家电子书创作计划”》，《光明日报》2013年4月2日。

90%以上的图书资源是由清华同方、起点中文、万方数据等数字技术提供商掌握的，就连中国出版集团、凤凰出版传媒集团这些传统出版界的头部企业都并未真正掌握图书数字化的核心技术运用和管理流程，还主要依赖数字技术提供商的技术支持。但应该看到，图书数字化进程被数字技术提供商把控，这种“垄断性”的垂直技术整合很容易出现产品质量“把关人”的缺失，反过来对传统出版与新兴出版融合的健康发展会产生负面影响。①

（2）“电信帮”的发展套路是凭借通信网络优势主打手机阅读，建立基于通信平台的“阅读基地”。最先建立阅读基地的是中国移动，其于2009年率先在杭州建立手机阅读基地，2010年5月5日正式商用。手机阅读是中国移动整合具备内容出版或发行资质的出版发行机构，以手机为主要阅读工具，以客户端、WAP、彩信、WWW等方式向读者提供阅读内容服务的全新阅读服务模式。中国移动手机“阅读基地”一经推出，仅一年时间，用户即突破5000万。由移动手机平台首发的《一起又看流星雨》一书，一年内就有400多万名读者用户访问阅读，点击量超过5600万，阅读平台收入达到实体书店的2.6倍，签约作家也赚得盆满钵满。仅2010年，中国移动手机阅读收益最高的一本书已获得1200万元收入。②在中国移动进行阅读基地建设之后，中国联通也全力布局，自2010年6月3日开始，中国联通手机阅读业务迅速推向全国市场，经过充分准备，推出之时就已经与50多家内容合作者签约，签约出版物超过5万本。紧接着另一家电信巨头中国电信也于2010年7月下旬也推出“天翼”手机阅读平台，大举进军手机阅读市场。

“电信帮”的手机阅读平台都是在垂直整合出版上中下游优势资源基础上运行的，如中国移动的手机阅读基地就整合了华为、卓越、盛大等产业链各方共同参与建设，华为负责技术、卓越负责运营管理、盛大则是主要内容提供商。“电信帮”介入出版阅读领域，通过资源垂直整合，不仅让陷入艰难支撑境地的中文在线起死回生，也让盛大文学旗下的红袖添香、潇湘书院、起点中文网、小说阅读网等盛大系重新焕发生机。2010年是中国手机阅读平台发展元年，三大电信巨头分别于2010年5月、6月、7月依次推出手机阅读业务，由原来单一的通信业务服务商变成了集通信、出版阅读、数字技术服务于一体的多元服务商。

（3）阅读类App。除了“电商帮”和“电信帮”涉及出版阅读领域之外，阅读类App也异军突起。阅读类App是另类网络阅读神器，谷歌的Android平台和苹果的IOS

① 赵越：《新媒体时代传统出版业如何实现融媒转型》，《科技传播》2021年第5期。

② 张幼青：《中国移动手机阅读：开辟“全民阅读”新天地》，浙江在线2011年8月15日。

平台催生了一大批进入出版阅读领域的App开发者，在中国本土排名前10的阅读App就依次有掌阅iReader、QQ阅读、番茄小说、书旗小说、七猫免费小说、微信小说、起点读书、咪咕阅读、疯读小说、追书神器。智能手机和平板电脑阅读App之所以能逐步替代电子书阅读器成为移动阅读的主力，很大程度上与电子书阅读器的功能单一有关，从读者用户需求的角度考虑，收入不高的消费者更多考虑的是工具成本和性价比，与其购买几百元甚至上千元的电子书阅读器，不如花同样的价格买一部智能手机或平板电脑，既可以用于通信、商务浏览、网上购物支付、拍照、视频聊天，还可以数字阅读，多种功能集于一体具有很强的实用价值。对于收入较高的用户来说，苹果的App Store以及Google的Google Market能提供大量应用软件下载，其丰富的内容和成熟的运营模式满足了高端消费者的交互性和个性化的阅读体验要求。张志强教授曾指出：中国App类电子出版物的发展趋势应是出版社重视自己的内容核心资源，技术提供商等产业链上的其他各方通过资本聚合、资源整合，形成合力，整个产业的利益能够得到合理分配，在合作竞争中使产业均衡发展。①

出版机构发展阅读App，是“互联网＋”发展的宏观形势使然，查理.芒格说：宏观是我们必须接受的，微观才是我们能有所作为的，App的发展正是“我们能有所作为的”事情。出版社发展App的模式主要分三类。

第一类是基于内容本身的模式。这种模式是将纸质内容进行加工整合后二次开发的App，投放在特定的App应用商店里供用户读者选择下载。这种模式又分三种形式。第一种是把纸质书的内容作为一个整体开发成专门的App，再打包销售。内容可以是集成书，如“国外经典名著集成”“××作品全集”，也可以是单本书，如《甄嬛传》，这类将纸质书开发成App的作品往往是一些经典著作和畅销书。第二种是二次或多次开发的App，即出版社的App产品上市后，再将其二次开发成产品B再上市销售，如一些杂志社会将连载的作品集结成单行本进行二次售卖，甚至可以再开发成游戏App或改编成电影App重新推出。第三种是“App＋图书”，即下载App后再行下载图书，如中信尚书房、磨铁书栈等就采取这种方式. 这种方式的主要盈利来源是收费阅读和广告投放，中信尚书房采用的是“试读＋付费”，磨铁书栈采用的则是“免费＋付费”。不管采用哪种形式，都是基于内容本身的运营模式。②

第二类是基于应用程序的模式。这种模式跳出了基于内容本身模式的框框，而将开

① 郭晶，张志强：《我国出版社App类电子出版物的发展历程及其评价》，《科技与出版》2014年第2期。

② 裴永刚：《媒介融合时代出版社发展App的模式及问题探析，《出版发行研究》2015年第1期。

发重心放在应用程序运用上。即将纸质内容转移到App过程中运用应用程序实现文字、图片、音像、视频、社交等互动功能。企鹅兰登书屋、珀·柯林斯、音乐杂志Blender、纽约杂志是这种互动模式的成功运营者。著名的IT杂志《个人电脑世界》的App就是通过提供可以360°旋转的图片、幻灯片、视频等丰富多彩的幻灯片，实现了出版与读者用户的良性互动。[①]在我国，时代出版集团的少儿读物App预装在联想智能电视的应用下载商店里，少儿可以在家长指导下选用，还有当当读书、拇指阅读都通过出版社内容授权开发各类App，当当读书App 4.0还实现了读书秒开、护照功能、翻页顺滑等贴近用户的便捷功能，还能记录用户读者的购买记录数据和消费爱好，通过大数据和云计算进行用户画像，向用户推荐其感兴趣的书籍，还进一步拓展社交功能，推出书架社交、书友互动、LBS“偷书”等互动功能。[②]

第三类是基于用户体验的模式。这种模式以满足用户需求为导向，以文创为基础，以数字集成技术为依托，以用户体验为目标开发App产品。这类产品主要以教育类或益智游戏产品为主，如中华书局面向全球华人开发的李小白App，以中国地图为背景，通过游戏闯关的形式来游历领略中国的大好河山，学习中华地理知识，通过成语故事、历史典故学习中华人文历史知识，通过吟诵唐诗宋词等诗词歌赋来学习中华优秀传统文化。同时，李小白App还附带蹴鞠、投壶、华容道三个小游戏，具有很强的益智娱乐性。由于这款教学系列游戏强调用户参与体验，在游戏中弘扬传播中国传统文化，所以广受欢迎和好评，在中国区的免费词类游戏中，i-Pad版和i-Phone版都曾位居过第一名。在教育类App中，由教育部指导、高等教育出版社领衔推出的“爱课程”、果壳课堂、网易云课堂、新浪网络课程等教育课程也坚持以学生用户自主学习、自主体验为主的原则，附带有自主测试和实践功能，使学生获得教材之外的学习乐趣和体验。

四、出版供需链服务方式的转换

新兴出版融合线下和线上，整合重构出版供需链，不仅仅只是添加几种网络移动阅读方式，更是要求传统出版由内容出版商向知识服务商的转型，要求进行出版用户导向转变。如从2016年起始，得到App、知乎live、分答、喜马拉雅FM等知识付费类App层出不穷，因此2016年被称为“知识付费元年”。其中得到App是由逻辑思维推出的

① 季芳芳，余文：《增强型期刊App在美国的发展趋势》，《传媒》2013年第6期。

② 魏蔚：《当当读书App引入社交功能》[EB/OL].(2014-10-22)[2014-11-08].http://news.enfol.com/it/20141022/19251053.shtml.

智能手机软件，其设计理念是基于罗振宇提出的两种生意：一种是为别人省时最多，你的价值就越大；另一种是别人在你身上花的时间越多，你的价值越大。[①]因此，得到App旨在为用户提供省时高效精准的知识服务，其推出的“薛兆丰北大经济学课”，读者用户每天仅花10分钟，用一年时间就可学完北大经济学专业的全部课程，并且做到了让读者用户在自己知识的“盲区”学到专业知识。得到App之所以能让读者用户免去在线学习的枯燥，一是每次学习用时短，仅仅只用10分钟，让读者还未来得及厌烦当日课程就已经结束了；二是App产品形式包括音频和电子书，每个音频都附带文稿，能满足用户在不同场景下的使用需求，音频播放是让读者在快节奏条件下解放眼睛和双手的最好方式，适应了快餐文化背景下碎片化阅读的需要。得到App的盈利之道在于将读者用户碎片化时间进行长时段串联，进行知识项链的串联，聚沙成塔。而且通过知识服务大量吸粉，符合凯文·凯利所说的创作者只需拥有1000个铁杆粉丝便能生存的商业逻辑。[②]从这个意义上讲，App产品不是将产品销售的闭环停留在产品出售的时候，而是打开封闭的闭环将知识服务融入每一个服务细节中，用户不仅只是付费消费方，更是产品生产的参与者、产品进一步完善的合作者、产品资源的共享者、产品质量的体验者、产品口碑的传播者。[③]

1. 出版的知识服务商定位

不管是阅读类App，还是“电商帮”和“电信帮”介入出版，虽然各有各的模式和套路，但有一点是共同的，就是知识服务商的定位。“知识服务”是近年来出版转型研究的热点问题，传统的出版概念一直认为出版是知识生产和知识传播，而知识生产和传播媒介就是纸媒，纸媒与印刷业共生共荣。伊丽莎白·爱森斯坦在《作为变革动因的印刷机》一书中指出，印刷文化通过创立“一系列技术和规范，使人类可以用一种令人生畏的新效率来利用世界上能够记录下来的知识储备”[④]。印刷机一方面使知识生产产业化、规范化，另一方面又产生了“印刷的固化作用”，由此开启了知识的大规模商品化进程。彼得·伯克在《知识社会史》一书中说：“印刷业刺激了所有知识的商品化过程。”[⑤]在麦克卢汉的“媒介文明三阶段论”划分中，纸媒印刷时代是媒介文明的第二

---

① 罗振宇：《罗辑思维（商业篇）》，长江文艺出版社2013版，第12页。

② [美]凯文·凯利：《技术元素》，电子工业出版社2012年版，第86页。

③ 林丽萍：《得到App的运营之道对出版企业转型知识服务商的启示》，《传播与版权》2017年第12期。

④ [美]伊丽莎白·爱森斯坦：《作为变革动因的印刷机》，北京大学出版社2010年版，第26页。

⑤ [美]彼得·伯克：《知识社会史》，浙江大学出版社2016年版，第42页。

个阶段，即第一是口头传播时代，第二是文字印刷时代，第三是电子传播时代。口头传播时代主要特征是“述而不作”，著名代表如古代中国的孔子和古希腊的苏格拉底，苏格拉底一直都是用口述而非书面写作的方式阐述自己的学术思想，认为“写下来的东西，无论关乎何种主题，肯定在很大程度上是出于臆造”“如果人们学会了这个（书写），它将在他们的灵魂中植入遗忘。他们不再练习记忆，因为他们会依赖写下来的东西；不再从他们自身找回记忆，而是借助于外部符合。人们头脑里充满的不是智慧，而是智慧的幻象”①。孔子“述而不作”、释迦牟尼“不立文字”、苏格拉底坚持“口述”，这种口头传播方式并没有因为他们圣人的地位而不被文字印刷传播方式所取代，同样，电子传播时代的到来也势不可挡，电子传播开启了知识服务新时代。

知识服务囊括了包括“知识经济”在内的所有领域，知识作为经济学系统的三大要素：劳动力、资本、土地之后的第四大要素，在现代经济中扮演着越来越重要的角色。出版行业作为“知识经济”的重要领域，也势必加入知识服务的行列。社会各行各业因“知识经济”纽带而连接在一起，虽然对“知识服务”的界定各不相同，但有一点是共同的，即“知识服务”的核心是强调“人”的属性，即“知识服务是源于人类智力的、面向用户的、以人的需要和满足为归宿的活动。这与文献服务时期以产品为导向，到情报服务时期以过程为导向，再到知识服务时期以服务为导向的演变轨迹是一致。服务意识的凸显和人的属性的高扬使得作为服务存在的出版进入知识服务新时期”②。从这个意义上可以说，知识经济时代的到来催生了知识服务的兴起，知识服务的兴起推动了出版向以“人”的个性化需要为导向的服务业态转型。

出版机构从产品生产商向知识服务商的转型涉及有两个层面：一是产业层面，二是企业层面。从产业层面看，出版产业链上各环节必须做好精神生产、物质生产、流通发行几大环节之间的关系调整。如在内容生产环节，需要调整作者、编者、读者之间的关系，特别是互联网条件下作者与读者之间的多重身份。在产品制作环节，纸媒印制和电子产品发布，也就是有形产品与无形产品的制作发布也要进行关系调整，印刷厂仍然是需要的，但印数印量和多种印制形式的需求也在发生变化。在产品发布流通环节，纸质图书和电子图书都在进入线上渠道，这也需要进行结构调整。从企业层面看，要看到纸质出版物与网络电子出版会共存相当大一段时间，围绕出版产品的各生产环节如选题策划、组稿、审稿、校对、排版、印制、储运、销售等都要由传统的单一的纸质有形封装产品向有形产品＋无形产品共同融合发展的多元产品格局转变。纸质有形封装产品有着

① [英]戴维·芬克尔斯坦：《书史导论》，商务印书馆2012年版，第61页。

② 方卿，王一鸣：《论出版的知识服务属性与出版转型路径》，《出版科学》2020年第1期。

传统的优势，但相比无形产品，其劣势在于容易造成产品与消费彼此分离的局面，出版者与消费者之间存在天然的距离，有形产品的固化形态容易遮蔽知识价值，而网络无形产品的优势由于网络的泛在性拉近了内容提供者与消费者之间的距离，知识价值可以即时、快捷、精准显现。玛格丽特·米德在《文化与承诺》一书中指出，信息时代是“后喻文化”时代，“知识从传承式积累进化到平面化交流，再进一步发展为现代以解构、重构、反哺为特征的多元化扩散”①。

2. 知识服务的用户导向定位

通过知识服务转型拉近出版与读者用户之间的距离，这不仅是一种商业模式的转变，也是文化态度的转变。法兰克福学派曾批判西方文化工业形成了“文化霸权”和“文化专制”，虽然有偏颇的地方，但仍然具有一定的现代启示。怀特曾声称：“不是人主宰着文化，而是文化主宰着人。”②在霍克海默、阿多尔诺和本杰明看来，在当代西方社会中，文化已经蜕变为文化产业。③文化的商品化会导致文化的“人”的属性的丧失。知识服务虽然不免仍有“知识收费”的商业化特征，但知识服务的本质是要以“人”为本，而不是以“钱”为本，知识服务的核心是满足人的需要，用户导向是知识服务发展的方向。

网络时代的技术便利性为满足用户个性化需求提供了技术条件，用户个性化需求得到普遍张扬。首先，网络的泛在性可以在时间和空间上为用户提供无时不在、无处不在的知识服务；其次，网络的超大容量可以为用户提供无所不包的知识服务；再次，网络的快捷性可以为用户提供即时便捷的知识服务；最后，网络的超文本性可以为用户提供从线性到非线性、从整体性到碎片性、从接收性到体验性的全媒体知识服务。“一种知识来源，多种方式呈现”是现代出版知识服务的多元化发展之路，这样多样的呈现方式不是从根本上改变传统出版的标准化模式，而是将标准化进行精准化聚合或拆分。在知识和信息“大爆炸”时代，读者用户不可能将不断“爆炸”裂变的知识信息都装进脑子里，迫切需要将嘈杂的社会知识“降噪”成为满足个性化需求的“量身定制”的知识服务。从产品生产商向知识服务商的转变，出版业要调整自身的生产向导，从产品导向转变为用户导向，调整生产与服务的专业标准，在坚持高质量标准的同时，保持知识的多维向度，不断满足用户日益多样化的定制化需求。

---

① [美]玛格丽特·米德：《文化与承诺》，河北人民出版社1987年版，第68页。

② LesleA. White，“Mans Control Over Civilization: An Anthropocentric lusion” Scientific monthly，LXVI，1948，P238.

③ 汪行福，俞吾金等著：《意识形态星丛》，人民出版社2017年版，第525页。

出版由产品生产型向知识服务型的转变，会出两个结构性转变。一是由传统出版的“编印发”三元结构向现代出版的“沙漏型”新三元结构转变。传统出版的“编印发”三元结构是一个两头小中间大的橄榄形结构，在生产成本上，中间环节的印制成本占很大比例，特别是印制图书的工钱和纸钱往往是整个图书成本的大头，因此，纸质图书都会有最低开印数的要求，印数越大，单本印刷成本越低，图书定价和销售折扣的活动余地就越大。现代出版逐步从线下走向线上，无形产品的增多使中间印刷环节在整个出版产业链中的比重日益下降，出版价值链越来越向前端的内容生产和编辑环节以及后端的流通发行环节拓展，出现了两头大中间小的“沙漏型”新三元结构，这种结构逐步弱化了出版产业的生产制造业属性，而大大强化了出版产业的知识服务属性。二是出版产业要实现将个人知识转化为社会知识，再将社会知识转化为个人知识的转变，即走一条个人知识—社会知识—个人知识的“正、反、合”之路。出版历来是将作者个人知识社会化的产业，奉行的是“个人知识社会化、无序知识有序化”原则，在现代出版条件下，这一原则没有改变，只是在此基础上，现在要加上“社会知识个性化、大众知识精准化”的原则要求。也就是说，出版机构要在继续扮演将私人知识转化为社会知识角色的基础上，更加注重从日益扩展的社会场景和互联网知识海洋中汲取和传播知识，为互联网平台上日益细分的人群提供精准、细致的定制化私人知识服务。由对个人知识的标准化整理出版再到对个人提供精准的知识服务，是一个否定之否定的过程，这个转变过程是从根本上扭转出版脱离用户消费的局面。

第二章　基于大数据的精准出版

从微观层面来看，基于用户个性化需求的精准出版是满足读者需求方式的转变，从宏观层面来看，则是新经济技术的时代性使然。新经济技术的时代性具体表现为当今人类社会已经进入大数据时代。从这个意义上来说，精准出版是大数据时代的必然要求，这是一个不以人的意志为转移的必然趋势和客观过程。

自2019年底新冠肺炎疫情暴发以来，大数据在疫情精准防控中的功能和作用被公众所广泛认知和认同，现在几乎没有人怀疑大数据的精准性。涂子沛在《数文明》一书中说："用好大数据是通向国家治理现代化的最佳途径。我甚至认为，若论中国，我们的国家治理现代化，舍此途径，无法抵达。"①城田真琴在《大数据的冲击》一书中说："大数据已经不再是一个虚无缥缈的概念，而是与每个人的生活信息相关，实实在在且触手可及。大数据火了，它催生出无数新的服务和商业模式，也让一行传统行业找到了新的机会。"②《大数据主义》一书的作者史蒂夫·洛尔认为："价值和智慧就隐藏在数据之中，这是大数据主义的核心信条。"③

出版产业在大数据时代找到的"新的机会"就是基于用户个性化需求的精准出版。在大数据概念刚被提出时，国内外出版界人士对其意见并不统一。国外出版界一部分人认为大数据有"三高"：一是技术门槛高，二是前期投入高，三是人员素质高。要跨过这"三高"障碍非一日之功，而且由于读者数据中非结构性数据多，大数据分析难度很大。还有一部分人认为大数据虽然应用难度大，但它能通过分析读者购买和阅读行为数据解决长期困扰出版界的销售"黑箱"问题，从而大大减少退货率和降低库存率。如Frederic Filloux认为，挖掘读者购买和阅读行为数据并分析其价值是出版业盈利模式的重大改变，它会使出版机构从内容供应商转变为服务提供商。④国外出版商是最早运用大数据开发出版App的，如英国出版商Peter Collingridge和技术师Stephen Betts合作开发的Bookseer和CoverCake能从Twitter、Facebook、亚马逊Saleblog以及BookScan Report中获取销售数据，并据此

① 涂子沛：《数文明》，中信出版集团2018年版，第XV页。

② [日]城田真琴：《大数据冲击》，人民邮电出版社会2013年版，第229页。

③ [美]史蒂夫·洛尔：《大数据主义》，中信出版集团2015年版，第22页。

④ Frederic Filloux, The Value is in the reader' s Big Data, the guardien September 17, 2012.

预测市场促销效果，或预测请当红明星签名售书是否会场面火爆。①

第一节　精准出版的大数据技术向度

随着大数据对社会生产和社会生活的影响越来越大，人们越来越多地谈论大数据，但日常生活中，人们往往把大数据等同于大数据技术。实际上，大数据技术只是大数据的一个组成部分和技术表现，大数据包括大数据技术、大数据科学、大数据战略、大数据思维、大数据资源、大数据平台（工程及应用）等多个方面。也就是说，大数据是由多方面要素构成的统一有机整体。其中，大数据技术是最重要的系统要素。

大数据技术不是突然从天上掉下来的，它本质上信息技术发展成熟到一定程度后的拓展和飞跃。从技术本质的角度来讲，大数据本质上还是处理数据，只是它处理的数据是在互联网、移动互联网、物联网等泛在网络环境下获得的海量数据和非结构性数据，这些海量的新老数据源，包括Web网页、浏览记录、传感器信号、社交媒体聊天记录、支付记录、智能手机的位置数据、基因组信息和监控录像等都是数据源。这些海量的非结构性数据是传统信息技术条件下的关系性数据库所处理不了的，因此大数据技术才应运而生，从这个意义上说，是大数据源催生了大数据技术。②从技术发展的角度来讲，大数据的MapReduce、Hadoop、Mpp等关键技术使数据收集、数据存储、数据处理、数据交换、数据分析的体量和速度发生了质的飞跃。

一、大数据关键技术

大数据是一个技术群，其关联学科有计算机科学、应用数学、统计学、管理学、经济学等多个学科。也就是说，大数据既是一个技术群，也是一个学科群。

1. 专门用于收集、整理、分析、管理大数据的关键技术。

主要有BigTable、数据集市、数据仓库、元数据、Cassandre、Dynomo、分布式系统、GFS、MapReduce、Hadoop、Mashup、HBase、商业智能、非关系型数据库、关系型数据库、云计算、云空间、R语言、SQL、流处理等。这些可专门用于处理大数据的关键技

① Calvin Reid May, Can Big Data Fix Book Marketing? PW daily May 28, 2012.

② [美]史蒂夫·洛尔：《大数据主义》，中信出版集团2015年版，第6~7页。

术正在迅猛发展，并且分类越来越细，如在数据仓库技术方面使用ETL（extract transform load）将获取的数据进行清洗后加载到数据仓库，数据仓库一般分三层：一是ODS（operational data store），即操控数据层；二是CDM（common dimensions model），即公共模型层；三是ADS（application data store），即应用数据层。数据仓库分层依次递进，各层次之间低耦合高内聚，为数据加工和数据服务提供资源。在数据萃取技术方面，主要技术工具包括：一是网络爬虫程序，即用爬虫程序对网站网页进行数据抓取，通常是用关键词设置来抓取热点问题数据；二是RSS（聚合内容），即运用聚合内容摘要搜集技术对热点播报和跟帖进行数据聚合萃取；三是Tags（用户标签），即运用分布式爬虫程序对社交API进行信息抓取，对用户和事件话题进行数据采集；四是全文检索，如SQL Server的Microsoft Search服务和MySQL的LmmoDB引擎对特定网站的各类数据进行数据萃取。在数据处理技术方面，主要技术工具包括Hadoop系统的技术工具，通过HDFS存储支持的Hive和Hbase等工具，其中Hbase作为NoSQL（非关系数据库）运行的稀疏存储模式，完成社交网络平台上海量“超文本”数据的处理任务。

2. 大数据技术面对的关键问题

相比于传统的结构型数据库，大数据面对的是集结构性数据、半结构性数据和非结构性数据于一体的数据仓库。大数据技术处理的关键问题集中表现在3个方面。

（1）非结构性和半结构性数据处理。网络环境下的海量数据有80%左右都是非结构性和半结构性数据，数据去重、数据降噪、数据萃取是传统的关系型数据库处理不了的。大数据技术对数据进行两次挖掘：一次是通过数据提取萃取粗糙知识，二次是将粗糙知识与被量化后的主观知识进行智能匹配。数据挖掘从一次挖掘到二次挖掘是从量到质的飞跃，是从数据—信息—知识—智能的质的飞跃。二次挖掘的智能性最突出的表现就是基于数据而不是基于以往经验的对事物认识的精准性。

（2）复杂性大数据处理和系统建模。大数据的复杂性主要表现为不确定性或大数据混杂，一般来说，数据量越大，精确性越小，规模越大，差错越多。因此，在数据量越来越多，而大数据技术还未成熟的条件下，很多数据都被当作“数据垃圾”和“数据废气”弃用。而大数据容错机制和系统建模能解决大数据混杂问题。如Google的翻译系统就能从复杂数据中寻找精准性。“从谷歌的例子来看，它之所以能比IBM的Candide系统多利用成千上万的数据，是因为它接受了有错误的数据”①。关于大数据条

① [英]维克托·迈尔-舍恩伯格：《大数据时代：生活、工作与思维的变革》，浙江人民出版社2013年版，第54页。

件下“出错的好处”，美国学者冯启思指出：“虽然明知容易犯错，可依然信心饱满，这是大统计学家的标志。他们认识到没人能独占真理，只要世界上还有不确定性存在，真理就未可知。”[①]从这个意义上来说，是大数据的容错机制提升了大数据预测的精准性，俗话说“不怕一万，就怕万一”，因为万分之一的错漏可能就是致命的。大数据专家D.J.Patal曾说，在网上输入IBM三个字母可以检索出成千上万种不同的指代，但这种复杂的不同指代是没有遗漏的一网打尽，这完全符合大数据的全数据原理，而大数据全数据原理是大数据精准性的理论基础之一。

（3）对大数据异构性和决策异构性关系问题的处理。在大数据条件下，处理数据异构性和决策异构性是解决数据可用性问题的关键。大数据挖掘是为了使用精准数据进行决策，精准决策是大数据智能性的重要功能，“无论大数据带来了何种数据异构性，大数据中的粗糙知识仍可被看成一次挖掘的范畴。通过寻找二次挖掘产生的智能知识来作为数据异构性和决策异构性之间的桥梁十分必要。探索大数据环境下决策结构是如何被改变的，相当于研究如何将决策者的主观知识参与到决策的过程中”[②]。

3. 大数据技术特性

大数据技术特性是大数据“5V”特征的具体化，主要表现为流处理、并行性、摘要索引、可视化等特性。

（1）流处理。流处理被称为大数据“实时之道”。流处理所处理的不是数据集而是数据流。“流处理技术是针对流式数据的一种分布式、高可用、低延迟、具有自身容错性的实时计算技术，是根据一组处理规则来运作的工具。”[③]比较常用的流处理技术工具有Twitter的Storm，IBM的Streams和Yahoo的S4等。数据流是实时发生的不断变化的动态结构，传统的数据处理技术并不适合数据流处理，如传统的数据技术可以计算一组数据的平均值，但不能计算移动数据的平均值，不论是实时数据单元增减，还是数据匹配，都需要运用大数据、云计算支持的智能算法来实现。如网上流行的Feed流就是一种持续更新并呈现给用户内容的信息流，是一种将用户主动订阅的消息源聚合形成的内容聚合器，Feed流就是基于大数据的一种内容呈现方式，其基础就是流处理方式，很多资讯类和社交类App中，如微信朋友圈、QQ朋友圈、抖音短视频、知乎关注页、今日头条推荐页都使用了Feed流，并且，Feed流的实施方案又分为拉模式、推模

① [美]冯启思：《数据统治世界》，中国人民大学出版社2013年版，第222页。

② 陈明：《大数据概论》，科学出版社2015年版，第15页。

③ 段云峰：《大数据和大分析》，中国工信出版集团2015年版，第25页。

式、推拉结合模式。Feed流中数据不断实时快速更新，所以，Feed流的数据的角标也在不断变化，不能采用传统的分页模式。

（2）并行性。并行计算被称为大数据“高效之道”。在小数据环境下，数据情形类似于桌面环境，小数据磁盘存储量为1～10GB，到了中数据环境，数据存储量为100GB～1TB，发展到大数据环境，海量数据存储在N台机器上，形成并行性云空间，数据存储量为TB级、PB级和IB级。在分布式数据环境下，大规模并行计算是大数据处理的基础，而Hadoop是分布式并行计算平台，是大数据技术的主要应用工具。并行性是由大数据的结构复杂性和异构性决定的，“由于数据自身的复杂性，作为一个必然的结果，处理大数据的首选方法就是在并行计算的环境中进行大规模并行处理（massively parallel processing，MPP），这使得并行摄取、并行数据装载和分析成为可能”①。同时，由于大数据的异构性，也需求用不同的数据技术和工具来分析处理。

（3）预测性。大数据的核心功能是预测，预测分析专家埃里克·西格尔在《大数据预测》一书中甚至说：“预测就是力量。”②大数据点燃了人们自古以来从神话猜测到科学预测的希望之火，使经验式猜测迈出了走向科学预测的精准之路，但正如哈佛国际数据分析所创始人达文波特所说：预测分析的关键点不在于数据的规模或繁复程度，而在于其如何对待或取舍数据。精准预测首先要运用预测分析的分类与回归的技术模型，主要分三个方面：一是分类（classification），分类上要找出描述和区分数据类或概念的模型，以便于用模型预测类标号未知的对象的类标号。导出模型是基于对训练数据集的分析，是用来预测类标号未知的对象的类标号。二是回归分析，回归是要建立连续值函数模型，是用来预测难以获取的或缺失的数值数据值，而不是离散的类标号。回归分析是一种常用的数值预测统计学方法，既用于预测难以获得的数值数据值，也用于预测可用数据的分布趋势识别。三是相关分析，相关分析是要识别与分类和回归分析相关的属性。③寻找相关关系而不是寻找因果关系是大数据预测的典型特征，根据相关分析可以标示事物之间的强相关性和弱相关性，对其他无相关性的可以不予考虑。

4. 大数据技术应用体系

大数据作为新兴技术体系，涉及数据科学、统计学、计算机科学、经济学、管理学

① 李军：《大数据：从海量到精准》，清华大学出版社2014年版，第9页。

② [美]埃里克·西格尔：《大数据预测》，中信出版集团2014年版，第XXI页。

③ [美]韩家炜，裴健：《数据挖掘概念与技术》，机械工业出版社2012年版，第13页。

等众多领域，其技术应用体系包括大数据存储、大数据分析、大数据挖掘、大数据可视化、大数据安全、大数据机器学习、大数据推荐技术等诸多模块。大数据技术应用体系各个模块虽然各有专攻，但并非彼此独立，而是紧密相连的有机体系，大数据推荐技术就高度依赖于大数据存储和大数据挖掘。

二、大数据技术在精准出版中的应用价值

大数据时代的到来推动大数据技术应用到社会生活各个领域。信息通信大数据、医疗健康大数据、网络社交大数据、制造大数据、零售大数据、金融大数据、交通大数据、餐饮大数据、社会管理大数据、教育大数据都大大提高了各行各业高效运行的精准性。①同样，出版大数据也可以提高出版的精准化水平。

1. 大数据技术在编辑过程的应用价值

大数据的兴起带给出版产业三大惊喜：一是从来没有如此之多的海量信息可以为我所用；二是从来没有如此之多的数据分析技术可以为我所用；三是从来没有如此之多的用户数据可以为我所用。大数据使“信息大爆炸”带来的“技术乌云”变成了“技术蓝云”，在大数据技术应用支持下，数据越多，有用的数据就越多。具体来说，大数据技术在出版编辑过程的应用表现在如下方面。

（1）选题策划的精准化。选题策划是编辑工作的重点，出版竞争首先是选题策划的竞争。传统出版的选题策划主要依赖编辑的经验与直觉，选题策划更像是和市场的赌博。②选题策划赌对了就赚钱，赌错了就赔钱，但往往是赌对的少赌错的多，从而造成出版社被大量退货和库存日增的困境。大数据可以通过数据挖掘技术广泛搜集与选题相关度高的同类出版选题的市场数据，通过市场研判确定选题价值，提高选题的读者用户针对性和内容服务的精准性。

从编辑出版工作的性质来说，编辑工作本质上属于“世界三”的范畴，即波普尔所称“三个世界”中的“客观知识世界”的创造活动。在互联网和全媒体时代，大数据在创造“客观知识世界”的活动中扮演重要角色。首先，出版物从来都是技术世界的产物，从“四大发明”中的造纸术和印刷术，到方正系统和数字出版技术，每一次技术进步都大大推动了出版的发展，出版一直都是内容和技术的统一体，从其本质来看，内容

① 李军：《大数据：从海量到精准》，清华大学出版社2014年版，第17页。

② 钟金荣：《大数据时代的编辑出版》，《新闻世界》2014年第10期。

和技术从来不是相对的二元存在。[①]因此，出版物是通过编辑出版实现价值的人工物，其内容和技术两方面的自身含量是其社会价值和经济价值的综合体现。其次，出版业从来都是靠知识和技术驱动的行业，技术发展在很大程度上影响了出版发展的速度甚至走向。[②]大数据技术对出版的影响首先是推动编辑应用大数据进行精准策划而不是仅凭经验和直觉策划。最后，编辑出版在运用大数据的同时获得双赢，即编辑环节因大数据应用而成熟，大数据技术也因技术广泛应用而日益成熟。正如克莱·舍基所说："新的工具赋予我们新的能力继而又使我们能为彼此造就的机会。"[③]大数据时代，价值导向、需求驱动、热点预判仍是图书选题策划的出发点。[④]

被称为图书出版界"单品王"的读客图书曾策划过《藏地密码》等畅销书，其成功经验之一是运营"书单来了"微信公众号进行用户大数据分析。"书单来了"通过"书单狗"原创卡通形象大量吸粉，至2021年9月已吸粉600多万。其运营策略是注重以主体契合化实现精准定位，以内容个性化突出品牌特色，以受众互动实现人文关怀，以媒介序列化推进整合传播。"书单来了"通过用户大数据分析，发现粉丝群体中67%是本科或研究生以上学历，这群人是中产阶层的主体，他们买书求知的需求非常旺盛，但让他们困惑和烦恼的是为选书浪费了大量时间，而且在网上选了半天买回来的有很多烂书，看这种书就是在浪费时间，因此，在百度、豆瓣、知乎上与图书相关的提问90%是求推荐好书的，这说明知识群体想读书但不知道读什么书。读客图书策划编辑出版的《藏地密码》就是将选题策划与文化母体联合在一起，选题策划的精准性就在于找到产品与消费者之间的文化共同性和相关关系，让读者用户感到这本书跟他有关系，就是他想要的东西。文化母体是不会消失的，因此精准定位在其基础上的文化产品一定是有生命力的，但文化母体又有具体的表现形态，这些具体表现千变万化，因此，定位在文化母体上的图书出版编辑又需要创意策划。写三国文化的书是会赚钱的，但并不是所有描写三国文化的书都会赚钱，如果都是模仿式的"水煮三国"，就只会将图书市场做滥做丢。从这个意义上来讲，编辑选题策划既需要基于文化的"超级符号"创意，更需要基于大数据的"超级符号"创意。

（1）编辑能力的数字化。大数据技术应用于编辑出版环节必然要求编辑人员能运用数据挖掘、数据分析、数据服务等技术提升编辑能力，大数据应用已逐渐成为编辑出

---

① 张博，齐欢，李武：《基于大数据的出版内容价值发现与应用》，《出版发行研究》2014年第3期。

② 徐丽芳：《网络出版策略研究》，武汉大学博士论文2002年4月。

③ [美]克莱·舍基：《认知盈余》，中国人民大学出版社2012年版，第110页。

④ 冷桥勋，李克明：《大数据时代传统出版企业的转型探析》，《出版广角》2016年第1期（上）。

版工作的基本生产要素和工作技能。只有掌握必备的大数据应用技术才能挖掘出海量数据中所蕴含的知识价值。一方面，编辑能力的数字化可以推动编辑出版的数字化转型，实现出版数据附加价值的迭代升级。另一方面，编辑出版的数字化转型又促进了编辑能力的迅速提高，从而赋予编辑出版新的能力。现在，很多出版物以“数字原生”（digital born）形式加速生产和传播，这些机器可以直接读取的大数据已成为知识生产的重要资源，基于大数据的机器学习能力越来越强，智能化程度越来越高，在发现数据背后规律方面也越来越出色，从而进一步提高了编辑发现优质内容并匹配细化用户的能力。

（2）编辑“把关人”职能的强化。自库尔特·卢因于1947年在《群体生活的渠道》一文中率先提出“把关人”概念开始，“把关人”一直是媒介组织或编辑、记者的重要角色。在传播者与受众之间，“把关人”发挥着信息发布和中止信息发布的决定作用。不同的媒介具有不同的“把关人”，从报纸、广播、电视、出版等传统媒介视角来看，在信息提供、采集、写作、编辑过程中存在着不同的“把关人”，其中，编辑的“把关人”尤为重要。进入大数据和全媒体时代，编辑“把关人”角色具有了新的含义，一方面，大数据语义分析丰富了编辑对存在于出版内容中各类语义内容的认知和理解，另一方面，编辑又不能完全被大数据相关性分析所左右而放弃“把关人”职责，毕竟大数据相关性分析代替不了深层次的因果性分析。大数据算法也存在自身固有的局限性，算法设计者是人，人有自身的偏见和输入数据的偏倚①，导致其在选择内容上的偏差，因此，编辑的把关人角色不可或缺。②

2. 大数据在流程再造和出版管理中的应用价值

出版流程的智能化是大数据对出版变革与发展的赋能。传统的出版流程呈现出单一、线性的特征，前后工序都是按纸版图书的运行程序有序安排，但传统的出版流程的短板是运行周期长，智能化程度低，协同化程度不高，大数据技术能够实现出版的流程再造。

（1）编排制作流程再造。主要表现：一是编辑能够通过出版云平台对海量出版数据进行深层次加工，快速萃取策划和加工信息；二是可以应用协同编纂平台发现和梳理编辑过程中的问题，从而有针对性地优化编排过程以及管理出版时间进度；三是应用大数据可视化技术将过去难以控制、不能数字化的流程转变为可控制、可视化的精准描述

① 张超：《作为中介的算法：新闻生产中的算法偏见与应对》，《中国出版》2018年第1期。

② 郭强：《全媒体时代把关人的“变”与“不变”》，《青年记者》2017年第10期。

的作业流程，将过去隐藏无序的编辑规则模式转变为统一有序的规范模式。[①]

（2）出版资源管理的数据化转型。经过20多年的数字化建设，出版机构已取得了显著的建设成就，出版文档资源库、图片资源库、视频资源库、语音资源库、动画资源库建设都取得了不同程度的成果。[②]但这些成果只是信息化建设的成果，形成的是无数分立的彼此没有联系的“数字孤岛”和“信息烟囱”，亟须通过大数据云中台实现数字化向数据化的转变，打通各个“数字孤岛”之间的联系，真正让数据用起来。数据中台是大数据应用的平台化，是数字技术的2.0进阶，其建设目标：一是将分立的数据“连”起来，将独立的烟囱连成连通的系统，实现各个部门各自为政向全局统筹、协同演进的转变；二是开放封闭的系统，将限定的资源转变为开放的数据资源，不再局限于数据库中限定的数据模型，而是提供从数据库开始端到端的数据开发体系；三是让数据“流”起来，即解耦数据处理流程与数据使用过程：使前端应用能够统一的数据服务、数据资产管理体系来使用数据。四是实现粗放式管理到精准化运营的转变，实现量化ROI转化。[③]

（3）版权管理模式的转变。出版是知识生产，知识生产的有序开展依靠知识产权支撑。“创造力作为新闻出版业的源头，其认定和测量存在困境，知识产权的权利理论与新闻出版业的创造力具有共性，为新闻出版业创造力的认定夯实了理论基础。”[④]知识产权在出版管理中具体体现为版权管理，版权管理的困境由来已久，在互联网与大数据条件下，版权管理的重点已转移到数字版权管理问题上，而数字版权管理已开启微版权管理模式。

微版权（micro copyright）在内容特征上主要指碎片化的内容，在授权对象上主要指对个体的授权，即传播网络边缘对象，这种碎片化和个体化特征表明互联网和大数据时代的版权管理日益精细化，并通过精细化运作实现对出版内容价值的深度挖掘。

其一，微版权重塑出版碎片内容的价值。在日常的内容使用中，使用者可能并不需要整本书的授权，而只需要其中几页内容的授权，版权管理人员可以通过系统输入使用时间、在多少册数中使用哪几页、支付费用是多少，就能精准便捷地计算出结果，既保护了版权，又提高了效率，还可以获得收益。虽然只使用几页内容的收益不高，但有序循环后可以形成聚沙成塔效应。

① 向安玲，安阳：《基于大数据的出版流程变革》，《出版广角》2014年第14期。

② 百华睿：《国内传统出版资源管理系统的功能演化》，《中国传媒科技》2021年第6期。

③ 彭锋，宋文欣，孙浩峰：《云原生数据中台》，机械工业出版社2021年版，第31页。

④ 张祥志：《知识产权支撑新闻出版业供给侧改革的向度与路径》，《出版发行研究》2017年第11期。

其二，彰显版权权威性。在从网络核心授权向网络边缘授权转变过程中，授权对象个体化，需要在众多免费内容中强化专属版权的权威性，充分利用专家库，专业库等权威性内容获得版权保护和经济回报。如中华书局出版的古文书籍中，有些已过了版权保护期的古文文献是免费的，但中华书局专有出版权的价值正在于其品牌的价值，而品牌背后是专家的权威性和编辑工作的权威性。①

其三，实现版权“化整为零”，提高内容受益面。版权保护固然重要，但如果版权保护的结果没有了用户受益面，这样的版权保护既没有社会效益也没有经济效益。有统计表明，全球学术论文平均阅读率是1.24人，下载使用率不高，也就是说，很多论文的读者是作者自己，这一方面是因为学术论文的专业性和小众化，另一方面是由于版权使用不便。进入互联网和大数据时代后，OA（open access）即开放获取已成为获取内容的重要来源，原有的一对一的排他性授权正向一对多授权模式转变，B2B模式正向B2C模式转变，物权转移的模式正向知识产权授权的模式转变，这样可以大大提高出版内容受益面，提高出版内容受众群众性价值，通过一对多的群效应挖掘来成倍扩大版权价值。

其四，挖掘版权组合价值。版权组合价值挖掘，是要把原来单一的销售内容与现有的衍生内容进行价值组合。英国出版科技集团Adavance推出复合出版管理系统，把出版内容资源组合打包成产品包，把一个个碎片化的内容元素进行价值组合，形成包括纸质图书、电子书、纸质刊物、电子期刊、阅读App在内的产品包。产品包可以整体购买，也可以拆分购买，这样可以实现同一个版权作品有几种甚至几十种销售的可复用性局面。大数据技术给版权管理带来了版权价值挖掘的新平台和新手段，为确立人本主义与和谐发展的版权价值观②提供了技术条件。

3. 大数据技术在出版精准营销中的应用价值

大数据进入出版领域，首先是从进入出版销售领域开始的，这一点倒是符合大数据进入商业领域的共性。比约·布劳卿等人在《大数据变革——让客户数据驱动利润奔跑》一书中说：“在大众销售的历史中，我们第一次可以看到每个消费者的头脑的内部。得到关于消费者的全景视图一直是销售和营销团队长久以来的愿望，但是今天，如果我们智能地连接数据，深刻理解个体消费者就能变成现实。”③大数据营销的精准性

---

① 孙赫男：《大数据时代的微版权战略》，《出版广角》2014年第2期（下）。

② 吴汉东：《知识产权法价值的中国语境解读》，《中国法学》2013年第4期。

③ ［德］比约·布劳卿等：《大数据变革——让客户数据驱动利润奔跑》，机械工业出版社2014年版，第XV页。

改变了市场营销模式，其在出版营销中的应用使出版真正做到了“投读者所好”，极大地提高了出版营销的精准性。

（1）精准萃取用户数据。基于用户购物清单、付费能力、购物偏好、回购率等数据，构建客户细分模型。一是构建用户购物周期模型，计算用户在购物周期中所处位置，通过用户兴趣爱好分析、业务—用户传播渠道分析、渠道偏好分析、用户影响度分析来构建用户行为分析框架。二是构建用户交往圈模型。不同参照群体在不同情况下对个体的影响力存在较大差异，年轻用户容易受到朋友圈和亚文化的影响，而中年人则容易受到家庭成员和社会相同阶层人士判断的影响。[①]通过对用户交往行为的分析，运用决策树数据挖掘算法，对用户交往对象的人群进行分组，为精准化营销和客户服务提供支持。三是构建业务——用户传播模型。在市场营销中，一般将用户分为种子型用户、跟随型用户、传播型用户。种子型用户具有时尚引领性，有自己固有的消费主张，往往是别人模仿、跟随的对象；跟随型用户一般没有明确的消费主张，属于跟风型随大流的消费群体；传播型用户处于种子型和跟随型的中间层，既模仿别人也被别人模仿。构建业务—用户传播模型也是进行市场细化，对不同用户进行精准画像。

出版领域的用户数据分析最初是由欧美大众出版商开展的，2013年，三家大众出版商巨头企鹅出版集团、阿歇特图书出版集团、西蒙与舒斯特公司联合创立了Bookish图书推荐平台，后来又有哈珀.柯林斯公司和霍顿·米夫林·哈考特集团陆续加入该平台。Bookish的主旨是为用户精准推荐书目，同时在用户选购图书时不断萃取用户数据，形成用户数据—精准推荐书目—用户数据的良性循环。用户数据分析不仅仅只是传统意义上定性分析，而是基于大数据的量化分析，并且逐步进入待“基因”信息层次。[②]Book Lamp是苹果公司开展“图书基因组计划”的重要项目，是苹果为“量化”用户行为而进行的收购战略，兰登书屋和肯辛顿图书公司都曾是Book Lamp服务的订阅者。“图书基因组计划”是构建以用户数据为核心的各类数据反馈闭环（Feed back）[③]，利用智能算法将用户数据转为市场定位和精准营销的价值创造效率系统（图2-1）。

---

① 段云峰：《大数据和大分析》，中国工信出版集团2015年版，第184页。

② 闫泽华：《内容算法：把内容变成价值的效率系统》，中信出版社2018年版，第144页。

③ Jianbo Gao, Matthew L.jockers et al.A mutiscale theory for the dynamical evolution of sentiment in novels[C].2016 International conference on Behavioral, Economic and Sociocultural computing（BESC）. Durham, 2016.

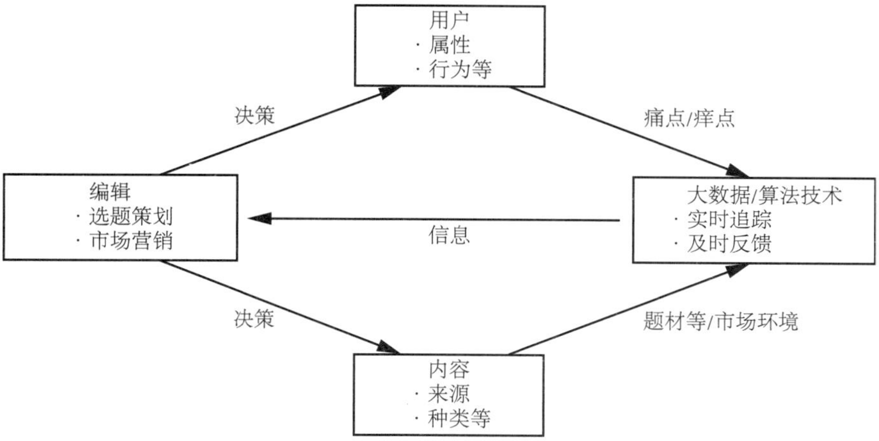

图2-1　出版用户数据反馈闭环

（资料来源：《出版参考》2020年5月）

（2）进行产品SKU细分。图书市场有大众市场和专业市场之分，不同市场的目标用户千差万别。温德尔·史密斯的STP理论认为，萃取核心用户的数据是实现市场定位和制定营销策划的关键。出版具有兼具垂直行业和利基市场的典型特征，尤其需要对用户施策进行细化和精准定位，否则卖不出去的图书只能化为纸浆。精准营销作为一个运营过程，一般分为三个发展阶段，即遵循“规范化—精细化—个性化”的递进逻辑。①首先，规范化是制定统一的生产和运营标准，在规范化基础上解决产品量产问题，使产品具有更多的市场占有率和市场适应性，也就是说，规范化首先解决的是产品的代际标准化问题，确定产品在迭代过程中的定位。其次，精细化是在规范化基础上为不同的用户群体提供更细致更适合其需要的产品和服务，即对规范化标准产品进行更细化的SKU（stock keeping unit）拆解，SKU是库存保有单位和库存进出计量单位，SKU在物理上是不可分割的最小存货单元。SKU拆分的核心在于建立一个系统的产品数据库，包括分区域、分城市、分代理商、分渠道、分销售平台、分品类、零售价/量/额、品名等数据，以数据库分基础针对不同用户，采取细分的营销策略、提高产品的销售精准性和用户市场满意度。最后，精细化进一步向个性化阶段发展，个性化是提供更有针对性的产品和服务，就是通常所说的“量身定做”和“私人定制”。精准营销的个性化IUS使标准化量化到颗粒度精细水平，使市场运营达到“知己”和“知彼”两个境界。“知己”是充分了解并精细拆分自己的产品业务，根据市场需求将单一的SKU拆分为维度更广的SKU，“知彼”是要充分了解行业特性，充分了解对手产品情况，尽力量化用户需求颗粒度，如Tekstum科技公司依靠大数据

① 张溪梦，邢昊等：《用户行为分析——如何用数据驱动增长》，机械工业出版社2021年版，第189页。

分析读者情感，运用读者用户的情感等非结构性数据量化用户阅读和购书行为，在洞悉用户情感心理特征的前提下开展精准营销。[①]

（3）建立“内容+用户体验”新模式。传统出版的营销模式是以读者一手交钱一手交书为终极销售目标。读者用户买书之后，阅读体验如何、评价是好是坏出版机构既无从知晓，也很少关心，这实际上严重影响了出版物的生命周期和传播效应，出版物只是冷冰的物，而不是有温度的精神财富。大数据技术在市场营销中的应用为获取用户数据、开展用户互动、进行用户体验，为建立“内容+用户体验”新模式提供了技术平台。

首先，通过体验服务黏住用户。出版是内容产业，但内容作为精神产品是需要读者用户细细品读的，内容服务是体验服务的基础，体验服务是内容服务的延伸。在书业激烈竞争的时代，出版机构单靠内容来黏住用户是不够的，还必须靠服务来黏住用户，而体验服务是大数据用户分析技术送给出版营销的一份很好的礼物。通过体验黏住用户本质上是出版内容的增值和延伸，只不过是进行了一个思路的转变，即要在离用户最近的地方创造内容。

其次，通过体验了解用户。用户体验数据一般是非结构性数据，在传统的小数据条件下，非结构性的情感数据是很难用关系型数据库技术处理的，大数据为处理非关系型情感类数据提供了技术支持。哈雷·曼宁在《体验为王》一书中说：“客户体验就是在客户试图去了解你的产品并进行评估，考虑购买产品，尝试使用以及遇到问题时所产生的思考。此外，客户体验也是他们在与你互动时的感受——激动、高兴、安心，或紧张、失望、沮丧。”[②]市场营销的情感力量一直是企业稳定市场预期的有力武器，大数据技术为企业精准地了解用户的消费心理行为提供了技术条件，这也是大数据一经出现首先被大范围运用于市场营销，用于构建新商业模式的重要原因之一。

最后，通过体验扩大用户群。扩大用户群是市场营销一直以来的奋斗目标，传统的降价让利手段已经不再是扩大用户群的唯一有效方法，必须通过体验服务扩大用户群。体验服务一般分为两类：一是售前体验，如苹果等手机销售体验店，还有就是一些出版单位推出的出版物试读体验方式；二是售后服务，售后服务是要了解用户的意见反馈，进一步改进产品和服务。建立“内容+用户体验”新出版商业模式本质上是出版从内容出版到知识服务的转型，其运行体系包括了两套平台：一是数据挖掘分析平台，二是精准营销业务模块。[③]前者是后者的基础，后者是前者的应用和升华。“内容+用户体

① 陈铭，徐丽芳：《大数据时代编辑智能化路径分析》，《出版参考》2020年第5期。

② [美]哈雷·曼宁:《体验为王》，中信出版社2012年版，第7页。

③ 苏浩玄，欧阳鹏：《大数据驱动下图书出版营销模式研究》，《出版广角》2015年第10期（下）。

验”新商业模式也是“互联网＋出版社”出版新业态的具体表现形式。

大数据时代的精准出版实质上是一个新旧动能转换的过程，精准出版是数据驱动出版实现精准化的过程，是数据细化出版市场的过程，是终端决定前端、下游推动上游联动的过程。下游是细化用户市场和用户分组，上游就是内容生产。精准出版已不再是“我编什么书、出什么书就卖什么书”，而要根据用户个性需求进行精准出版。精准出版的动能转换不是不重视内容，而是要促进内容贴近用户，贴近用户就要了解用户，了解用户就需要根据用户数据分层描绘读者用户的专业图谱和兴趣图谱，数据分层与“读者图谱”本质上是一种基于大数据分析的量化手段，美国学者Martin Klubeck在《量化——大数据时代的企业管理》一书中说：“量化分析就是使用不同层次的信息（数据、指标、信息和其他量化指标）来讲述故事。”①

第二节　精准出版的大数据原理向度

大数据不仅仅只有技术层面的价值特性和功能表现，还具有大数据科学特性，大数据科学表现为一系列大数据科学原理。这些大数据科学原理对推动精准出版具有重要作用。

一、大数据“相关性原理”与精准出版

大数据相关性原理是指大数据对海量数据进行处理时不寻求因果关系而分析挖掘数据之间的相关关系的技术原理。这些“相关性”数据大都是和非结构性数据半结构性数据。中国工程院院士李国杰指出，人们日常“采集到的数据85%以上是半结构化和非结构化数据，对这些数据的处理是传统的关系数据库无法胜任的。因为关系数据库系统的出发点是追求高度的数据一致和容错性。”②因果关系分析是传统的科学研究思维方式，是基于严密的数理逻辑的研究方法，但传统的因果关系分析虽然逻辑性强、数理结构完整，但由于要求数据一致性而数据库偏小，数据不足会导致以部分代替整体和以偏概全，很容易出现误差和遗漏。长久以来，对因果关系的研究是人类进行科研活动的重要目标和思维方式，人类形成了探寻事物因果关系的思维习惯。周涛教授指出：“想想瑞士日内瓦的强子对撞机，我们在上面捕获了人类有史以来最大规模的单位时间数据。

① ［美］Marin Klubeck:《量化——大数据时代的企业管理》，人民邮电出版社2013年版，第1页。

② 李国杰：《大数据研究的科学价值》，《中国计算机学会通讯》2012年第9期。

我们是希望找到或者验证某种相关关系吗？不是！我们试图回答的正是人类所能问出的关于因果关系最伟大的问题——希格斯玻色子是否存在？我们的宇宙是否有可能用标准模型刻画？放弃对因果性的追求，就是放弃了人类凌驾于计算机之上的智力优势，是人类自身的放纵和堕落。”①

1.从因果关系到相关关系

进入大数据时代，大数据分析挖掘是通过统计性搜索、比较、分类、聚类、分发对海量数据进行快捷、即时、准确的处理，具有明显的统计学特征。统计学更关注事物与事物之间的相关性，相关性本来就是指两个或多个以上的变量的取值之间存在的某些关联性。相关性是可以量化的，按关联性大小，一般分为强相关关系、中相关关系、弱相关关系，大数据算法有点类似于热力学的分析模式，遵循的是统计学的简单逻辑，热力学并不具体计算分子运动，而是关注体积、压强、温度之间的宏观关系。吴军在《数学之美》一书中专门论述了统计学的科学意义。他认为，从基于规则的语言处理到基于统计的语言处理是一种科学方法的转变，基于规则的语言处理的对象是确定性的、逻辑的，基于统计的语言处理的对象往往是不确定性的、非逻辑的、随机性的。统计语言模型具有简单性特征，因为“基于统计的自然语言处理方法，在数学模型上和通信是相通的，甚至是相同的。因此，在数学意义上自然语言处理又和语言的初衷——通信联系在一起了。”②统计语言模型的简单性原理不仅符合“奥卡姆剃刀原理”所体现的科学研究的简单性原则，也符合牛顿在《自然科学的数学》中所主张的简单性原则。大数据遵循的统计学的简单逻辑表明，人们对事物之间关系的认识可能存在两条路径。一条路径是DIKW路径，即从数据—信息—知识—智慧的递进之路，这条路径是学术性的科学研究路径，呈金字塔式结构；另一条路径是DV路径，即从数据—价值的路径，这条路径是实用性的商业活动路径，走的是从数据直接到价值的捷径。从这个意义上来说，大数据给我们重新认识因果关系和相关关系打开了新的思路，给我们认识不同领域和不同层面的事物性质和表现提供了不同选择。

因果关系和相关关系不是相互取代的关系，而应该是同时存在的并存关系。正如李国杰院士所说：“对于开放复杂的巨系统，传统的因果分析难以奏效，因为系统中各个组成部分之间相互影响，可能互为因果，因果关系隐藏在整个系统之中。因此，对于大数据的关联分析是不是‘知其然而不知其所以然’，其中可能包括深奥的哲理，不能贸

① 周涛：《在路上晃晃悠悠。“大数据时代”》，浙江人民出版社2013年版，译者序IX。

② 吴军：《数学之美》，人民邮电出版社2012年版，第26页。

然下结论。”[①]

2. 大数据相关性原理在精准出版中的应用

运用大数据相关性原理进行精准出版营销的典型案例是京东数聚汇的“奇妙购物篮”对用户消费习惯的揭示。京东数聚汇的数据显示，购买《C＋＋标准程序库》的用户通常会购买《给心灵洗个澡》，京东爱书一族会将《淡定的人生不寂寞》放入购物车的同时再购买《百年孤独》。《百年孤独》是哥伦比亚作家加西亚·马尔克斯获得诺贝尔文学奖的作品，是拉丁美洲魔幻现实主义文学的代表作，被誉为“再现拉丁美洲历史社会图景的鸿篇巨制”。而《淡定的人生不寂寞》则是从细微的人心深处描写寂寞、淡定、从容、平常心等人生感悟的“心灵抚慰书”。对于读者用户为什么会同时购买这两种书，京东也没有弄懂其因果关系，但依据购物大数据的相关性分析，将这两种书一起推荐给用户又同时好卖。京东数聚汇还发现，热衷于健身的人居然偏爱历史，因为100位购买健身器材的用户中有70人同时购买《中国通史》。京东数聚汇揭示的只是用户数据的相关性，即健身器材与《中国通史》之间的相关关系，至于为什么喜欢健身的人也喜欢历史，喜欢《中国通史》的用户为什么热衷于健身，这两者之间有何因果关系，京东数聚汇一直都没有给出答案。回答为什么，寻找因果关系更多是学术研究的事情，商业营销更多关注的是相关关系，关心哪几种东西放在一起好卖。京东商城根据大数据相关性分析拼命向购买健身器材的用户推荐《中国通史》，同时拼命向购买《中国通史》的用户推荐健身器材，这种基于大数据相关性的智能推荐反映出满足用户个性化需求的精准出版必须立足于用户画像和用户智能分组，而用户画像的数据来源更多是相关性数据。

大数据相关性原理在精准出版中的应用还表现在相关性链接的使用上。相关性链接是基于相关关系的信息拓展，其背后是价值链延伸。许多出版网站都在网页上设置了相关链接，当网页浏览者对相关链接的内容感兴趣时，就会点开链接，页面就会出现上拉扩展、下拉扩展和翻页扩展等延伸性文件。相关性链接出版的成功案例是《创业时，我们在知乎聊什么？》一书的出版营销，此书是从知乎500万用户关于创业问题的回答中精选出来的，回答的创业问题都是用户最直接关注、最想解决的问题，读者对象精准定位在创业者，再加上知乎网的相关性链接等链式裂变传播方式的助推，此书出版效益就是可想而知的了。

---

① 李国杰：《大数据研究的科学价值》，《中国计算机学会通讯》2012年第9期。

二、大数据“全数据原理”与精准出版

大数据全数据原理是指大数据对工作对象的整体性数据进行分析挖掘的数据处理能力和技术原理。整体性数据亦称“全数据”，对应的是“样本数据”，全部和样本涉及“整体和部分”的关系。整体与部分的关系是经典的哲学范畴，从亚里士多德到黑格尔，从贝塔朗菲到普利高津，从古代到现代的哲学家们一直在讨论整体与部分的关系。在小数据时代的思维范畴中，由于数据获取技术条件的限制，人们对整体的认识只能通过窥斑见全豹的方式来完成，抽取样本进行统计分析是小数据时代进行科学研究的主要认证工具。抽样调查有严格的条件限制，即对同质化程度很高的对象进行随机抽样可靠性较强，这是因为

“所有数据其实都是样本而已。”“群体中任何的一部分都是样本，抽样就是只观测群体的一部分，以得到总体情况的信息。”[①]但对于同质化程度不同或者根本不同质的对象，其样本差异性较大，数据之间缺乏可比性，并且随机性意味着选择性，样本选择主观意愿较强，调查结果延展性较差，特别是对复杂系统数据。由于系统更多是异源同构或同源异构的非结构性数据，抽象调查统计分析很难精准把握研究对象的本质，因此，对复杂系统数据，如网络系统数据，“大样本比小样本更精确。小样本比大样本产生极端结果的概率大”[②]。

1. 从部分到整体

大数据时代部分与整体关系的变化并不是用整体取代部分，而是构建“样本＝总体”全数据模式。大数据的数据收集与处理技术使人们获取接近整体的数据越来越容易，特别是近年来数据中台的构建使数据的整体性获得越来越快捷，数据中台的数据集中域、数据加工域、数据交换域、数据服务域的整体运行使得工作对象的特定数据能无遗漏的整体呈现。[③]就如同现阶段全国人民在抗击新冠肺炎疫情时使用的健康码和行程码一样，中国14亿多人的健康码越来越精准地记录每个人实时的核酸检测结果和疫苗接种状况，14亿多人的行程码越来越精准地记录每个人实时的行动轨迹。在大数据时

---

① [美]道格拉斯·哈伯德：《数据化决策》，邓洪涛译，中国图书出版集团世界图书出版公司2013年版，第156页。

② [美]丹尼尔·卡尔曼：《思考，快与慢》，胡晓娇、李爱民、何梦莹译，中信出版社2012年版，第93页。

③ 付登坡：《数据中台》，机械工业出版社2020年版，第28页。

代，虽然抽样调查式的样本分析仍然有用，但已不再是数据分析的主要方法。美国大数据专家Bill Franks指出："当拥有海量数据时，样本获取并不难。现在的系统都具有可扩展性，抽取10%的样本顾客进行分析便不再是必需的，因为可以直接分析客户。"①全数据模式可以使"样本=总体"，可以使"抽查"变为"实查"，大数据的全数据原理使"我们离实查相当接近，并可以用来替代产生偏差的抽样"②。

全数据模式的数据整体性包含有两个含义：一是数据体量大，二是数据完整。正如一个人的银行账户，流水数额可能体量不是很大，但流水记录没有遗漏，每一笔交易（哪怕是数额很小的交易）都会被记录在案，这种完整性就是整体性，就是大数据全数据模式。现在，银行的信用卡管理都设置了消费监测报警系统，如果一个账户突然出现大额度的消费异动或跨国跨境消费，银行客服系统会立即发送短信或电话联系持卡人进行温馨提示，这表明银行不会遗漏每一笔交易异动，这种不留遗漏的完整性数据正是大数据精准防控的价值意义所在。

全数据模式的数据整体性还具有两重含义：一是静态整体性数据，二是动态整体性数据。动态整体性的实时、快捷性能大大提高我们把握事物的精准度。如美国国家气象局（NWS）为了提高天气预报的精准度，除了依托气象卫星和遍布全国的气象观测台站提供气象数据之外，还在全国各处运营的数万客运大巴上统一安装了专业数据传感器，能将大巴所到之处的温度、降雨量、风力、湿度、光照度、水汽、$PM_{2.5}$等数据快捷、准确、实时给NWS的数据中心，每间隔10秒传输1次，每天能采集的数据达到数十万，NWS数据中心依托这些大数据发布的天气预报就是"实"报和"精"报，而不再仅仅是"预"报。

全数据的获取需要大数据技术基础条件作为支撑，这些技术条件包含数据采集器、数据监控器、数据传感器等，这些技术工具有些具有复合功能，如视频监控就既可以进行数据记录，又可以进行数据监控和数据传输。这些大数据技术条件可以破解很多长期困扰人们的不解之谜。如日本的相扑运动一直让人怀疑是否存在非法操控比赛结果的情形，但苦于没有证据，后来一位研究者找到11年中64000多场次相扑比赛的完整视频记录，从中发现操控比赛的情况并不出现在重要比赛场次，而是出现在一般性比赛场次，因为根据比赛规则，相扑需要在15场比赛中的大多数场比赛中胜出，才能进入最后的半决赛和决赛，因此就有人在不被关注的一般场次比赛中做手脚。以往在调查这类案情时大多是抽样调查，而且往往选择重要场次或重要环节作为调查对象，结果由于细节遗漏而影响到整个调查结果的精准性。

---

① [美]Bill Franks：《驾驭大数据》，黄海等译，人民邮电出版社2013版，第36页。

② 黄升民，刘珊：《"大数据"背景下营销体系的解构和重构》，《现代传播》2012年第11期。

整体与部分的关系是讨论了几千年的哲学范畴，从亚里士多德哲学的“整体大于部分之和”到贝塔朗菲一般系统论关于“系统与要素”关系的论断，都是基于数据有限性问题的讨论，在小数据条件下，部分数据的有限性与整体性存在太大差距，部分之和很难等于整体，但在大数据条件下，“样本＝总体”已不是不可能的，整体与部分的关系也需要重新思考。

2. 大数据全数据原理在精准出版中的应用

苹果公司是较早将大数据全数据原理应用于精准出版的企业之一，其最早的运营项目是“图书基因组计划”（Book Genome Project），“图书基因组计划”原来是美国爱达华州图书分析服务商Book Lamp的图书服务平台，此平台是基于大数据自然语言分析技术搭建的，可以根据不同读者完整的阅读和购买记录进行用户画像，为不同读者制订“量身定做”的“图书基因组计划”推荐方案，为读者用户提供快捷、精准的阅读和购书服务。苹果公司为了扩大其图书业务板块iBook的市场规模，花费数千万美元购买了Book Lamp的“图书基因组计划”项目，以此在图书市场上与亚马逊竞争。本来，亚马逊先前也看中了Book Lamp的“图书基因组计划”，并试图高价收购，但最终还是苹果公司得手，亚马逊最后只是收购了Book Lamp的另一个竞争对手Good Read来扩大业务范围，以应对出版市场个性化的精准出版趋势。

全数据原理在精准出版中的应用不仅只是体现在对图书销售数据的整体性追求上，还体现在对读者阅读体验数据的整体性追求上，而阅读体验数据的整体性挖掘处理难度更大。这是因为阅读体验数据绝大多数是非结构性数据，阅读体验是阅读者的主观心境和主观感受，这种主观性很强的数据呈现在你面前的往往是一些东扯西拉、杂乱无章的信息。对这些主观性很强的数据，原有的结构性数据库是处理不了的，只有大数据的非结构性数据处理技术才能处理。哈雷·曼宁在《体验为王》一书中指出，客户体验就是在客户在考虑购买产品，尝试使用以及遇到的问题时所产生的思考。“思考”和“感受”都属于主体性范畴，并且这种主观感受还会因人而异，具有很强的个性化特点。在“后现代”社会背景下，主观性很强的个性化需求会成为人们的生活需求常态。读者消费口味的分众化和阅读内容的碎片化，要求出版者能从海量非结构性数据中挖掘出有价值的数据并以此为基础实现精准出版。科克雷尔在《卖什么都是卖体验》一书中指出：“读者、听众、观众的高度差异化看起来都似乎没有什么集体意识。因此，想要达到为受众‘量身定制’和充分满足受众需求的效果就必须对受众进行全方位分析。”①

---

① [美]李·科克雷尔：《卖什么都是卖体验》，中信出版社2014年版，第2页。

三、大数据“科学预测原理”与精准出版

大数据科学预测原理是指大数据挖掘分析发现事物潜在价值的功能和技术原理。大数据价值表现在很多方面，但其核心价值是预测，这一点是公认的，并被运用到很多领域。

在政治领域，其典型运用是美国总统大选结果的预测，自民主党的奥巴马开始，近几任美国总统大选都广泛运用大数据开展竞选活动，奥巴马首先放弃了“信息群发”的竞选宣传方式，而雇了一批数据科学家，将个人竞选网站与Facebook联动，通过预测竞选信息不断调整竞选策略，最后用“政治技术决定政治成败”[①]。及至后来，共和党的特朗普决心迎头赶上，由共和党的班农（Stephen Bannon）和共和党的默瑟（Robert Mercer）领衔成立剑桥分析公司（Cambridge Analytica），通过大数据对选民心理进行分析，凭借剑桥大学心理系的科根（Aleksandr Kogan）在Facebook上推出的一个小程序“这是你的数字化生活”收集与选情有关的社交数据，用收集分析“点赞”数据代替了以往的问卷调查访谈，其结果精准度比调查访谈的精准度提高很多。据此，后来就有了大数据“读心术”一说。

在经济领域，最早运用大数据建立经济指标预测系统的是IBM公司，其利用网络收集480项与制造业有关的经济数据，通过智能算法计算出采购经理人指数的预测值。在医学领域，大数据预测被广泛应用于突发性公共卫生事件预测，如Google通过关键词搜索，使用在Google日志中获取的与流感症状有关的数据建立流感预测模型，曾经比美国疾控中心提前1～2周监测并预警到流感暴发。[②]

在突如其来的新冠肺炎疫情面前，一直存在两种预警和应对模式：一是精算模式，二是哨兵模式。[③]精算模式关注防控成本，精算经济效益，着眼于代价小成效大，并且精算模式是在已知数据的基础上来预测未来事件发展趋势的模型，是一种可知模型。而哨兵模式是一种不可知模式，是基于突发事件的不可预知性的监测预警响应机制。自新冠疫情暴发以来，精算模式和哨兵模式的争论一直在持续。在2020年，世界卫生组织（WHO）就是基于哨兵模式的监测预警，宣布新冠肺炎疫情构成国际公共卫生紧急事件。但令人遗憾的是，一些国家一直为如何防控犹豫纠结，导致新冠肺炎疫情反反复

① 涂子沛：《数文明》，中信出版集团2018年版，第5页。

② 张昌明，朱红：《大数据及在医疗领域的应用》，《中国医学教育技术》2015年第3期。

③ 张虎：《基于大数据视角的新冠肺炎疫情防控能力建设》，《应用数学学报》2020年第2期。

复。[①]这说明在应对突发公共卫生事件时，基于大数据预测的哨兵模式既具有科学基础，又具有实践价值。

1. 从可能到现实

大数据科学预测原理是对可能与现实这一对哲学范畴的重新诠释。可能亦称为可能性，是预示事物发展种种趋势的性质；现实则是标示事物当下实际存在状态的性质，亦称为现实性。相对于对事物现实性的认识把握，人们对可能性的认识把握就困难很多，这主要是因为可能性只能预测，而小数据时代的预测往往是经验式的，“大概”式的估计这种经验式预测缺乏足够的数据事实支撑，当然缺乏科学性。而大数据是基于海量的、实时的、整体的数据分析而对事物发展进行的预判。也就是说，可能性预测有两种表现：一种是基于经验判断的经验式预测，另一种是基于大数据分析的科学式预测。大数据科学式预测为人类拓展对未知领域的认识提供了新的科学方法。

大数据预测不是从“已知”的现实性中找出问题和发现规律，而是从“未知”的可能性中找出问题和发现规律，从“未知”中发现规律，往往没有预设，很难建立理论分析模型。因此，大数据预测发现问题和发现规律遵循的是从“未知”推出“已知”的路径，而不是传统的从“已知”推出“已知”的路径。大数据预测重新界定了可能与现实之间的关系，拉近了可能与现实之间的距离，使人们能基于可靠的数据分析将预测不好的可能性不变成现实，而将好的可能性变成现实，这将改变网络时代虚拟世界和现实世界的关系。人们不能仅仅只满足于“已知”，还要更精准地认识把握“未知”；不仅能对当下事物的“现在”进行精准描述，还能对未知事物的“未来”进行精准预测；不仅能认识把握事物的存在发展的“此岸”，还能精准把握事物存在发展的“彼岸”。

2. 大数据科学预测原理在精准出版中的应用

大数据科学预测原理运用于精准出版主要有两个方面：一是选题策划，二是精准营销。选题策划是出版流程的前端，策划本身就带有预测的意思。选题策划有主动策划与被动策划之分，主动策划一般是策划编辑主动行为，其前提是策划编辑必须准确把握同类出版物数据、市场预期[②]及目标读者数据以及优秀作者的写作预期。被动策划一般是作者一方主动作为，往往是作者写什么，读者接受什么，作者与读者两者之间缺乏信息

---

① 张弛：《数据中台在应对突发公共卫生事件中的核心价值研究》，《华中科技大学学报》2021年第1期。

② 冷桥勋，李克明：《大数据时代传统出版企业的转型探析》，《出版广角》2016年第1期。

沟通与交流。选题策划是关系到出版物社会效益和经济效益好与坏的关键环节，而选题策划环节的市场调研、选题方向和内容定位策划至关重要。“价值导向、需求驱动、热点预判仍是图书选题策划的出发点。”选题策划除了重视热点预判，还要重视市场信息反馈，如通过当当等网购平台了解读者评价信息，从中找出图书市场快销书、常销书和滞销书的品种分布和销售数量，这些对于策划编辑提高选题策划精准性是非常有益的。①

大数据科学预测原理应用于精准出版营销，主要是运用电商平台智能推荐系统有针对性地推荐用户“可能感兴趣”的出版物，将可能的“潜在”用户开发成“现实”用户。这方面的经典案例是推出新版《纸牌屋》的Netflix，Netflix改变了传统的仅仅依靠算法来优化调整推荐体系的模式，建立了一个能模拟人的大脑活动的高度智能化的新实验室，通过人的大脑活动的模拟机制建构更能体察人的个性化需要的精准出版物推荐系统，这个高度智能化的推荐系统使Netflix迅速脱颖而出，一跃成为全球最大最有影响的流媒体服务商，短短几年时间，其会员人数超过7000万。在中国，有购书频道的京东、拼多多、淘宝、当当等网购平台，都采用高度智能化的出版物推荐系统进行精准营销，只要我们浏览过、关注过或购买过的出版物，不仅有足迹记忆，还根据足迹记忆不断向你推荐你可能会“喜欢”的出版物，这种基于自然语义分析和智能算法的精准推荐系统能将很多本来只是围观者的“潜在用户”挖掘开发成“现实用户”。②正如一位网购用户所说的，虽然很讨厌淘宝、京东、拼多多老在那里“猜你喜欢什么”，但问题是它还一“猜”一个准。

第三节　精准出版的大数据哲学向度

基于用户个性化需求的精准出版不仅具有大数据技术向度，也具有大数据科学向度，同时具有大数据哲学向度。也就是说，精准出版既具有大数据技术支持，也具有大数据科学原理基础，还具有大数据哲学意蕴。

数据原本只是一串符号，但符号背后揭示和表现的是宇宙万物运行的规律，这也是数学最早出现在人类文化体系之中的原因之一。在《易经——中国古代的大数据》一书中，作者王建认为，《易经》是中国文化的源头，是一部反映宇宙真理的大数据。不管

① 蒋芳：《大数据技术在出版产业中的应用》，《电脑知识与技术》2019年第9期。

② 钟邹俊逸：《大数据时代传统出版的精准营销》，《新闻研究导刊》2018年第2期。

是天地之数还是大衍之数，都是天地万物运行规律的反映，“无论是星象、月亮，还是卦象，都能够找到这些规律”[①]。《易经》用大衍之数分析未来事物的发展，与维克托·迈尔·舍恩伯格所说的“大数据的核心就是预测”异曲同工，不谋而合。天地之数和大衍之数，内于象而行于理，揭示万物运动的秘密，构成一部宇宙的大数据。

在《数文明》一书中，大数据研究专家涂子沛认为：首先，大数据是一种新的文明，即数文明，“今天的文字，也属于数据的一种，换句话说，今天的数据，包括了文字，还超越了文字，文字只是数据的一个子集，如果说文字是金子，那数据就是金属”；其次，大数据是一种新的认识论，“因为数据，人类历史上一些隐性的、微妙的、精细的，甚至曾经难以捕捉表述的知识和关系，在现在都可以变为显性的知识和关系”[②]；最后，大数据是一种价值观，“在数文明的时代，通过记录赋能，个人会成为高能个体，一个具备数据头脑、数据意识和数据技能的数据公民当然更容易获得成功。新的时代会改变个人的命运，我们也应该调整我们的价值观”[③]。数文明、数据认识论和数据价值观都蕴含大数据哲学意蕴。

《大数据主义》一书的作者史蒂夫·洛尔认为，大数据之所以成为“主义”，主要是因为大数据极大地促进两个融合：一是物理世界与数字世界的融合，二是人的世界与数字世界的融合。爆红的“元宇宙”概念就是反映了互联网和大数据时代所呈现出的虚实相融的社会生态，可以是一个被设计成精准映射实体世界的镜像世界，其赋予了人们永恒在线的数字镜像化身。[④]大数据在市场营销中的运用，更是创建了一个VALS体系，VALS是指“价值观、态度和生活方式”[⑤]。

在《计算主义—— 一种新的世界观》一书中，作者李建会等认为，基于大数据的计算主义是一种新的世界观，它首先为我们提供了一个全新的本体论；其次是为我们提供了一个全新的认识论，告诉我们宇宙是可计算的，这将使我们在认识世界的征程上信心大增；最后是为我们提供了全新的方法论。[⑥]

数学自古以来就是哲学，邬焜教授在《古代哲学中信息、系统、复杂性思想——希腊、中国、印度》一书中指出：“数论哲学的二十五谛范畴系统”不仅具有生成论和转

---

① 王建：《易经——中国古代的大数据》，作家出版社2015年版，第16页。

② 涂子沛：《数文明》，中信出版集团2018年版，第XIV页。

③ 涂子沛：《数文明》，中信出版集团2018年版，第XVII页。

④ 喻国明等：《元宇宙：未来媒体的集成模式》，《编辑之友》2022年第2期。

⑤ 史蒂夫·洛尔：《大数据主义》，中信出版集团2015年版，第219页。

⑥ 邬焜：《古代哲学中信息、系统、复杂性思想——希腊、中国、印度》，商务印书馆2010年版，第287页。

化论的性质，还具有演化论和过程论的性质。[①]同样，“胜论哲学的场义范畴体系”不仅具有多元实在论的本体论观念，还具有整体性观念和复杂性思想。[②]

具体到出版领域，精准出版的大数据哲学向度主要体现在以下几个方面：一是主体论意义上“量化人性”的“数字人类学”和“文化组学”；二是科学认识论意义上“一切皆可预测”的“第四范式”；三是语义分析学意义上“一切皆可连”的“超文本”和非结构性数据分析。

一、“数字人类学”“量子人性”与精准出版

1. 数字人类学与精准出版

《数字人类学》一书的作者托马斯·克伦普指出，“数字的本质是人，数据挖掘就是在分析人类族群自身。”人类活动都是在一定的时间、空间和历史条件下进行的，时间、地点、条件的变化决定了人类族群活动是一个动态系统，“所有特定的聚居人群的经济、社会和政治都是一个动态系统”。而数字人类学就是关于“这种系统是如何运作的假设”。数字从一开始就是记录人们社会生产和社会生活活动的符号，从人类行为的本质而言。“人人都是建模者”[③]。数字人类学从主体论角度指出数字本质上是人的世界和物的世界及其两者相互作用的记录，是人的世界活动与物的世界运动的数字符号化或计量化。

对人的行为的量化是随着数学和数据科学的进步而不断发展的，在小数据时代，人们的数据处理能力只能处理关系性数据，即处理具有严密逻辑性的结构性数据，传统的数据库也都是关系性结构型数据库。但在现有的数据库中，“只有5%的数据是有框架的且能适用于传统数据库的，如果不接受混乱，剩下95%的非框架数据都无法被利用，只有接受不精确性，我们才能打开一扇从未涉足的世界的窗户”[④]。95%的非框架数据就是没有严密逻辑关系的非结构性数据，但这些数据大多是与人的心理活动和行为轨迹有关的数据，这些数据是混乱的数据，具有不精确性，大数据计算的出现改变了不能处理非结构性数据的局面，使95%的非关系性数据也可被利用挖掘，用大数据窥探

① 邬焜：《古代哲学中信息、系统、复杂性思想——希腊、中国、印度》，商务印书馆2010年版，第300页。

② 李建会等：《计算主义——一种新的世界观》，中国社会科学出版社2012年版，第255–256页。

③ [英]托马斯·克伦普：《数字人类学》，中央编译出版社2007年版，第110–111页。

④ [美]冯启思：《数据统治世界》，中国人民大学出版社2013版，第19页。

人的行为心理也具有了科学的方法。依托大数据，社会科学研究也能运用定量的数据分析等方法研究问题。雅虎首席科学家沃茨曾在《自然》杂志上发文说，大数据使个人在真实世界的活动得到了前所未有的详细记录，这种记录为社会领域的定量分析提供了条件。2021年12月26日，美国《华尔街时报》（科技版）曾报道了一家大数据分析公司Gloo的特殊商业行为，这家公司与3万多家美国教堂达成合作，向教堂提供附近区域居民的生活近况数据，尤其是谁最近欠债了，谁最近失业了，谁最近还要离婚，教堂则利用这些数据从事传教活动。此事一经披露引起广泛争议，人们目瞪口呆，大声惊呼：上帝也开始用大数据了。由于数据分析的颗粒度不断提高，已经可达到“量化人性”和信息“基因”层次，社会科学将脱下“准科学”的外衣，真正走进科学的殿堂。①

基于“数字人类学”的精准出版就是运用大数据来洞察人性和分析人的心理行为。出版的精准性在于满足用户的个性化需要，个性化需要肯定与人的需求心理和消费行为有关。出版市场是由人和人的需求构成的，离开人来讨论精准出版，不了解人的需求数据来讨论精准出版，其结论肯定缺乏精准性。精准出版不是出版某个环节的小修小补而是贯穿整个出版过程的全程出版概念，其全程性既包括在选题策划环节的“私人定制”和“量身定做”，也包括生产制造环节的“按需印刷”，还包括市场营销环节的“精准销售”和“贴近服务”。为了将全程精准出版落到实处，云南出版集团曾开展“精准出版年”活动，提出“十个精准”：定位精准、导向精准、读者精准、策划精准、作者精准、编辑精准、校对精准、印制精准、发行精准、效益精准。②“十个精准”贯穿出版全过程，但其中最核心的是读者精准，读者精准才有可能发行精准，才有可能实现效益精准。而要实现读者精准必须了解读者需求，掌握读者消费心理和行为数据，基于大数据进行用户画像和智能分组，“用户画像是用户数据的标签化，是真实用户的虚拟代表，是建立在一系列数据之上的目标用户模型”③。曾被美国《广告时段》杂志评选为“史上百本最佳商业经典”第一名的《定位——争夺用户心智的战争》一书将企业争夺用户分为三个时代：产品时代、形象时代、定位时代。“在定位时代，发明或发现某一事物并不够，甚至没有必要，但是，你必须第一个进入潜在顾客的心智。”④定位是一

① [美]D.J.Watts，“A twenty-first century science”，Nature，2007，Volume445.（489）

② 孙海悦：《云南出版集团开展“精准出版年”活动》，《中国新闻出版广电报》2016年3月29日。

③ 曾红，吴苏倪：《基于微博的大数据画像与精准营销》，现代经济信息2016年第16期。

④ [美]艾·里斯，杰克.特劳特：《定位——争夺用户心智的战争》，机械工业出版社2021年版，第28页。

套系统的寻找心智空位的方法。它建立在传统需要恰当的时机和场景的观念之上。”[①] 将进入用户心智作为定位时代的新商业特征，表明用户市场定位需要洞悉人性，体察用户心智，需要挖掘用户数据，而挖掘数据的背后一定要还原为人，这就是“数字人类学”之于精准出版的哲学意义所在。

2. “量子人性”与精准出版

埃里克·西格尔在《大数据预测》一书中提出“量子人性”概念，他认为，大数据“一切皆可量化”的价值功能使“量子人性”成为现实[②]，大数据使人们对人的认识已由过去的定性分析层面进入精准量化分析的量子层面。涂子沛在《数文明》中指出，人类进入20世纪以后开始把视线投向微观领域，出现了量子理论，开启了量子思维。[③]量子思维的发展不断突破自然科学的边界而进入人文社科领域。企业管理最早将量子思维引入管理而提出“量子管理”观念，《中外管理》杂志曾开设“量子管理在日本”栏目，发表《日本“量子管理”：别忽视人性》的文章，将“量子管理”从屋顶管理发展为对人的管理的讨论，提出“量子管理”的核心是“生命共同体”，在量子世界里，人和人之间不是纯粹的利益关系，而是互补和多赢的关系。“量子管理”是为了更深入地了解人的需求，有针对性地提供用户服务，这是“量子人性”的价值追求。正如量子管理学的倡导者丹娜·佐哈尔就说，在一个充满不确定，无章可循的量子时代，企业管理应该充分了解人性，释放人性。[④]

基于“量子人性”的精准出版离不开大数据技术，特别是出版从内容出版向知识服务转型的过程中，更需要强化知识服务中的体验服务元素。体验服务不仅只是一句口号或者是一个测量，更是一项大数据分析技术。美国学者Tom Tullis和Bill Albert在《用户体验度量》[⑤]一书中指出，用户体验度量是建立在大数据技术基础之上的可靠的测量体系。随着大数据技术的发展，用户体验度量的新媒体技术层出不穷。

其一，眼动跟踪技术日益成熟。运用眼动追踪技术可以掌握用户对产品的关注度，特别是对出版物这些特别需要用眼球关注的产品来说，眼动追踪技术的推广应用对于量化用户读者关注度数据具有重要价值。

---

① [美]艾·里斯，杰克.特劳特：《定位——争夺用户心智的战争》，机械工业出版社2021年版，第21页。

② [美]埃里克·西格尔：《大数据预测》，中信出版集团2014年版，第259页。

③ 涂子沛：《数文明》，中信出版集团2018年版，第288页。

④ 谢丹丹：《日本“量子式管理”：别忽视人性》，《中外管理》2021年第2期。

⑤ [美]Tom Tullis，Bill Alert：《用户体验度量》，中国工信出版集团2020年版，第10–11页。

其二，情感计算技术发展成果丰硕。长期以来，市场营销往往采用用户问卷、访谈等方法向来了解用户购物的情绪体验，这些相对粗糙的抽样数据也很重要，但已跟不上时代需要。情感计算技术的发展给用户情绪体验测量带来了新的度量维度。如著名的情绪识别公司Affectiva推出核心产品Affdex就是一种情绪识别技术，它通过网络摄像头来捕捉人们的表情，由此判断识别出人的喜怒哀乐，随着Affdex搜集的数据日益增多，其识别度量越来越高，甚至能识别更多微表情如苦笑假笑等。Affectiva还推出了一款腕带式传感器Q-Sensor，能通过监测皮电活动来分析佩戴者的情绪和感觉，通过将皮电数据与表情分析数据（用表情识别软件对不同面部的表情进行分析）相结合，这两种数据不仅能帮助研究者或商家了解用户情绪唤醒的水平，还可以进一步发现情绪的效价（负性或正性情绪）。

其三，非引导式可用性测试工具的应用。非引导式的可用性测试工具主要是用于简化数据收集整理的过程，降低数据萃取成本。如西班牙数字体验平台企业User Zoom公司，可为需求方进行用户访谈、用户研究、实时追踪测试、点击测试、Tree Testing、卡片分类、用户招募等体验服务。User Zoom在用户体验度量方面通过建立体验质量分数和衡量随时间推移的用户体验进度以及将UX与竞争对手进行比较来完成UX Metric过程。LoopII用户测试工具从安全性和扩展性入手，将用户体验和用户参与测试放在重要位置，在LoopII中创建测试后，公司便招募人员参与测试，LoopII扩展将处于Hibernate状态，并且仅在用户选择的可用性测试期间处于活动状态，一旦测试完成或退出，Loop插件将停止。此外，Usabilla和Userlytics在整合定性和定量数据方面有出色表现，并且价格合理。

二、“文化组学”与精准出版

“数字人类学”强调“数据挖掘就是分析人类族群自身”，“量子思维”将量子管理带入到数据分层和“量子人性”的定制服务体验度量新场景，而“文化组学”更是将“分析人类族群自身”和“量子人性”具体化，使人们对人性的认识深入到基因层面。

“文化组学”[①]是由“文化”和“基因组学”共同组成的复合词，文化组学的研究特点是运用基因研究方法对人的文化心理和人们社会活动背后的文化属性进行量化分析，根据量化指标的适配性对人进行数据分层和智能分组。这种将量化的基因组学方法用于对人的文化行为和文化属性进行定量分析的科学方法使文化认识论发生了根本转变。

---

① [美]艾略兹·利波曼·埃顿：《数字化图书的定量文化分析》，《科学》2011年第1期。

1. “文化组学”的定量文化分析方法

“文化组学”从一开始便用于数字化图书的定量文化分析，也就是说，“文化组学”与图书出版有着天然的联系，其创始人艾略兹·利波曼·埃顿最初与谷歌合作时，初始目标是从谷歌图书系统中获取研究数据，而此时Google图书正在做一项浩大的工程，即将人类出版的每一本书每一页内容都扫描成电子数据库，两者一拍即合，达成合作协议。通过与Google的项目合作，对1000多万种图书进行数字化转化，埃顿发现若干世纪以来的一个出版文化现象，即单词或文字在出版物上的增加或减少，反映了人类文化的历史演进。随后，埃顿与其助手米歇尔合作开发了“n-grams”软件，并交由Google发布。这种研究方法使用类似基因组分析方法研究出版数据库，由此称之为“文化组学”。“文化组学”本质上就是对图书资源的大数据挖掘，“通过对世界各类书籍的数据挖掘，埃顿正尝试实施绝大多数的人文研究的自动化”。从方法来看，文化组学的基因研究方法是将单词或文字作为文化基因，随时间推移挖掘整理文化演进的量化指标。埃顿等人通过大数据挖掘发现，在19世纪上中叶，新技术成果被主流文化接受的进程比较缓慢，平均需要66年时间才被社会所接受，而从1880—1920年，新技术新文化成果被接受的时间大大加快了，平均只需要27年就为人们所接受。

“文化组学”运用基因分析和大数据挖掘来揭示人的文化心理和文化属性，这是对传统的纯逻辑分析模式的创新。从文化出版学的特征来看，阅读是需要文化底蕴和文化层次的私密行为，一个人选择读什么书、什么时间读书具有很强的文化选择性，不是可以标准化施行的统一标准动作，而且一个人独坐着静心读书时的阅读体验、思考过程、心境状态和读书心得都具有很强的个体性，这种个体性和私密性外人很难体会。进入全媒体时代后，大数据用户体验度量技术则可以窥探到读者的阅读体验强度，按照涂子沛在《数文明》一书中的说法，大数据开启了心理入侵进程：大数据“读心术”诞生了①。Coliloquy联合创始人丽莎·卢瑟福一直有一个信念：“书籍应该是可以互动的。”因此她在与亚马逊的Kindle进行“互动型内容开发计划”合作时，在Coliloquy的网络版电子书中设置了允许读者根据自己的需要设计人物故事和情节变化的功能，增强了书籍的亲和力。

2. “文化组学”指导下的“图书基因组计划”

运用“文化组学”的具体出版案例是苹果公司兼并Book Lamp的“图书基因组计

① 涂子沛：《数文明》，中信出版集团2018年版，第4页。

划"[①]。该计划的核心是用基因方法对读者用户进行智能分组，分组的依据是读者的大数据分析以及由此获取的文化属性分类，根据文化分类和用户分类深描用户需求，进行用户画像，对每一位读者用户进行基于"图书基因组计划"的"私人定制"和"量身定做"。显然，"图书基因组计划"进行用户分类和智能分组所依据的是不同人群的文化属性数据，反映出典型的"文化组学"基因。

"文化组学"指导下的"图书基因组计划"运用了大数据思维和方法，其特别之处是将大数据科学方法与文化分组结合起来，把洞悉人性放在分析研究的核心位置，而人性问题自古以来就是一个哲学问题。图灵奖获得者理查德.哈明指出，计算的目的不在于数据，而在于洞察人和事物。中国网络巨头之一的腾讯也一直秉持"以人为本"的理念，"从关注广告，到关注人与人脉，关注人群背后的数据与需求，并通过腾讯强大的用户平台、关系链及营销工具，为生产提供高效的社会化营销解决方案。围绕人这一核心要素，在大数据时代，腾讯社会化营销平台提供打通用户产品、数据库的营销工具，而腾讯MIND3.0则通过对用户行为数据的洞察、分析和挖掘，深描每一个用户族群，通过差异化标签在品牌和受众之间建立社会化的营销关联"[②]。所有的产品市场都是由人组成的，离开了对人的关心和分析，所有的市场战略都是空谈，出版业同样如此，只有对用户进行"精确的数据分析、方便快捷的个性化服务，去锁定用户、增强忠诚感，对于学术出版、专业出版，尤其赋予意义"[③]。从这个意义上来说，精准出版不仅要依靠大数据技术应用，还有靠建立在"数字人类学""量子人性""文化组学"理论思维基础上的人性洞悉。

三、"第四范式"与精准出版

自托马斯·库恩在《科学革命的结构》一书中提出"范式"概念以后，哲学意义上的"范式"就被赋予科学研究基本观念、研究规范、实践路径、研究方法的含义。也就是说，"范式"具有三方面含义："①共同的基本理论、观点和方法；②共同的信念；③某种自然观（包括形而上学假定）。"[④]显然，"某种自然观"涉及哲学本体论问题，"共同的信念"涉及哲学价值观问题，"共同的基本理论、观点和方法"涉及哲学

① [美]艾略兹·利波曼·埃顿：《数字化图书的定量文化分析》，《科学》2011年第1期。

② 麻震敏：《大数据时代：营销智慧的进化论》，《成功营销》2012年第7期。

③ 蔡翔：《传统出版融合发展：进程、规律、模式和路径》，《出版科学》2019年第2期。

④ 邓仲华，李志芳：《科学研究范式的演化：大数据时代的科学研究第四范式》，《情报资料工作》2013年第四期。

认识论和方法论问题。作为哲学本体论的范式，其研究对象是存在的本质以及其真实性何在问题；作为哲学价值论的范式，其研究对象是存在的意义及其合理性何在的问题；作为哲学认识论的范式，其研究对象是主观与客观相互关系及其可知性何在的问题；作为哲学方法论的范式，其研究对象是知识获得的规划及其规范性何在的问题。库恩认为："常规科学即解难题（puzzle）。"①科学研究从来都是按规范进行的，研究范式对科研共同体发挥规范研究的作用，既规范他们共同的"自然观"，也规范"共同的信念"，还规范"共同的基本理论、观点和方法"。

1.“第四范式”的独特价值

自有人类对科学知识的探索，研究范式就开始形成，迄今为止的研究范式主要分为三类：第一范式是实验型科学研究，这一范式已历时几千年；第二范式是理论型科学研究，这一范式已历时几百年；第三范式是计算型科学研究，这一范式历时几十年。实验型研究范式亦是实验回归或实验科学规范，理论型研究范式亦是模型推演研究规范，计算型研究范式亦是仿真模拟研究规范。进入大数据时代，又出现了数据密集型科学发现（data-intensive scientific discovery）研究范式，数据密集型亦即"科学大数据"。

"第四范式"（the forth paradign）是由已故图灵奖获得者吉姆·格雷提出的，之所以将"第四范式"单独作为一种独特范式，是基于以下理由：第一、第二、第三范式都是从已知推出研究结论，而"第四范式"是从未知推出研究结论，这就是说，前3种范式的共同特点是研究需要模型和假设，而"第四范式"则不需要建构模型和假设。中国工程院院士倪光南指出，科学研究的实验型范式、理论型范式、计算型范式都是在已知规律的条件下探索发现新规律，而大数据"则是在未知规律的情况下，运用计算能力从大数据中发现规律并发挥规律的作用"②。从"未知"中寻求"已知"并发现新规律，这是"第四范式"的独特价值功能，

吉姆·格雷将此称为"科学方法的一次革命"，他指出："用于这种数据密集型科学的技术和方法是如此迥然不同，所以，从计算科学中把数据密集型科学区分出来作为一个新的、科学探索的第四范式颇有价值。"③

"第四范式"从"未知"中发现新问题和新的规律的能力来自大数据的精准预测功能。埃里克·西格尔在《大数据预测》一书中指出："有若干因素将会推动预测技术的

① [英]托马斯·库恩：《科学革命结构》，上海科技出版社1980年版，第29页。

② 倪光南：《关于大数据》，《高科技与产业化》2013年第5期。

③ Tony Hey Stewart Tansley Kristin Tolle：《第四范式：数据密集型科学发现》，科学出版社2012年版，第11页。

不断发展——爆炸式的数据增长、功能更加强大的计算机、更加广泛深入的理解以及科学的发展。组织与个人之间越来越多的交互行为将受到预测的驱动。”①

预测是人类认识世界的一种常见认识方式，但没有科学依据的预测往往成为幻想。基于大数据的预测极大地提高了预测的精准性，导致了两个重要的认识论和方法论转变。

第一，从小数据时代的经验式预测到大数据时代的精准性预测转变。小数据时代的经验式预测是人们以日常生活经验为基础的认识行为，一般表现为“大概”性猜测，胡适曾将缺乏精确性而靠“大概”判断事物的人称为“差不多先生”②，“差不多”既是一种习惯，更是因为没有精确的数据作为支撑。进入大数据时代，精准的大数据为科学预测提供了技术条件，开启了“将计算机运用于数据，而不是数据用于计算”的新路径，大数据工具“Hadoop处理数据是以数据为中心，而不是传统的以程序为中心”③。“数据不再仅仅是科学研究的结果，而且变成科学研究的活动基础和工具”④。

第二，实现社会科学研究方法从“非科学”“准科学”到“科学”的转变。传统的科学研究满足于从“已知”中发现问题探寻规律，已知模型往往需要预设和建模，而大数据开启了从“未知”中发现问题探寻规律的研究发现之门，其关键在于大数据具有处理人们社交情感活动数据等非关系性数据的强大能力，极大地克服了传统关系性数据库不能处理非逻辑性人际关系数据的缺陷。“无尺度网络”概念提出者艾伯特·拉斯洛·巴拉巴西提出“人类行为93%是可以预测的”“人类大部分行为都受制于规律、模型以及原理法则，而且它们的可重现性和可预见性与自然科学不相上下”⑤。因此，巴拉巴西认为人类社会发展并不是杂乱无序、无章可循的，而是呈现幂律式周期爆发运动。这也就是雅虎首席科学家沃茨认为社会科学将从“准科学”进入“科学”殿堂的原因。

从哲学思维范畴上讲，大数据第四范式从“未知”推出“已知”的认识方法也改变了传统哲学关于“可能与现实”关系范畴的认识，小数据条件下的经验性可能已发展为大数据条件下的精准性可能，精准性可能是科学性的可能性认识，大数据“一切皆可预测”的价值功能在“可能与现实”“未知与已知”“此岸与彼岸”之间架通了一座便捷认知的桥梁。

---

① [美]埃里克·西格尔：《大数据预测》，中信出版社2014年版第235页。

② 涂子沛：《大数据》，广西师范大学出版社2013年版，第329页。

③ 陈明：《数据密集型科研第四范式》，《计算机教育》2013年第9期。

④ 梁娜，曾燕：《推进数据密集科学发现提升科技创新能力》，《中国科学院院刊》2013年第1期。

⑤ [美]艾伯特·拉斯洛·巴拉巴西：《爆发：大数据时代预见未来的新思维》，中国人民大学出版社2012年，第Ⅲ页。

2. “第四范式”与读者用户精准化

从精准出版的角度来讲，“第四方式”提示的“一切皆可预测”及其对“可能与现实”关系的重新认识可以帮助出版实现从“大概”用户向“精准”用户的转变。传统出版更多将关注重点放在现实读者用户身上，客户关系管理也是根据现有客户数据库进行的，商业模式运行主要是对付费的既有用户负责，所谓“顾客是上帝”中的顾客也主要是指有买卖关系的现实用户，并没有意识到那些关注知识产品的顾客有可能会从“可能用户”发展为“现实用户”。也就是说，作为哲学范畴的“可能与现实”的关系可以被运用于理解和调整“可能用户与现实用户”的关系。扩大读者用户群一直是出版机构致力于追求的经营目标，在传统出版条件下由于缺乏对读者用户数据的挖掘，“可能用户”难以识别，在大数据条件下，关注、浏览产品的记录数据和浏览者的足迹分析都能帮助出版机构快捷识别“潜在用户”，并通过快捷的智能推荐系统持续地向“潜在用户”推荐相关产品。

我们可以看到，基于智能算法和用户分组的出版物推荐系统被天猫、淘宝、当当、京东、拼多多和亚马逊购书频道广泛使用，在这些购书平台上，用户读者浏览过的图书和购买过的图书都被完整记录，随之进入推荐系统进行相关性推荐。推出《纸牌屋》的Netflix是最早运用购物推荐系统抓住“潜在用户”的商家之一。它一改传统的依靠算法来优化系统的单一模式，而采用模拟人脑活动的智能算法，使推荐的产品更贴近用户的个性化需求。埃里克·西格尔说：“Netflix是预测分析应用的先行者，它租借出去的70%的影碟都通过预测分析在网络得到推荐。推荐对于零售业来说越来越重要。这不仅仅是商家单方面的销售指数，如果能精准地为客户推荐，那也是为消费者提供的贴身化和个性化服务。”[①]在用户日益出现“选择性困惑”的情况下，为帮助用户克服“选择性困惑”，Netflix利用数据分析，根据消费者过去的评价，预测消费者接下来会想看什么样的影片，开发出Cinematch影片推荐引擎（video recommendation engine），运用大数据（Big Data）和数据挖掘（Data Mining），为消费者推荐产品。[②]

四、“超文本”与精准出版

“超文本”是文本的一种结构形式，或者说是文本的一种非线性结构。在20世纪

① [美]埃里克·西格尔：《大数据预测》，中信出版社2014年版，第149页。

② 李军：《大数据：从海量到精准》，清华大学出版社2014年版，第53页。

30年代，范尼瓦·布什就提出存储扩充器（memory extender，Memex）的设想，这种扩充器就是一种非线性结构的“超文本”。20世纪60年代，美国学者特德·纳尔逊第一次使用“超文本”一词，指出“超文本”是一种非线性的、超链接的、能将不同格式和不同空间的数据信息连接起来的网状文本，同时也是一种用户界面范式。“超文本”具有非线性的网状结构特点，还具有多通道多界面并行传播的传播特点，它以大数据为基础，使以往的线性文本变成非线性文本，读者可以在任何一个节点停下，选择进入另一重文本，这一过程可以无穷无尽。

1. “超文本”的语义符合学含义

“超文本”作为一种非线性文本结构不仅具有信息传播学意义，而且具有语义符号学意义。从哲学意义上研究“超文本”的代表人物主要有德里达和罗兰·巴特等解构主义语言学家，他们从语义分析立场出发，认为文本语言表达过程中言语所表达的意义既不是单一的，也不是纯线性的，而是非线性和混杂的，文本表达方式不同会导致语言理解的歧义。歧义的出现是由于语言中能指与所指直接的对应关系会遇到“第三者”的干扰和影响，或者是由于语境的不同和语境变迁而导致意义的分裂，所指会导向另一层能指或者能指向另一层所指。文本语言表达和理解都具有主观性的符号学意义，有些意义“只可意会，不可言传”。文本语言在表达形式上表现出非线性的复杂的网状结构。罗兰.巴特在《S/Z》一书中指出，当用户读者接触文本时，大脑中“理性的逻辑方式与象征的逻辑扭作一团，这象征的逻辑不是演绎的，而是联合的：它与另外的观念、另外的意象、另外的意指作用具体之文联合起来我们被告知唯一的文本不存在”[①]。罗兰·巴特对文本的设想只是作为一种意境的“理想文本”，但被视为结构主义语言学建构“超文本”理论基础。超文本从“理想文本”走向“现实文本”是随着网络技术的发展而实现的，全媒体的出现使得除文字文本之外的图片、表格、语音、视频等多文本媒介日益社会化，出现了文字文本之外的众多“超文本”，读者的阅读已经由传统的单一文本阅读拓展为集文字、表格、图片、影像、音频等多媒体或全媒体交互式阅读，“超文本”改变了用户读者的阅读场景，阅读介质也由平面媒介拓展为立体媒介，发生“媒介不再是讯息，它是讯息本身”[②]的媒介革命。

解构主义的另一位代表人物德里达从文本结构意义出发主张开放文本，他用“延异”一词表达语言内部系统差别运动的无限延宕。文本并没有一成不变的固定意义，意

① [法] 罗兰·巴特：《S/Z》，上海人民出版社2000年版，第136页。

② [美] 尼葛洛庞帝：《数字化生存》，海南出版社1996年版，第68页。

义从一个能指飘浮到另一个能指，闪烁在能指无穷无尽的海洋中。[①]解构主义者从文本结构意义出发主张否弃“作者”的权威，废弃作者与文本之间的父子关系，从而解放文本，他们提倡一种解除权威控制的“写作性”文本，这种文本是复合写作结构，“这样，一个统一的作者瓦解了，每个读者既是读者，又是作者”。全媒体和大数据的出现，真正开启了从既是读者到又是作者，从单一文本到“超文本”的解放文本之路。

从精准出版的角度上讲，“超文本”有两个意义：一是文本立体性，二是文本超链接。

第一，文本立体性改变了传统的单一文本阅读方式，立体化文本阅读提供给读者用户更多选择性和更多的阅读体验。一直以来，麦克卢汉和莱文森等媒介理想主义者在坚持“媒介即人的延伸”价值理想的同时，强调现代传播要帮人们找回长期失落的“感觉总体”。感觉总体是感觉的综合，包括视觉、听觉、触觉以及人的知行情意，感觉总体所要达到的目标也不仅仅只是单个感觉的满足，而是“感觉总体”的平衡与协调。显然，“超文本”是满足“感觉总体”平衡的有效载体。在阅读市场，中国三大电信运营商都在大力布局全媒体阅读平台，中国移动推出用户阅读平台“和阅读”，中国联通推出“沃·读者”，中国电信则推出“天翼阅读”。一些阅读网站如塔读文学推出“富媒体互动阅读计划”，其“阅space”客户端的阅读内容图文并茂、页面多样套用、视频音像交互，让读者能根据自己的喜好需要选择阅读方式和内容。时代出版的“时光流影”阅读社会化项目是中国首个以文化生活为主题的互动社交平台，其聊时光、拍时光、写时光“基础功能实现了音频、图片、文字、视频的多文本呈现”。[②]由盛大文学与腾讯文学联合组建的阅文集团致力于泛娱乐一体化建设，将泛娱乐圈的大部分产业与原创IP挂钩，在充分开放游戏、影视、动漫、周边等业务的基础上打通泛娱乐一体化产业链，引领网络出版向“互联网＋出版”的方向发展。[③]腾讯推出的“QQ阅读”依照阅读＋社交的发展思路，其阅读平台上的精彩内容可以通过QQ朋友圈转发、链接、分享、传播。这种将阅读与社会相结合的做法实现了阅读的移动化、互动式、社交化、网络化、便捷化，“超文本”和全媒体给出版个性化、定制化、精准化提供了新媒体载体。

第二，“超文本”的超链接极大地拓展了阅读的时间和空间，泛在网络和24小时在线改变了传统的单一阅读方式和学习方式。“慕课”就是“超文本”超链接的具体形

---

① [美]杰夫·柯林斯：《德里达》，生活·读书·新知三联书店2013年版，第18页。

② 曹建敏：《传统出版的新媒体融合与创新实践研究》，《编辑之友》2015年第7期。

③ 谢胡伟等：《互联网出版平台的“互联网＋出版”研究：以盛大文学“IP＋”为例》，《出版科学》2016年第6期。

式之一。“慕课”即大规模开放在线课程，“慕课”的发展给教材出版带来5个挑战[①]，但也给出版带来了发展机遇，其“线下+线上”教学资源融合改变了传统的单一教材出版发行渠道，呈现出“纸书+电子书”的组合形态。美国高等教育在线学习公司Sipx副总裁海瑟·鲁兰·斯特图斯曾说：“慕课对于出版产业拓展出版空间具有重要价值。‘慕课’需要内容，学术出版商应该抓住这一机会为‘慕课’提供内容，从而拓展新的市场。”[②]从用户规模上看，慕课是面向亿万人的开放式在线超大课堂，从个性化需求上看，“慕课”又是面向个人的私人定制、量身定做的精准课堂。“慕课”的超链接既是文本的多样化呈现，又是文本内容的实时在线，既拓展了传统的课程学习方式，也拓展了传统的文本出版方式。

从哲学意义上讲，“超文本”出版的意义在于：一是“超文本”对传播者和传播接受者主客二分的二元身份的消解。作为“超文本”承载者的新媒体改变了传统的主客二分传播方式，能使传播者转变为接受者，也能使接受者转变为传播者。美国《在线》杂志在定义新媒体时明确：“新媒体是所有人的传播。从这个意义上来说，传播受众不再是单纯的、被动的信息接收者，受众同时也是传播主体。”美国学者J.A.巴伦提出的受众参与理论在新媒体时代变成了具体实践，由此，新闻传播研究者甚至提出以“用户”概念替代“受众”概念。[③]二是“超文本”对社会化阅读理念的改变。“超文本”的社交性、交互性理念将传统出版从单一的信息传播平台转变为人际社交平台，现在的大量用户阅读都是在社交平台上进行的，大量的出版物交易也是通过社交平台实现的，社交平台又是产生用户大数据的重要来源，社交平台产生的大数据又绝大部分是非结构性的“超文本”格式，一般都表现了聊天记录、网络日志、语音对话等非关系性非逻辑性结构。在大数据和新媒体出版之前的小数据时代，这些没有逻辑结构的非关系性数据很多都被作为“数据废气”和“数据垃圾”而舍弃掉了。进入大数据时代，处理非关系性数据已不再是技术难题，变“废”为“宝”已不存在技术障碍，出版行业已开启“超文本”全媒体出版传播之旅。要真正建立基于用户个性化需求的精准出版新业态，关键已不在技术层面，而是亟须进行出版理念和思维方式革命。

---

① 谭小军等：《大数据时代Mooc对高等教育教材出版的挑战》，《出版发行研究》2014年第11期。

② 孙牧：《大数据推动学术出版革新》，中国出版传媒商报2013年10月8日。

③ 曹疆：《从内容为王到用户至上》，《中国产经新闻报》2013年4月14日。

第四节　数据中台赋能出版头部企业精准运营

大数据不仅包括大数据技术、大数据原理、大数据哲学等向度，还包括大数据应用平台，数据中台就是大数据落地的应用平台化。

一、数据中台是大数据落地运用的平台化和具体化

数据中台是大数据落地运用的平台化、实践化、具体化，是数字企业的2.0进阶。数据中介赋能出版头部企业多元业务发展，是要在“大中台、小前台”的功能定位架构基础上，运用数据中台数据能力域、数据交换域、数据加工域、数据集中域、数据服务域的大数据能力管理和拓展出版头部企业日益多元复杂的业务端，通过产品业务端赋能、用户业务端赋能、服务业务端赋能，使出版头部企业并带动整个中国出版业聚焦文化出版产业“新基建”，使出版业实现从知识传播中介向智能匹配平台的转变。

“中台”概念最早出现在中国古代，“在中国古代东汉时期，尚书台成为政府的中枢，号称中台”①。一般来说，中台是指前台和后台之间的中间环节，也就是连接前台和后台的中间件架构。这种中间件架构在社会生活中有广泛运用，古代的尚书台就是一种政府组织架构，及至现代，“中台”一词又运用在军事作战架构，如美军的中台炮火群。②2015年，阿里巴巴又将“中台”运用于大数据时代的企业运行架构，启动“大中台、小前台”的中台战略。③

必须说明的是，中台概念虽自古有之，但数据中台概念是2015年才正式提出的，数据中台战略也是自2015年开始实施，企业数据中台架构也是在2015年开始搭建运行。显然，数据中台是大数据时代的产物，其构建理念是解决“数据冗余”问题，突破“数据废气”瓶颈，通过数据中台架构真正将大数据“用起来”，将大数据变成实际“可用”的东西；其功能理念是解决“数据孤岛”问题，突破信息技术（information technology，IT）时代分立的“数据烟囱”架构，通过数据中台架构将大数据“统起来”，构建统一的数据共享的数据技术（data technology，DT）架构④，自2012年开启

① 陈新宇：《中台战略》，机械工业出版社2020版，第46页。

② 秦成：《制作也企业中台建设思考》，《智能制造》2019第1期。

③ 邓小华：《大数据创新:阿里巴巴云上数据中台之道》，中国工信出版集团2018版，第46页。

④ 石进：《基于总线结构的政务数据共享应用模型研究》，《现代情报》2019第6期。

“大数据元年”[①]以来，大数据应用已经经历了大数据认知阶段，现在已到了将散落各处的数据“连起来”“用起来”“管起来”的时候了。

目前，数据中台主要在头部企业率先应用，领头的是互联网巨头，还有电网[②]、媒体、金融。智能制造等行业巨头。头部企业一般是各行业的大型企业集团，这类企业产品规模大，机构设置复杂、业务单元众多，多元化扩张速度快、上下游产业链环节多、数据量巨大，这类头部企业已经开始率先实施数据中台战略。[③]

在中国出版界，出版头部企业主要是指日益壮大的出版集团，这些出版集团的业务单元横向上包括图书、期刊、音像电子出版、网络出版，在纵向上包括出版、印制、纸张供应、销售、仓储、物流、书店、电商平台，有的还涉及房地产开发、教育培训、对外合资合作等众多领域。目前，有的多元化传媒集团已经开始尝试“融媒体数据中台实践”。[④]如中国工信出版集团开发的融合出版运营平台，将传统与数字、ToB与ToC、线上与线下各条业务线集中统一起来，是典型的数据业务中台。人民邮电出版社开发的“人邮融智知识服务平台”将各系统的用户、资源及运营数据整合分析挖掘，供决策展示使用，是典型的数据中台。[⑤]

二、数据中台是头部企业大数据应用的2.0进阶

在大数据、云计算条件下，中台架构通常由数据中台、业务中台和技术中台三个子系统构成，而数据中台是整个中台架构的核心和基础。数据中台通常是在One Data框架下构建One ID、One Model、One Service三个子构架。

One Data体系包括数据能力域、数据交换域、数据加工域、数据集中域、数据服务域，其功能是实行数据资产管理、数据萃取、数据交换、数据仓库运行和数据服务（图2–2）。从IT到DT，数据中台并不是完全推倒IT架构，而是打通IT时代分立的“数据孤岛”和“数据烟囱”，构建全路链的数据智能运行回环。[⑥]其直接目的是实现“数据业务化、业务数据化”，其核心价值是基于业务视角而不是纯技术视角实现企业的应

① 冯海超：《大数据时代正式到来》，《互联网周刊》2012第24期。

② 林鸿，方学民：《电力物联网多渠道客户服务中台战略研究与设计》，《供用电》2019第6期。

③ 施炜：《头部企业重构成长的关键》，《销售与管理》2019年第8期。

④ 韩嫣：《央视网的融媒体数据中台实践》，《现代电视技术》2019第6期。

⑤ 刘鲲翔，缪立进：《关于出版社打造内容中台的思考与实践》，《中国传媒科技》2021第2期。

⑥ 付登坡：《数据中台》，机械工业出版社2020版，第32–34页。

用升级，通过数据中台将大数据应用具体化、实践化、平台化。①

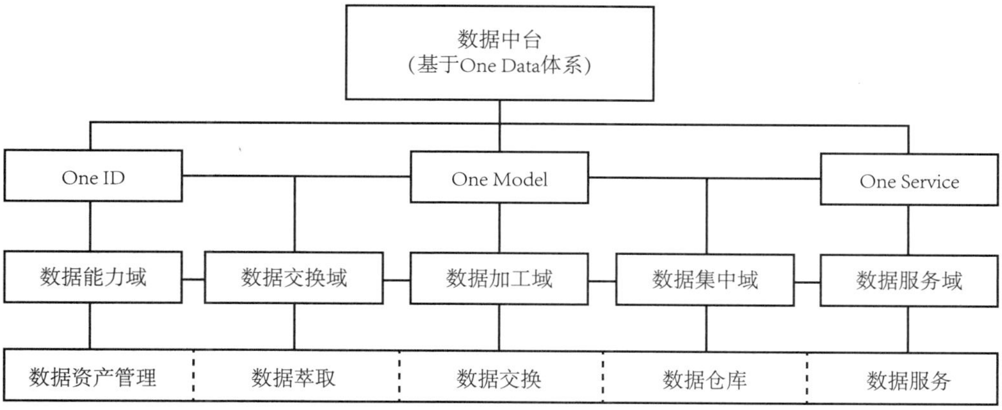

图2-2　数据中台基本架构

（资料来源：作者整理）

数据中台一般运用到两大领域：一是政务领域，二是商务领域。商务数据中台主要是指企业数据中台，亦称为数字企业2.0。如果说企业信息化是IT时代数字企业1.0，那数据中台就是DT时代数字企业的2.0进阶。在IT时代，企业一般是自构自建各种企业信息系统，这样的系统不仅企业内部信息被分割，也不和企业外部信息系统连通。如ERP、MES、PLM、SRM和CRM等系统都是基于流程驱动的思路设计的，在产品业务单元日益多元化、用户需求日益个性化的条件下，分立的企业管理信息系统越来越不能满足高效实时快捷处理海量数据的要求。简单的一个业务场景，如供应商需要一张图纸，联系用户的业务人员就需要先在PLM系统中检索图纸，下一步还要在ERP系统中找到对应的原材料的库存情况，甚至还要学会在SRM系统中搜索供应商给出的采购价格。简单的一件事情由于信息系统的复杂性和分立性导致无法快捷有效地提供数据，无法满足用户个性化需要。②在DT时代，随着多云环境的出现，硬件基础设施从IT时代的服务器演变成DT时代的“云”，多数企业将选取多云策略，以避免被单一云厂商锁定，且多云的使用可以让企业IT架构更灵活、更符合自身情况。③从这一发展趋势来看，数据中台是企业基于大数据实现数字化升级的必然产物。

出版头部企业作为行业龙头，不仅产品形态日益多元化，而且产品线也日益拉长，

① 张弛：《数据中台在应对突发公共事件中的核心价值研究》，《华中科技大学学报》(社会科学版）2021年第1期。

② 秦成：《制造业企业中台建设思考》，《智能制造》2019年第1期。

③ 付登坡：《数据中台》，机械工业出版社2020版，第X-XI页。

亟须实现“三通三融”，“三通”即网络通、数据通、业务通，“三融”即技术融合、数据融合、业务融合。“三通三融”的核心是实现出版企业的精准营销。目前，由于多种因素特别是互联网经济的快速发展，中国图书市场销售日渐萎缩，“中国图书出版业一度库存占比高达98%，动辄数百亿码洋图书化为纸浆”①。据智研咨询发布的数据，2020年中国图书零售市场码洋规模首次出现负增长，同比下降了5.08%，码洋规模为971亿元。这是自2001年以来，图书出版行业的首次负增长。图书零售市场出现负增长原因是多方面的，但其中一个重要的原因是产品的适销对路问题，也就是产品能否满足用户个性化需求。在“十四五”加速推进文化界“新基建”的背景下，出版数据中台建设已逐渐成为出版头部企业“新基建”的主要任务。长江出版传媒集团推出“长江出版智云”已于2020年底上线运行，其“大中台、轻前台”架构是典型的数据中台设计思路，其基础层、平台层、应用层三大层级采取集约化配置和系统部署，构建平台型融合式新基建体系。②”

基于大数据的出版“新基建”要求转变出版业态，用大数据赋能出版业，现阶段特别要注重大数据平台化，运用数据中台赋能出版头部企业核心业务的发展，主要是赋能三大业务端，即实现产品业务端、服务业务端、用户业务端的赋能（图2-3）。

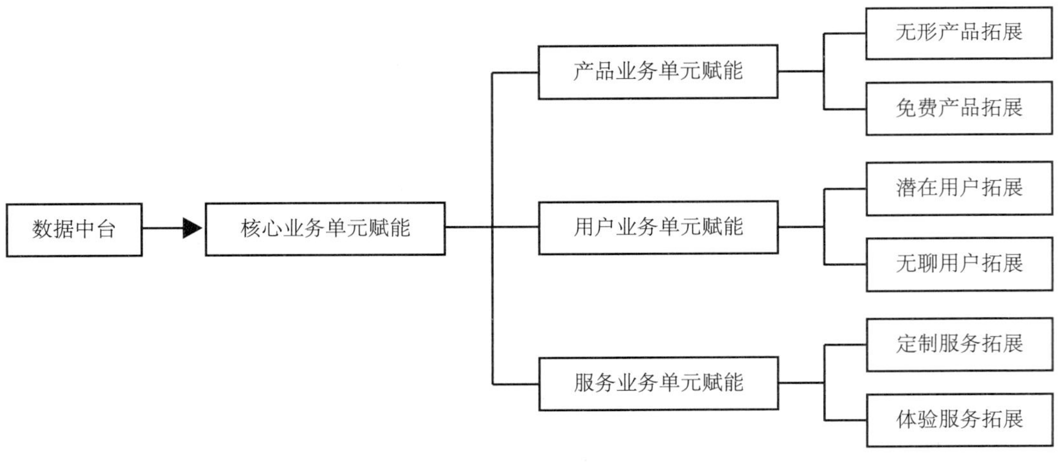

图2-3　数据中台赋能核心业务单元

（资料来源：作者整理）

① 周玉波：《在新时代，出版业如何实现高质量发展》[EB/OL]，[2020-09-18].中国共产党新闻网，https://www.CPNEWS.cn.

② 谢俊波：《集团架构下融合出版新基建的探索与实践》，《出版广角》2021年第20期。

三、数据中台赋能出版头部企业产品业务端

迈克尔·波特指出："每一个企业都是用来进行设计、生产、销售、交货以及对产品起辅助作用的各种活动的集合。"①企业是围绕着自己的产品展开活动的，出版头部企业也都有自己的产品业务端，而且其产品业务遍布线上线下，产品数据海量分布，产品业务单元的多样化和市场数据的快速变化，都要求出版头部企业尽快将分立的工厂架构转变为"三通三融"的DT架构。

出版头部企业大都是出版集团，随着"大数据+"和"互联网+"的发展，头部企业产品线越拉越长，跨界融合已经将图书产业与互联网、娱乐、影视、教育、金融、旅游、房地产、体育等众多行业融合在一起，这种融合一方面摆脱了出版集团对单一图书产品的依赖，将产品线业务拓展到文旅、金融、房地产等运营投资层面和全产品链条层面。归纳起来，出版头部企业的产品多元化业务主要有几类。一是金融投资产品线，如中信出版集团注资上海财金通教育投资股份有限公司，对以金融业为主的职业教育和国际教育进行金融投资，四川出版集团确立"文化实业+资本"的双轮驱动战略，倾力打造"文化产业基金（母子基金集群）+中小文化企业金融服务"文化金融服务体系。二是文旅投资产品线，如四川出版集团倾情打造了一条环四川九寨沟—黄龙—若尔盖—黑水—亚丁稻城—西昌的文化旅游黄金环线。三是地产置业板块产品线，如广东出版置业投资有限公司已在文化置业市场耕耘十几年，建设管理南方传媒中心等多个置业项目，四川出版集团不仅在成都市开发建设了"芙蓉花开城市文化综合体"等新文化地标，还将"老出版基地"盐道街3号重新打造成充满文化气息的超甲级写字楼，使之成为华西地区汇聚优质文化资源的文化产业孵化基地。四是图书产品转为影视作品产品线，如新华文轩传媒旗下的北京华影文轩公司投资制作了《历史转折中的邓小平》，读者传媒为优酷土豆集团旗下影视公司提供文学剧本合作拍摄网络影视作品。五是影视作品转化为图书产品线，如功夫财经与罗辑思维等网络自媒体将自己的网红影视作品转变为图书产品，增加了产品的传承性和生命力。

跨界经营除了拉长了出版头部企业产品线，也拓宽了企业产品的形态，产品形态呈现有形产品+无形产品、付费产品+免费产品的复合构造。

传统出版产品的笔记本、日历、手账、文化衫、U盘等产品仍然具有实物封装特征。随着互联网+的迅猛发展，线上出版产品的比重越来越长，线上产品如计算机软

① [美]迈克尔·波特：《竞争优势》，陈小悦译，华夏出版社2005年版，第35页。

件、网上教育培训、信息咨询服务、网上娱乐消费等大都是非物质性产品。这种线上＋线下、有形产品＋无形产品构造符合西奥多·莱维特的“整体产品”概念（图2-4），“整体产品”是由核心产品和形式产品以及延伸产品构成的，它反映了随着产业发展产品价值链不断拉长，产品价值增值不断加快的发展规律。出版产业的知识经济属性决定了其产品形态在“互联网＋”时代既具有有形产品形态，也具有无形产品形态。其无形产品形态主要有两种：一是网络虚拟出版物等网络在线产品，二是数据服务和用户体验等在线服务产品。网络虚拟出版物很多是实物封装出版物的网络版，而数据服务是信息和知识服务的延伸，这反映出人类的智力运动，是将数据格式化为信息，将信息整理成知识，将知识转变为智能的永恒过程。

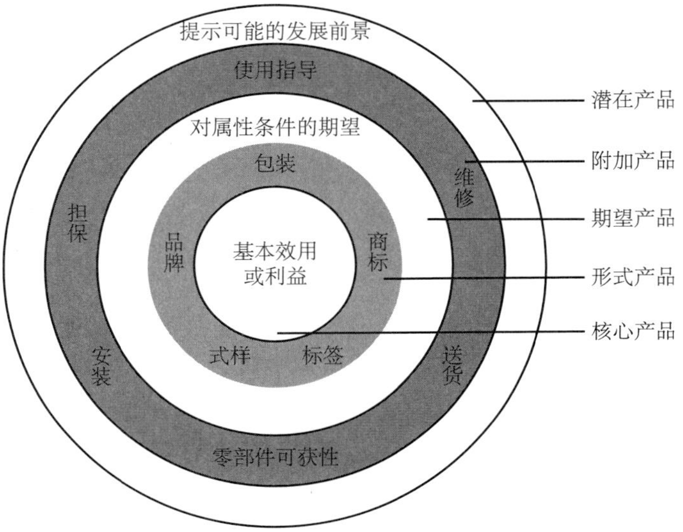

图2-4　整体产品图示

（资料来源：百度百科）

产品的复杂多元化，特别是数据服务和体验服务产品的海量、快速特性，要求出版头部企业按照“逻辑集中物理分散”构建数据中台管理体系。“逻辑集中物理分散”就是采用“大中台＋微应用”的设计框架，将数据中台放在一个或多个云平台上运行，形成“云平台＋微应用”运行格局，云平台一般采用混合云模式，即将企业运行数据放在多个云平台上运行管理，微应用一般采用App、小程序和公众号，对出版头部企业来说，一般是采用平台化App。现在，社会很多领域App和小程序、公众号发展迅猛，出版机构App和小程序、公众号发展却不理想。[①]很多出版头部企业至今并没有真正构建

① 刘爱民：《传统出版机构App现状分析及发展建设》，《出版广角》2017年第9期。

"大中台＋微应用"的数据中台体系。

付费是传统商业模式，免费则是未来商业模式。克里斯·安德森在《免费：未来商业模式》中指出，免费模式是建立在电脑字节基础上的经济学。[①]以电脑字节为基础的经济学就是基于网络的经济学，现阶段的免费产品主要存在于线上，线上产品乃至企业生存发展的关键是用户点击率，提高用户点击率就需要通过免费产品来聚集人气，增强用户黏性，扩大用户群。免费虽然会减少营收，但通过提高点击率可以提高广告收入，增加用户流量。

数据中台赋能出版头部企业产品业务发展，一个重要设计思路是流量变现，即通过免费获取巨额流量，实现互联网赚钱公式：流量＝金钱。流量变现一般有3种方式：一是带货变现，直播带货可以直接进行带货跳转，"抖音好物联盟"可以通过带货跳转打开用户感兴趣的商品橱窗；二是广告变现，头部企业既可以通过头部网站进行广告植入，更可以通过数据中台即时计算能力获取的用户对广告的厌烦度数据实时调整广告播放时长，避免了电视台用户厌恶广告而频繁换频道的情况，达到了既做了广告又不伤粉的效果；三是知识付费，如"潜能宇哥"提供不同年龄段的免费健身教学，同时推荐健身付费产品。

"自互联网诞生以来，凡是以互联网为基础设置、构建的商业模式，都离不开3个要素：产品、流量、变现。"[②]免费产品的变现与Feed紧密相关，Feed流是一种数据格式或一种信息单元格，是将用户看成是吃东西上瘾的贪吃动物一样不间接为其提供信息数据流，很多资讯类和社交类App如今日头条推荐页、抖音短视频、拼多多、微信朋友圈都大量使用Feed流。Feed流似乎有点回归人性的本真，致力于刺激人性的欲望，免费、刺激、娱乐、快感都会使人上瘾而欲罢不能。而Feed流的运行需要强大的数据中台进行即时、快速、精准的用户数据获取、数据交换和数据服务，Feed流系统的核心是数据存储和数据推送，数据中台数据集中域的账号关系存储和feed数据存储都是能存储100TB甚至PB级数据仓库，数据中台数据交换域的数据推送系统能保证千万级的TPS和QPS，因此，Feed流必须是基于数据中台的运行的。现阶段，我国出版业涉及直播、短视频刚刚起步，很多出版企业还在观望，而很多欧美国家早已享受了直播、短视频的红利。[③]数据中台是大数据应用的2.0，随着工业4.0时代的发展，出版头部企业

---

① [美]克里斯·安德森：《免费:未来商业模式》，蒋旭峰,冯斌译，中信出版社2009版，第108页。

② 谢涵博,陈松月：《从流量到留量》，中国工信出版集团2020版，第2页。

③ 张琦，谢思慧:《融合发展背景下直播、短视频在传统出版行业中的应用研究》，《出版科学》2020年第6期。

的未来发展必须走构建数据中台赋能产品业务板块的大数据之路。

四、数据中台赋能出版头部企业用户业务端

2021年3月，北京开卷研究发布《危机与变局——2020—2021中国图书零售市场报告》，报告提出："消费习惯线上化已经成为一个大趋势，疫情加快了这一趋势进程，2020年图书线上规模占比近80%，线上规模进一步增大。"①出版用户线上规模的扩大直接表现为用户流量的扩大，流量现实表现虽是一串数字，但本质上反映的是用户对企业业务发展的关注。企业经营的所有数据：产品、成本、销售额、利润等都直接或间接与用户有关，而用户都是现实的人，关注用户本质上就是要关注人。在大数据条件下，关注用户已经开始进入到用户画像阶段，用户画像是用户心理及行为的标签化，是使"大数据走出数据仓库，针对用户进行个性化推荐、精准营销、个性化服务"②的营销战略和思维方式。基于大数据的用户画像使客户关系管理进入"量子人性"时代，"量子时代的到来催生了对应的量子思维和量子管理以及管理变革"③。量子时代的用户管理比之传统的用户管理有了更多创新组合。

1.现实用户＋潜在用户构造

现实用户大都往往是相对固定的老客户，按照吉姆·莱辛斯《零真相时刻：赢得零真理时刻》的4个真理时刻理论，老客户的持续购买行为属于"最终真理时刻"（图2-5）④，而潜在用户的开发则要求企业"赢得零真理时刻"，这表明企业获客的时间点已经前移，获客起点已不仅仅是客户购物之时，而是通过线上或线下初识产品之时，对出版市场用户来说，客户购物大都是通过网络"初识产品"，80%左右的购书行为都是在未见实物图书之前发生的，而这些"零真理时刻"用户大都是由潜在用户发展而来。

---

① 冯小慧：《危机与变局——2020—2021中国图书零售市场报告》，《开卷研究》2021年第3期。

② 赵宏田：《用户画像》，机械工业出版社2020年版，第2页。

③ 田志龙，钟文峰：《中国本土管理学发展：理论发展、实践挑战和待研究问题》，《管理学报》2018年第7期。

④ 汤历漫：《精益获客》，机械工业出版社2019年版，第25页。

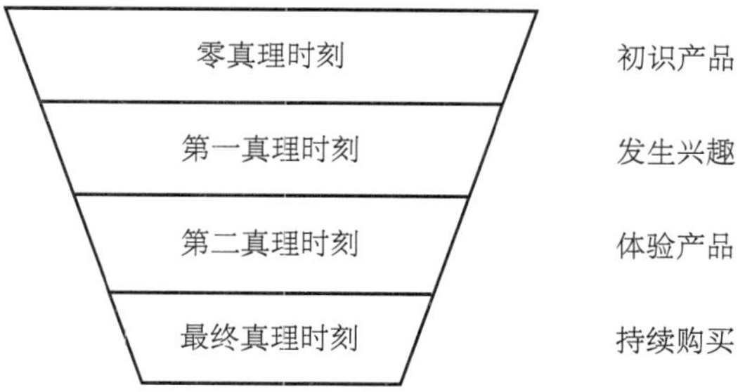

图2-5 商业真理时刻

（资料来源：吉姆·莱辛斯《零真相时刻：赢得零真理时刻》）

潜在用户的开发需要出版头部企业运用大数据预测功能，依据“第四范式”，大数据的核心功能是通过未知发现规律，这与实验型研究范式、理论型研究范式、计算型研究范式三个范式有很大不同，前三个范式都是从已知来发现规律，“第四范式”是从“未知”中通过大数据挖掘发现规律，重点在于发现可能存在的潜在价值，而不是发现存在的现实价值，大数据预测使企业开发潜在客户不仅速度快而且还日益精准。

数据中台赋能出版头部企业开发潜在用户，一个重要的技术架构是基于数据中台数据能力域形成“用户回环”和“内容回环”。“用户回环”是基于Feed流针对用户进行“获取—激活—留存—再获取”的不间断持续操作，通过使流量发展为“留量”，而形成“留量池”和“用户池”[①]，进而用户池发展为用户回环。用户回环由用户萃取、激活、留存、推荐四个环节构成。用户萃取环节的功能是进行关系链导流、ASO、异业合作，其中关系链导流包含导入通信录、微信好友和QQ好友，异业合作包含《天天向上》《快乐大本营》等用户带动操作；用户激活环节是通过内容准备、自动播放、创作参与等操作留住用户；用户留存是通过精准画像进行“热门内容筛选＋个性化推荐”算法增加回头客，将用户留住“留量池”或“用户池”；用户推荐则是通过精准推荐和创作参与将用户从消费者发展成传播者。“内容回环”是基于Feed流不间断进行新产品设计、营造氛围、外部刺激，以内容创新为中心将用户从内容消费者转变为内容生产者。内容回环的特征是内容消费者和内容生产者两个角色合二为一，通过“拍同款”等内容创作活动，将内容消费者转变为内容生产者。“用户回环”和“内容回环”操作必须将内容池数据和用户池数据进行即时匹配，精准地为用户进行个性化推荐，内容—用户精准匹配的常用算法是“协同过滤＋内容推荐”（图2-6）。显然，原有的企业IT架构是不可能快速将海量的用户与内容数据进行即时匹配的，要在海量用户中找对人，实现精准的个性化推荐，必须要依靠基于DT架构的数据中台。

---

① 谢涵博，陈松月：《从流量到留量》，中国工信出版集团2020年版，第5页。

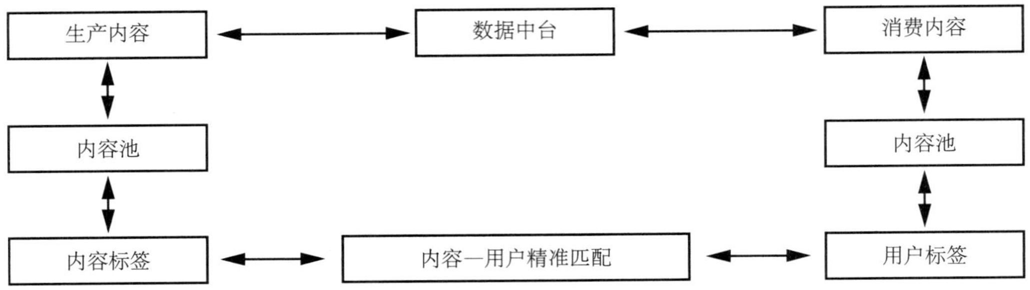

图2-6　内容—用户精准匹配

（资料来源：作者整理）

2. 粉丝用户＋无聊用户构造

粉丝用户与粉丝经济相关，最初的粉丝是指对明星、偶像的崇拜，随着互联网的迅速发展，粉丝又与网红相关联，粉丝概念成了关注者和支持者的统称。随着自媒体这种近乎零门槛新媒介形式的迅速发展，自媒体人依托网络平台不断聚集关注者和支持者，运用聚沙塔效应扩大粉丝群，通过打赏功能、软广告、会员制等方式增值价值链，如罗辑思维、功夫财经等团队自媒体以及同道大叔、咪蒙等个体自媒体都已找到自身存在空间和盈利模式。罗辑思维、功夫财经将自己的网络影视作品转变为图书盈利就是这方面的例证。

无聊用户与无聊经济相关，此处的“无聊”是“闲暇”状态的一种比喻。“无聊经济”概念的最初提出者之一江南春是分众传媒董事局主席，他提出无聊经济就是基于网络新媒体的分众传播特性和发展趋势。分众传播是多点对一点或一点对一点的精准传播，类似于精准制导炸弹，这有别于大众传播的一点对多点的地毯式轰炸。分众传播强调私人定制和量身定做，避免用户因“眼球疲劳”而厌倦广告信息，事实上，很多用户厌倦逃避广告信息是因为兴趣不对路，而通过数据萃取寻找用户兴趣点是分众传播占领用户“无聊时间”的重要手段。在互联网时代的快餐消费场景下，打发无聊会是日常生活的常态，而从心理学角度看，无聊有主动无聊和被动无聊之分，主动无聊是人们紧张工作之后主动选择的闲暇放松状态，这种状态下人们很厌倦广告信息的打扰。被动无聊是人们主观上不乐意但客观环境让人无聊，这种状态下人们不太厌倦广告信息的打扰，还可能通过关注广告来打发时间。无聊用户的出现是生活碎片化和消费快餐文化的具体表现，不能将碎片化仅仅看成消极现象，碎片化对互联网时代的微生活方式的展开具有意义，是后现代文化现象的基本形态。[①]在碎片化和快餐消费条件下衍生而出的无聊用

① [美] 弗雷德里克·詹姆逊：《文化转向》，胡亚敏等译，中国社会科学出版社2000年版，第121页。

户，是企业应该日益关注并大力争取的用户群。

数据中台赋能出版头部企业开发无聊用户群，重点是争取网络游戏用户群。据中国互联网络信息中心发布的第48次《中国互联网络发展状况统计报告》显示，截至2021年6月，我国网络游戏用户规模为5.09亿，占网民整体的50.4%。网络游戏出版是众多出版机构特别是出版头部企业的重要业务，在技术上，网络游戏运行必须运用多维的"聚类"画像，而不是传统的一维分类，聚类对游戏用户未知项的分类比传统的一维维度要复杂得多，既有活跃度评估打分，又有消费额度评估打分，还有玩法打分以及参与度、社会项目评估打分。多维聚类通过寻找相似性将N个散点通过自主机器学习算法将相似项进行聚类，可以从未知中挖掘出一些难以发现的用户特点。网络游戏是用户数量增长最快的行业，是青年群体消费聚类的行业，也是公认的离钱最近的行业，但也是产生数据量最大、占有空间最多、数据变化最快、数据处理难度最大的行业，其运行数据指标有200多个，是目前现有各行业中数据指标最多的，因此，涉足网络游戏必须建立数据中台架构。

五、数据中台赋能出版头部企业服务业务端

大数据条件出版头部企业服务业务端的转变主要是由传统的一元售后服务转变为多元的全时空服务。所谓全时空，一是指时间上的全程性，二是指空间上的多维性。时间全程性体现在产品设计、广告生产、出货、销售、支付、售后等产业链各个环节都有服务元素，空间多维性表现在服务元素渗透在业务运营的云空间到微空间的全空间链中。全时空服务端的出现与泛在网络[①]的发展密切相关，泛在网络无时不在、无处不在，其存在为全时空服务提供了运行平台。从实际运用来讲数据中台赋能出版头部企业服务业务端突出体现在个性化定制服务和体验式服务等业务端的拓展。

1. 体验服务赋能

产品服务是出版机构的主要着眼点，但传统的产品服务是单一的买卖模式，其弊端在于三点。一是偏重受众性，而受众往往是被动的。因此，在新媒体迅猛突起时，传统媒体突然发现自己没有了受众或者受众急剧减少，面对这种情况，有研究者和从业人员提出了用阅听人代替受众一词的提法，以体现客户的主动性。二是偏重销售数据，而不重视用户体验。读者购买出版物后，读了还是没读，读后的评价如何，出版机构既不关

① 张弛：《泛在网络背景下出版空间优化占位研究》，《出版科学》2020年第6期。

心，也不知晓。三是缺乏与读者一对一实时互动，也缺乏对实时互动产生的海量的非结构性数据的处理能力。克服这些弊端，必须转变服务方式，而大数据的用户关系理解功能为获取用户体验数据、促进用户互动提供了技术平台。

哈雷·曼宁在《体验为王》一书中说，“用户体验”是“互联时代商业竞争的核心哲学”，是“伟大产品与公司的创生逻辑”①。迪士尼公司前执行副总裁李·科克雷尔也将现代经济称为“体验经济时代”，因为“情感因素比交易过程中的金钱更重要。因此，我们不仅要把商业中的情感因素经营到位，而且要做到至美、至善、至诚”②。现代经营的秘诀不仅是经营产品，还要经营情感，企业与客户之间的纽带不仅仅是硬性冰冷的产品销售，还要是软性热情的体验服务。Coliloquy公司是最早运用用户体验实现出版价值增值的出版商之一，其联合创始人丽莎·卢瑟福坚持“书籍应该是可以互动的”出版理念，实施了“Kindle主动性内容开发者计划”合作方案，在Coliloquy出版的电子书中开通阅读者互动通道，允许读者自己按自己的构思设计时间、地点、人物角色、情节线索，经过数据分析，让作家调整故事迎合大众口味。Coliloquy的互动体验模式将购买者、阅读者转变为参与者和创作者，是书籍与用户互动理念在大数据时代的成功实践。在中国，番薯网是最早实施用户体验服务的媒体之一，其打造的云阅读“预读”平台，可以让用户在购买作品之前先行“预读”和“试读”，如果用户体验感觉良好，再付费购买。为推进体验服务，越来越多的商家开设体验店，用户体验已成为一种新的经营理念和运营模式。

数据中台赋能出版头部企业体验服务业务拓展，其技术路径是基于数据中台集中域架构处理海量的半结构性和非结构性用户数据。出版行业属于文化产业，文化产业属于精神生产和精神生活领域，精神生产和精神生活必须要满足人的精神愉悦感，精神愉悦感是主观感受，具有较强的私密性，而传统的关系性数据库难以处理这些情感类非结构性数据，这是因为关系性数据库系统追求的是高度逻辑一致的数据统一性，而情感类非结构化数据往往是非逻辑的杂乱无章的数据，对这些多源异构的特异性数据，必须运用数据中台集中域的数据仓库、数据标准、数据资产管理能力进行处理。首先是统一数据萃取标准作为数据交换和数据共享的基础。其次是数据仓库分层，一是ODS（operational data store），即操控数据层；二是CDM（common dimensions model），即公共模型层；三是ADS（application data store），即应用数据层。数据仓库的这3个层次依次递进，各层次之间低混合高内聚，为数据萃取提供支撑。第三是数据资产管理，即对数据进行清洗、抽取、降噪处理使之成为可用的有价值的数据资产。

---

① [美]哈雷·曼宁：《体验为王》，高洁译，中信出版社2012年，第6页。

② [美]李·科克雷尔：《卖什么都是卖体验》，张凌云译，中信出版社2012年版，第3页。

2. 精准个性化服务赋能

企业管理的“量子管理”将出版业务管理带入到用户画像定制服务新场景，由此带来出版行业场景革命。《长尾理论》中说：“长尾之所以存在，与人们的需求密不可分，而们对于多样性的需求，来自人类自身的特性。”[①]除了量子管理、用户画像、场景理论、长尾理论之外，数字人类学和“文化组学”等一系列研究成果也都构成个性化精准服务的理论基础。这些理论尽管侧重点不一，但有一个共同指向就是人，将“人的天性”“人类本身的特性”作为个性化定制服务的逻辑起点，运用用户画像、“用户图谱”将人的消费行为和文化属性融为一体，根据量化指标的数据匹配性对用户进行智能推荐和智能分组。苹果公司在收购Book Lamp后曾推出“图书基因组计划”，根据用户的浏览记录和购书数据以及支付记录分析来掌握用户的购买习惯和阅读兴趣，运用用户画像绘制用户的“兴趣图谱”和“专业图谱”，以此作为智能推荐和智能分组的依据，显然，这种“量化人性”的量身定制必须依靠集大数据、人工智能、泛互联于一体的数据中台来完成。

数据中台赋能精准出版的个性化服务有助于出版业实现三大转变：一是内容分发方式的转变，即实施场景化分发和精准化分发；二是实现内容生产主体关系的转变，即内容的生产主体不是单一的人与人的关系，还包括人与物、物与物之间的关系；三是实现内容服务形态的转变，出版机构要从内容中介运营商向内容服务平台运营商转变。[②]

数据中台赋能精准出版个性化服务的技术支撑主要是基于数据中台加工域和数据中台服务域架构。数据中台加工域包括数据萃取、数据计算。其中，数据萃取是数据记录和信息采集系统，是数据来源端口；数据计算则是数据中台的核心能力，包括批计算、流计算、在线查询和即席分析等环节。数据中台服务域包括查询服务、检索服务、圈人服务、分析服务、风控服务、体验服务、推荐服务等细分子项。其中，常用的服务主要有4项：一是查询服务，即通过输入关键词或特定条件，设定查询标识（key）来获取所需数据，地址解析协议（API）是查询常用的工具；二是分析服务，即运用商业智能（BI）、路径分析、漏斗模型等工具对多源异构的大数据进行统计分析，通过数据挖掘发现商业价值；三是推荐服务，即运用精准算法、用户画像进行数据匹配实现个性化推荐；四是圈人服务，即运用标签组合、智能分组找出特定人群，通过智能筛选实施“群”管理。数据中台服务域的4项常用服务功能尽管各尽其能，但其共同指向性是提高个性化服务的精准性。

---

① [美]克里斯·安德森：《长尾理论》，乔江涛译，中信出版社2012年版，第2页。

② 陈璐颖，宋建武：《打造智能出版平台》，《编辑之友》2021年第4期。

数据中台赋能出版头部企业多元业务拓展，一个重要思路转变是将出版机构由知识传播中介转变为智能匹配平台。在4G发展到5G的条件下，出版作为知识传播中介的功能不断被消解。“4G技术还为部分传统信息传播中介的存在留下生存空间，而5G技术将会使很多行业的中介功能彻底消失，其主要表现在于原来的消费者纷纷离场，中介失去继续存在的意义。”①出版机构既不是出版价值链前端的作者，也不是价值链后端的读者，而是内容格式化的加工者和市场价值实现者，扮演的是作者和读者之间的中介和桥梁角色。而在5G条件下，泛在网络成为社会基本生活场景，知识拥有者与知识获取者可以通过万物互联的网络平台获得，平台快速、精准推送产品的能力大大增强，传统出版机构作为中介桥梁对内容和产品进行二次分发的功能逐渐减弱，这就要求传统出版将中介思维转变为平台思维，而网络平台的智能匹配功能必须要基于数据中台实现。

当然，大数据也不是完美无缺的，有人归纳出大数据的十大局限，主要包括以下几点。第一，数据噪声带来的与生俱来的不和谐问题。在大数据中，并非所有的数据都是有用的，随着数据获取能力的提高，数据量的增加令人目不暇接，在有用的数据与日俱增的同时，无用的冗余数据、垃圾数据也越来越多。由此产生的冗余数据会使我们寻求的重要数据被庞大的数据噪声淹没，甚至被导入数字陷阱和歧途。第二，数据真实性问题。大数据的最重要来源是网络数据，而网络又是很多虚假信息的藏身之处。例如，在海量的网络数据中存在着众多的虚假个人注册信息、假账号、假交易、假粉丝、灌水帖、虚假的意思表示等。这些虚假信息是由网络的虚拟特性决定的。第三，数据全样本问题。大数据来源大致可以分为两类：一类是科学数据，主要来源于物理世界；另一类是社会数据，主要来源于人类社会活动。无论科学技术如何发达，来源于现实物理世界和虚拟网络世界的大数据永远都不可能覆盖整个自然界和人类社会，再加上伦理道德、法律法规、宗教教义等因素的制约，大数据就很难真正成为“全样本”。正因为如此，社会学家对大数据是否具有真正的代表性总抱有疑虑和审慎，在很多领域仍然坚持用传统的抽样方法来进行社会研究。第四，数据解释性问题。在数据解释方面，因果关系不能完全缺席，相关关系仅代表着过去和个案，不具有解释性，不能简单推而广之。大数据分析需要借助机器来完成，而机器从来就只能给出数据间的相关关系，而不能说明因果关系。第五，数据合法性问题。无论是大数据本身还是数据采集和使用都不可避免地会涉及个人隐私、公众权益、商业机密以及国家信息安全。因此，隐私保护与数据安全等问题对发挥大数据价值构成了制约。对这些局限性，我们必须认真研究并保持清醒认识。

---

① 刘枫：《5G出版业的革新路径：从知识传播中介到智能匹配平台》，《编辑之友》2019年第7页。

第三章　基于5G—万物皆媒的精准出版

2019年6月6日，中国工业和信息化部正式向中国电信、中国联通、中国移动和中国广电发放5G牌照，不仅标志着5G正式进入商业应用阶段，更重要的是标志着5G时代的到来。关于什么是5G，华为首席科学家童文博士曾将其概括为“四大技术指标”：1～20Gbps的峰值速率、10～100Mbps的用户体验、1～10ms的端到端延时、1～100倍的网络能耗效率提升。[①]5G四大技术指标显然比4G更加“超高超低”，即具有更加超高效率的数据传输、超高容量的云端存储、超低时延的即时响应。与4G相比，5G的意义并不仅在于速率更快、容量更大，而是“实现从人与人之间的通信、走向人与物、物与物的互联。最终走向万物互联的时代”[②]。这也就是说，5G全面推动物联网创新，形成互联网+移动互联网+物联网的泛互联范式。

5G融合大数据、云计算和AI技术，推动万物皆媒的泛媒化时代的到来。万物皆媒主要是指任何物体都能够成为媒介信息传递的终端，使得信息生产和传播发生变革。万物皆媒意味着人体乃至思维方式以及社会上存在的各个物体都会被数据化，使得媒介不仅仅局限于信息生产和发布的平台，社会生活中的每一个物品都可以成为媒介。

第一节　5G与出版新场景

一、从1G到5G

5G是移动通信技术发展的新阶段，它首先是一种新技术和新网络，但又不能仅仅只从技术层面理解5G的意义，其对于社会发展的革命性意义：一是构建崭新的物联世界，二是构建崭新的智联世界。从连接能力来讲，5G是一种超链接。具有超链接能力的5G网络，将承载10多亿个场所的连接、50多亿人的连接、500多亿物的连接。也就

① 童文：《5G到底有哪些能力》，《中恩商业智慧》2019年2月14日。

② 喻国明：《5G时代传媒发展的机遇与要义》，《新闻与写作》2019年第3期。

是说，5G的普及，将把数字世界带入每个工作和生活场所、每个人和每个家庭以及每个组织、每个物和每台机器，构建起万物万联的物联世界。

从连接应用来讲，5G是一种“超粘接”，5G将大数据、云计算、云空间、区块链、新一代人工智能融为一体，其在社会生产和社会生活五大领域的广泛应用，实现了人与人、人与物、物与物的全云化、在线化，带来了产业和生活领域的革命性变化，构建万物即插的智联世界。

1. 从1G到5G的代际划分

1G语音时代，人们是运用模拟技术进行语音通信传输。2G语音＋文字时代，人们可以运用数字通信技术进行文本数字通信传输，手机短信业务应运而生。3G语音＋图片时代，实现了无线通信与互联网等多媒体通信手段的融合，声音与数据信息可以同步传输。4G图文＋影音时代，将3G技术与WLAN集成融合，实现了高清晰度音频、高质量视频、高分辨率图像的快速数据传输，4G具有将语音、文本、图片、视频等“超文本”数据快速融合的“一快、二高、三多”特征，使在线直播、在线游戏、短视频等更多通信交往方式出现在人们的日常生活中，使人们快速走进了以智能手机和平板电脑为主要工具的移动互联时代（图3-1）。5G泛互联时代，实现了超高连接数密度、超高流量密度、超高移动性、超高容量云端存储、超低延时性、超低能耗的数字通讯传输，开创了万物互联的泛在网络新时代。

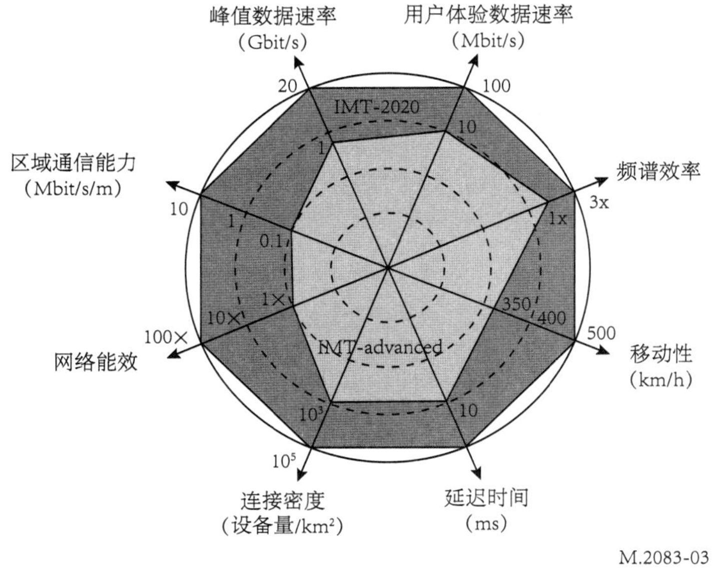

图3-1　5G与4G关键能力对比

［资料来源：ITU-R M.2083-0（2015）建议书］

2. 5G应用新场景

5G是万物互联的泛在网络时代，其不仅具有跨越时空连接终端的技术功能，更重要的是开拓了更多的应用场景，如移动医疗、线上教学、移动商务、居家办公、移动政务等新的应用场景。5G典型的应用场景包括5G智能工厂、5G智能电网、5G智能金融、5G无人机物流、5G自动驾驶、5G远程驾驶、5G无人机高清视频传播、5G虚拟现实、5GVR全景直播、5G增强现实、5G安防、5G养老助残、5G儿童安全、5G超级救护车、5G智慧园区、5G智慧家居、5G远程教育、5G智慧农场等。[①]移动场景的出现本质上是一种场景革命，使人类大步迈进智慧城市、智慧医疗、智能电网、智慧金融的智慧生活新时代（图3-2）。

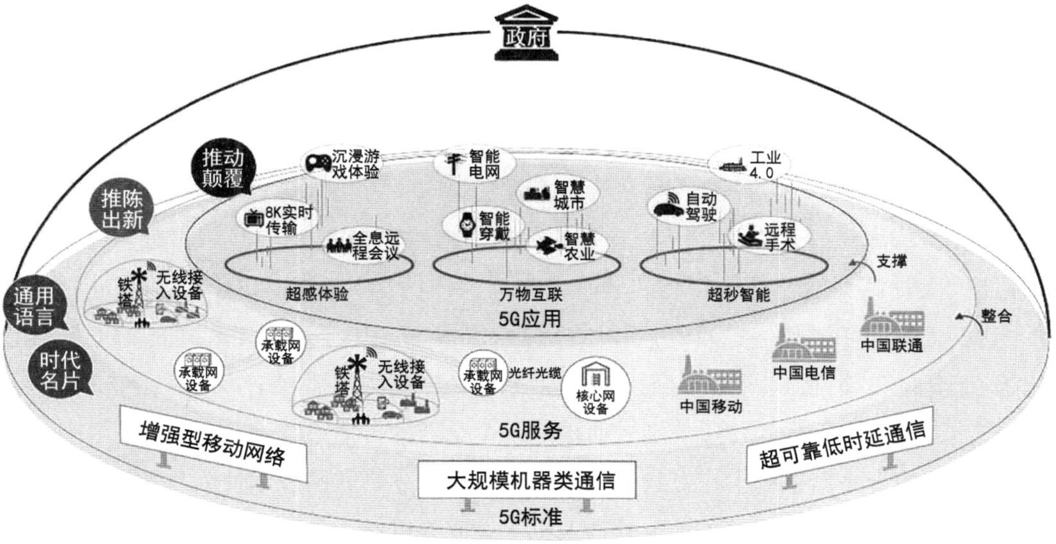

图3-2　5G生态全景图

（资料来源：罗兰贝格《拥抱5G新世界》）

3. 5G与万物皆媒

万物皆媒是5G的产物，5G对于万物皆媒的革命性意义既表现为媒介结构方面的革命性变化，也表现在媒介传播方面的革命性变化。

（1）物的媒介化。

首先，在媒介层面，5G技术大量使用的传感器、监控视频、无人机、移动终端等

① 徐宪平主编：《新基建：数字时代的新结构性力量》，人民出版社2020年版，第54页。

各种设备能够超越人的时空观念与物理限制，通过算法等智能系统经过自动加工后直接发送给用户。在万物皆媒的环境中，物体作为主要传播者可以延展人的能力，同时物体以数据为主体的传播方式能够有效对个体的主观描述及判断起到补充作用。其次，在渠道层面，5G技术创造了全新的信息分发方式。尽管智能媒体全面投入信息分发还有待时日，但传感器的大量使用使已经使智能媒体开始进入信息生产和信息分发的核心环节。传统媒体的信息发布主要以人为主进行采集和分发。进入万物皆媒时代，以5G和大数据处理技术为支撑的传播器将代替人作为主要的信息“传播者”，从而塑造全新的信息分发形式。再次，在环境层面，5G技术催生全新的媒介形态。在传统媒体环境下，传播沟通只存在于人与人之间。在万物互联环境下，人与物、物与物也能够进行交流和沟通，进行信息的分享与传递等。如百度“小度音响”等智能家居可以通过网络向需要的人提供个性化服务。在万物皆媒环境下，智能家居将作为一种全新的媒介来解决人与物的信息交换，同时具备与外界的信息交换能力。

（2）人机合一新境界。

在万物皆媒条件下，人与物的关系将发展为一种共生和协作的关系，形成人机合一新境界。首先，在个体层面，人体成为信息发展终端。万物皆媒意味着每一个物体都能成为媒介，形成泛媒化环境。万物皆媒的“物”当然也包括“人”。5G使可穿戴设备的性能大大提高，能够通过传感装置直接传递人体的相关数据，使得“人”也成为终端，达到人机合一新境界，推动人体数据化变成常态。其次，在技术层面，5G智能设备构建起新的传播网络。物联网不仅能够带来无处不在的传播网络，同时还带来更多的场景应用，能扩大信息的传播范围进而构建一个全新的传播系统网络。再次，在社会层面，构建人机合一新生态。在万物皆媒常态化环境下，物联网技术使人与物成为共生关系，搭建人与物之间合作的桥梁，推动人机合一成为可能，人机分工更加明确，人机对话更加顺畅，人机互动更加密切，人机合作更加融洽。现在被广泛运用的机器人写作就是一种人机合一的具体应用。

二、5G部署与5G文化新基建

1. 5G部署

5G通信与网络技术是新一个竞争热点，世界主要国家都在抢先部署。目前，世界主要国家选择两个频段对5G进行部署：一是Sub-6频段；二是毫米波频段。Sub-6具有覆盖面广而成本较低的特点。因此，世界上主要国家如中国和欧洲国家都选择Sub-6作为5G初期建设的主要频段。毫米波频段作为新开发频谱，覆盖范围较小而建设成本较高，且相关技术尚不成熟，但美国选择优先发展毫米波。美国之所以选择毫米波频段是因为中段频谱已被军用占用，如美国3.45GHz波段被军用雷达系统占用，很难处理。[①]3GHz和4GHz频谱是美国国防部广泛使用的频段，可用于5G部署的中频段资源非常有限。从这一点来看，美国5G建设的障碍与频段资源有关。而中国5G建设速度加快与频段资源分配优势有关，频谱资源分配是5G建设最基础的因素，丰富的Sub-6频波资源是5G部署获取先发优势的关键。中国在中频段向移动业务分配了300MHz频谱，分布在3.4～3.6GHz和4.8～4.9GHz两个频段，并在2019年向3家移动运营商发放5G商用牌照，三大运营商也共同宣布启动5G服务，并发布了相应的5G套餐。[②]

5G技术标准研发是中国赶超世界先进水平的一个重大历史机遇，也是工业4.0愿景的必然要求。在数量上，中国5G SEPs数量遥遥领先，至2019年底，中国标准必要专利申报组数6 783组，对5G标准贡献达32 103个，参加3GPP会议的工程师数量达6512人，这些数据都位列全球第一。在质量上，中国在5G信道编码这一关键技术上已取得突破。5G网络一般分为核心网和接入网，按入网相应的无线接口协议又可分为物理层、网络层和数据链路层。其中，物理层在整个系统设计中处于最核心地位，占到了5G接入网标准必要专利申请量的67%，在物理层，信道编码技术和新型调制技术又是物理层设计中最深奥、最核心的部分。华为公司在5G通信技术标准制定中做出了巨大的贡献，其首推的Polar Code（极化码）方案成为5G控制信道eMBB场景编码方案。

工业4.0是智能社会，智能社会有3个战略核心组件：第一是芯片或半导体，这是负责信息和数据计算处理的“心脏”；第二是软件或操作系统，这是负责信息和数据调度运作的“大脑”；第三是通信，这是信息和数据传输的“神经纤维”和“神经末梢”。5G的价值是弥补了智能社会在数据处理、数据调度、数据传输数量和质量以及速率上的短板。新一代人工智能如同云端大脑，依靠5G完成机器智能化进程；工业互联网如同神经脉络，打通人、机、物的联结通道，推动制造走向“智造”。

5G商业应用的实现在于其以下价值功能。一是超链接功能。5G将人与人、人与物、物与物的泛在连接打造了“万物皆连”的超链接世界，让社会生产与社会生活的方方面面更密切连接在一起。二是超融合功能。5G将互联网、移动互联网、物联网、大数据、云计算、新一代人工智能、边缘计算融合交织在一起（AICDE），构建成新一代泛在智能信息基础设施。三是超延展功能。5G+AICDE的技术融合进一步延展为5G+X的应用拓展，衍生出AR/VR、高清视频、智能机器人、无人机等新一代智能技

① 任泽平等：《新基建：全球大变局下的中国经济新引擎》，中信出版集团2020年版，第80页。

② 任泽平等：《新基建：全球大变局下的中国经济新引擎》，中信出版集团2020年版，第85页。

术，既广泛应用于工业、农业、能源、电网等生产领域，又广泛应用于文化、教育、娱乐、医疗、养老、家居、交通等生活领域，还广泛应用于政务、环保、安防等社会治理领域。也就是说，5G在政府治理、经济发展、文化建设、社会管理、环境保护等五个维度上都有广泛应用。5G＋X延展不断推出政府治理新模式、工业生产新产品、文件建设新业态、社会治理新服务、环境保护新形态。

2. 新基建与5G文化建设

基于用户个性化需求的精准出版是新时代赋予出版的一个崭新课题，只有将出版放在新时代国家产业发展大格局中来思考，才能找到出版转型的方向和出版发展的定位。新基建和基于新基建的5G文化建设就是出版业在新时代发展转型必须对标的国家战略。

（1）新基建中的5G建设。

新基建概念是习近平总书记在2018年底召开的中央经济工作会议上最先提出的，他强调“加快5G商用步伐，加强人工智能、工业互联网、物联网等新型基础设施建设”。由此，新基建一词进入公众视野。2020年4月，习近平总书记在陕西考察时又强调“推进5G、物联网、人工智能、工业互联网等新型基建投资”。2020年5月，习近平总书记在山西考察时再次强调“大力加强科技创新，在新基建、新技术、新材料、新装备、新产品、新业态上不断取得突破”。

在技术上，新基建侧重于5G网络、数据中心、人工智能、物联网、工业互联网等新一代数字通信网络技术；在布局上，主要包括5G基建、大数据中心、工业互联网、人工智能、高铁和城轨、特高压电网、新能源汽车充电桩七大领域。①

新基建涉及基础网络、基础平台、基础数据、基础硬件、基础软件、基础应用、基础标准、基础安全等多个方面。其中，基础网络又包括互联网、移动互联网、物联网、工业互联网等网络形态，互联网实现的主要是人与人的沟通，物联网实现的主要是万物互联，工业互联网实现的主要是对经济的数字化管控。这些网络是由无线网络、有线网络、卫星网络组成的“天地空”一体网络。在基础网络中，5G是关键支撑。新基建重点推进的是5G规模建网，建设具有强大交互功能的5G网络平台，至2020年底，中国已占全球5G基站建设数的50％以上，用户数量占全球70％以上。

（2）基于5G的文化建设。

2020年5月，中宣部文改办发布《关于做好国家文化大数据体系建设的通知》，将

---

① 资料来源：新华网，http：//www.xinhuanet.com/2020-04/01/c_1125799612.htm.

新基建战略具体落实到文化领域。国家文化大数据体系建设包括中华文化素材库、中华民族文化基因库、中华文化遗产标本库等数据中心建设，也包括国家文化专网、国家文化大数据平台、数字化文化生产线等5G云平台建设。在4G时代，文化产业界是利用移动互联网发展和推出移动端产品，将线下和网页类动漫游戏升级转变为竖屏动漫、手机游戏，由此带动短视频、网络直播等新兴文化业态蓬勃发展。进入5G时代，5G与大数据、人工智能、云计算融合的5G＋AICDE以及由此延展的5G＋X拓展应用，进一步驱动文化产业向网络化、数字化、智能化提质升级，数字出版、智慧文博、智慧旅游、远程虚拟交互等新模式和新业态层出不穷。①5G＋AICDE给文化产业带来的提质升级，进一步助推文化产业结构的柔性化，传统的文化产业边界被打破，促进了文化产业的柔性化发展，具体表现：一是文化产业的组织柔性化，即由刚性组织发展为柔性组织；二是技术的柔性化，即由硬件驱动发展软件驱动；三是生产柔性化，即从产业协同到产业整合；四是人才柔性化，即由人才单位所有发展为平台式人才市场。②文化产业组织的柔性化根本改变了传统文化产品的批量化、流水线式的生产模式，改变了传统文化产品的单一售卖、大水漫灌式的营销模式，而代之以满足用户个性化需求的定制化生产和精准营销。

三、5G开启出版新场景

5G既是国家新基建战略，也是国家文化新基建重大部署；既是产业革命，也是商业场景革命。

1. 5G开启以人为中心的新商业场景

（1）以人为中心的连接逻辑。

5G—万物互联将人与人、人与物、物与物无缝连接。在传统的商业术语中，人、货、场是关键词，人称为用户、货称为产品、场称为平台。在5G—万物互联条件下，人、货、场的称谓正在发生变化，人意味着社群、货意味着对路产品、场意味着新场景。5G—万物互联时代的场景造物本质上是重构人与商业的连接，将以产品为中心的营销逻辑转变为以人中心的连接逻辑。③

① 黄永林，余欢：《5G技术助推文化产业创新发展》，《理论月刊》2020年第4期。

② 周锦：《数字技术驱动下的文化产业柔性化发展》，《福建论坛》（人文社会科学版）2018年第12期。

③ 吴声：《场景革命：重构人与商业的连接》，机械工业出版社2015年版，第8页。

也就是说，5G—万物互联打造的是以人为中心而不是以物为中心的商业场景。有人曾以《罗辑思维》一书的销售为例。《罗辑思维》一书在2014年5月21日首发时，一位福建商人以职业敏感性意识到该书一定会奇货可居，于是毫不犹豫地抢购10套，每套499元。到上午8点钟刚过，《罗辑思维》一书8000套全部售罄。这次不到2小时的快节奏销售被称为微信场景的胜利。与“逻辑思维”微信公众号售完图书同步，这位商人也在第一时间将抢购的书挂在个人淘宝网上售卖，以每套998元的价值出售；然后，与“逻辑思维”微信公众号的火爆场面相比，其淘宝网店无人问津，价格从998元降到898元，再降到698元，最后降到498元，居然零成交。而与此同时，罗辑思维微信公众号仍有大量留言涌入，很多人欲求一书而不得。这一案例的场景革命意义在于：一个引爆场景对另一部分社群的人来说，可能意味着无感、漠然或者可忽略。

在5G网络时代，人被日益网格化和“群”化，如果说5G时代是一个大时代，那就是由所有人的小时代组成的大时代。在我们所工作和生活的世界中，无数小众化群体真实地存在，但又并不被大众所熟知。每一个小众化群体都有自己的群体属性，都有自己的群体活动展示方式。就如同罗辑思维微信公众号抢购图书套装一样，抢购的核心不是图书自身的价格或价值，其本质是基于罗辑思维创始人罗振宇的人格魅力或吸粉力的一次信任连接，也就是说《罗辑思维》售卖实质上是一次场景造物，是一次情感连接。由于缺乏罗振宇式的人格魅力进行场景造物和情感连接，淘宝C点的营销逻辑并不成立，无人光顾也就不足为奇了。《罗辑思维》在微信公众号火爆而在淘宝、京东、亚马逊、当当打折销售也少人问津，这一事例说明，人的连接在微信类社交场景中有更高溢价。

5G—万物互联加快了人与人、人与物、物与物连接的速率，拓展了连接的范围，各个互联网巨头在连接上也各有千秋。百度、Google连接人与信息，微信、QQ连接人与人，京东、拼多多连接人与商品，车联网连接人与汽车，美团连接人与本地生活服务、支付宝、微信支付连接人与金融，河狸家连接人与手艺人，抖音连接人与泛娱乐。世界都用不同方式连接在一起了，但进一步的思考是，连接之后是资源共享还是分享，5G时代的商业的秘诀何在？显然，5G—万物互联打造的人的各种连接新场景就是新商业时代的商业秘诀和制胜法宝。

（2）以人为中心的连接形态。

5G是物质性的通信网络基础设施，具有典型的物质性特征，但5G这类人与物的连接性扩张，不仅迅速改变人与物的关系，也极大地改变人与人连接形态。

英国学者菲利普·鲍尔在《预知社会——群体行为的内在法则》一书中认为，网络的出现既将人类社会变成一个突破地理限制的大世界，也将人类社会变成了一个“小世界”。[①]网络大世界正是由无数“社群”“小世界”组成的。早在19世纪，埃米尔·涂尔干就指出，对于社会生活的解释，不应当靠参与者的观念进行，而应当根据尚未被自觉认识到的最深层的原因进行，其中的原因应当在由个人形成组群的方式中去寻找。随着网络时代的到来，人类组群的方式发生了巨大变化，网“群”应运而生。美国学者雷金纳德·范李等在《群》一书中指出：“群这一观念广泛吸收了网络理论，群体动力学和行为经济学理论，但目标只有一个：解决一个组织（或一种方法）都无法单独解决的难题。”[②]

网“群”对人与人连接方式和连接形态的改变不在于“强连接”，而在于“弱连接”。斯坦福大学马克·格拉诺维特教授提出“弱连接理论”时指出，若想通过信息交流来使自己的整个关系网更加富有成效，就不必跟朋友建立过深或过密的关系。恰恰是“弱连接”会带来“强连接”所不能提供的信息，“弱连接”（或偶然场合和一段时间内的朋友）较多的人往往只用拥有几个知己和家人等“强连接”的人消息灵通且更愿意分享信息。[③]正如《大连接》一书的作者尼古拉斯·克里斯塔斯和詹姆斯·富勒所说：我们的连接关系，并不局限于我们认识的人。朋友的朋友的朋友，也可以启动链式反应，并最终连接到我们。[④]网络改变了人们之间的连接方式，网“群”加深了人们基于各种需要而建立的连接关系。对于商业模式而言，网“群”塑造的场景时代是由微信公众号、知乎话题、关注的微博以及豆瓣小组等社交社区构成的无数“小世界”集合体，碎片化的社区、碎片化的群、碎片化的生存与碎片化的传播构成了场景造物的体验逻辑，更多时候，人们喜欢的可能不是产品本身，而是产品新处的场景，以及场景中蕴含着的情感连接。在中国三大电商巨头中，京东之所以能屹立不倒，并不在于其营造了和淘宝、天猫一样的网络电商平台，而在于其坚持十多年如一日打造的一个阿里巴巴所没有的更直接连接人与物的京东自营物流新场景。拼多多之所以能在电商激烈竞争的条件下异军突起，也并不在于其与阿里巴巴、京东一样的电商平台，而在于其利用腾讯的社交群优势发动了购物娱乐场景革命。

流量批发的红利时代已经逐步让位于社交关系时代的人格连接和场景造物。亿万微商登场之后，利益诱导已不是唯一的市场竞争利器，基于信任的达人模式迅速登场并在每一个“小世界”细分场景中大行其道，这就使得“个人需要”变成“个人想要”，

① [英]菲利普·鲍尔：《预知社会——群体行为的内在法则》，当代中国出版社2010年版，第282页。

② [美]雷金纳德·范李等著：《群》，南海出版公司2010年版，第9页。

③ [美]大卫·伊斯利：《网络.群体与市场》，清华大学出版社2011年版，第32页。

④ [美]尼古拉斯·克里斯塔基斯，[美]詹姆斯·富勒：《大连接——社会网络是如何形成的以及对人类现实行为的影响》，中国人民大学出版社2013年版，第11页。

“想要”因此成为商业场景造物的新的丈量尺度。网红月饼和网红冰激凌可能并不比其他月饼和冰激凌好看，价格也可能因为网红而更高，但这并不能挡住人们“想要”购买的欲望，可以说营造“想要”的场景是满足用户个性需要的具体实现形式和商业竞争模式升级版。

2. 5G—万物互联的场景经济学

互联网革命开启了场景革命新时代，而5G—万物互联开启了后连接时代的造物逻辑。一方面，5G将为用户提供超高清视频、新一代社交网络、浸入式游戏等更加身临其境的业务体验，促进人类交往方式进一步提质升级。另一方面，5G将支持海量的机器通信，万物互联将人与生产工具以及生活设施无障碍连接，构建以智能制造、智能家居、智慧城市为代表的生产生活新场景。

（1）体验经济。

5G—万物互联背后的场景经济学将产业的功能属性与连接属性融合，打造出新的产品体验场景，这也就是构建场景的“四即”方法论，即产品即场景、分享即获取、跨界即连接、流行即流量。[①]产品即场景需要转变思维方式，即将产品思维转变为场景思维，将场景解决方案作为产品研发的核心能力，也就是说需要在研发产品的同时设计场景，在场景中提炼出版产品的核心能力，然后持续不断地叠加出新的场景。场景关系是用户、产品、环境的函数，其核心不再仅仅是产品，而是用户体验，是以用户黏性为中心的解决方案。必胜客堆沙拉的场景就是我们常见的顾客体验场景，在堆沙拉场景中，核心不再是蔬菜水果沙拉，而是堆沙拉的体验。

（2）分享经济。

分享即获取同样是5G具有的以人为中心而不是以产品为中心的场景体验，分享最大的主体往往不是企业方和第三方中介，而是以人为中心的“群”。如现在人们在网红餐厅享受美食时，有些人最大的享受不是吃美食，而是在群里分享美食，网络分享需要实时快速传递，5G连接给了分享更多连接机会，互为渠道的概率和结合点越来越多。分享即共享是分享经济的体现，分享经济又称共享经济，是指转让闲置资源而获益的经济方式。分享经济概念最早由马科斯·费尔逊和琼·斯潘思提出，其最初的设想是实现汽车共享，直至4G、5G网络和智能手机的普及，共享越来越快地进入人们的生产和生活，共享汽车Uber、滴滴出行、共享房屋Airbnb、朋友家、共享家政HomeJoy、好安逸等层出不穷，共享经济从国外进入国内，从分享物质资源，到共享时间和服务，又进

① 吴声：《场景革命》，机械工业出版社2015年版，第130页。

一步拓展到IP和文化资本的零售等领域。[①]“分答”“知乎Live”这类提供IP资本共享的App应用形式日益网红，为知识共享与变现开启了新路径，同时也给传统带来巨大冲击，这一方面意味着出版已经不再是知识变现的唯一渠道，另一方面意味着大叙事方式的消解，碎片化的知识零售以一问一答方式对标用户个性化需求，使知识分享和知识服务更加精准。

（3）网红经济。

网红经济是从粉丝经济中脱颖而出的，两者本质上都是偶然价值和品牌价值的延伸。粉丝经济和网红经济泛指通过吸粉产生收益的经济方式，也就是将粉丝群体的关注度转化为经济效益。随着5G的发展，自媒体以近乎零门槛和零投入的媒介形式出现，全民表达的自媒体时代颠覆了传统媒介的高门槛和高成本，职业意义上的自媒体人开启了人、货、媒体的新场景造物，其首先通过无偿分享来聚焦关注者，吸粉到一定量之后，再开始商业化转型，开启打赏功能、软广告、会员制、营销广告平台等链式运作，这种自媒体模式既有罗辑思维式的团队自媒体运作，也有同道大叔之类的个人自媒体运作。显然，网红经济追求的是火爆，而火爆的链式快速反应可以通过5G四大应用场景中的增强移动带宽（eMBB）和超高可靠与低时延性（URLLC）的赋能来实现。[②]网红经济还要求先无偿再有偿，这种低成本模式也可以通过5G应用场景中的热点高容量、连接广场覆盖（mMTC）和低功耗大连接来实现。

（4）社群经济。

“社群”概念最早的提出者麦克卢汉曾预言，人类进入全球化时代后，会形成“地球村”，“地球村”会导致人类重新进入部落化。虽然麦克卢汉并没有直接使用“社群”一词，而是使用“部落化”一词，但意义是一样的。社群经济一般是指不依靠血缘关系和人身依附关系为基础而是依靠共同的、平等的需求和牢固的信任感为基础的经济方式。社群经济的基础在于群，5G是连接群的强有力工具，不管是强关系连接，还是弱关系连接，建群和退群都以人的需要为转移，而不是以产品为转移，微信群就是很多共同需要者或相关者的连接，微信公众号和微信小程序都是依靠社群动力驱动一次又一次引爆式流行。5G是跨界流行的强大引爆器，“互联网＋”具有的无限拓展性都有赖于5G—万物互联的赋能。互联网＋教育、互联网＋健康都溶解了传统教育和传统健康卫生产业的边界，在万物互联的时代，跨界场景俨然已是常态。在场景电商框架内，跨界不只是一维的营销，而是所有多维的常态。万物互联使渠道和自身资源更加开放，每

① 李倩倩：《新经济形态下的出版新业态分析》，《出版广角》2017年第10期。

② 任泽平：《新基建：全球大变局下的中国经济新引擎》，中信出版集团2020年版，第76页。

个产品或每个品牌都成为互为连接的渠道，产品和品牌动力机制被跨界迅速激活。社群经济是全球化的产物，是“地球村”的产物，是大世界中“小世界”的产物，人们进一步细分为群，分众市场、分类市场因此而形成。分众市场不同于传统的市场细分，传统的市场细分着重点在“分”，根据用户的差异化需求一直细分到个人，而社群经济的分众市场着重点在“众”和“聚”，即通过5G和大数据以及云计算将用户群体分而合之。精准出版也是同样的道理，满足用户个性化需求的精准出版并不是要将图书市场细分为只为某一个人出书，这样细分到个人既无传播的社会效益、也无出版的经济效益。精准出版的精准性就是要将用户群体分而合一，形成有共同兴趣图谱和专业图谱的用户群。

3.“万物皆媒”开启出版新场景

5G技术对新媒体的影响主要表现在两个方面：一是进一步推动媒体移动化，二是进一步推动媒体智能化。并且，媒体移动化与智能化交织融合塑造出新传播手段和传播形态。媒介环境学代表人物梅洛维茨曾将传统媒介分为3个维度：作为渠道的媒介、作为语言的媒介和作为环境的媒介。作为渠道的媒介考虑的是媒介如何将信息进行跨地域传播；作为语言的媒介考虑的是媒介如何形塑信息并建构信息发送者、信息本身与信息接收者之间传播关系的方式；作为环境的媒介考虑的是媒介系统和机构如何促进和组织人类交流与传播。①

5G—万物互联形成的“万物皆媒”同样在这3个维度重新建构了新媒体，各种移动化、智能化的物体，不仅在渠道层面形塑新媒体，也在语言层面和环境层面重塑了新媒体。特别是“万物皆媒”的场景将以人为主体的媒介化环境拓展为“人—物”连接的新媒介化环境。“万物皆媒”本来是一切物体的固有属性，事实上，一切物体本来都是媒介，只是不同物体承载信息的具体方式不同。正因为每一台机器是处于工作状态还是静止状态本身就具有信息属性，传感器才可以将信息传递给接收者。信息都有自己的格式化表现，有的信息以文本的方式（文字、图片、音频、视频）传递，有的信息则以其他方式（如生物的DNA）呈现。5G时代“万物皆媒”不仅将文本媒介拓展为“超文本”媒介，还将“物”的媒介意义进一步扩大，形成“5G时代‘物’对传播的再塑造”。②5G对媒介的重塑推动媒介进入5G智媒时代。作为新闻传播重要领域的出版也将在5G时代开启出版新场景。

① [美]施蒂格·夏瓦：《文化与社会的媒介化》，复旦大学出版社2018年版，第84–85页。

② 彭兰：《5G时代“物”对传播的再塑造》，《探索与争鸣》2019年第9期。

4. 出版用户的场景感知。

5G—万物皆媒在融合传统出版和新兴出版重塑出版传播方式时，将5G时空场景植入到新兴出版基因中，将体验、分享、社群及其经济学原理带入新出版理念，使出版具有产品＋体验、内容＋分享、大众＋社群的新场景。场景通常具有两个方面含义：一是指空间场景，即基于物理属性的空间范围；二是指环境氛围，即基于情感因素的人的行为和心理环境，包括心理状态的测量、行为方式的社会解读等。这两部分场景一硬一软，或曰硬环境和软环境，或曰物理场景和心灵场景。其实在现实生活中，没有完全孤立存在的物理场景，也没有完全独立存在的心灵场景，物理场景好，有时会带来心情愉悦，但有时心灵场景不好，再好的物理场景也是白搭。从这个意义上可以说，场景感知是物理场景和心灵场景的融合和综合体现。场景是人营造的，也是人去感知的。斯考伯和伊斯雷尔在《即将到来的场景时代》一书中提出"场景五力"，即大数据、社交媒体、传感器、移动设备与定位系统，并强调场景时代与传统时代的区别在于场景"更加符合每个人当时的需要"，也就是说，场景是变动的，场景是移动的，场景是智能的，场景为每个人提供的服务会因地点、时间、条件的变化而适当变化。①清华大学的彭兰教授认为，对场景的感知和信息适配是移动传播时代的本质。②场景感知是以人为中心而不是以产品为中心的商业逻辑。

对出版来说，打造出版场景就要实现从知识生产向知识服务的转变，赋予出版知识服务属性。知识服务是以用户需求为核心的知识传播形式，但知识服务不是抽象的而是具体的，要基于不同的时间、空间等具体场景，要基于不同场景实时捕捉到的数据进行实时计算和数据分析，并根据分析结果进行智能推送，实现服务与需求的智能匹配，进而带来价值的聚合。③出版用户的场景感知一般分为线下场景感知和线上场景感知。吴声在《场景革命》一书中说："场景不存在所谓线上与线下的区分，其核心是以用户体验、场景黏性为中心的解决方案。"④

（1）出版用户线下场景感知。

线下场景感知既包括对用户具身的物理空间的动态感知，也包括对用户行为习惯、

① [美]罗伯特·斯考伯，谢尔·伊斯雷尔：《即将到来的场景时代》，北京联合出版公司2014年版，第6页。

② 彭兰：《场景：移动时代媒体的新要素》，《新闻记者》2015年第3期。

③ 邓逸钰，王垚：《智能化语境下的数字出版领域知识服务生态构建》，《出版发行研究》2017年第6期。

④ 吴声：《场景革命》，机械工业出版社2015年版，第131页。

心理状态、兴趣特征等背景要素的把握。基于用户个性化需求的精准出版需要进行用户画像，而用户画像就不能只掌握1个或几个元素，必须叠加多维的场景元素，需要“对此时此地此景的当下用户进行定制化分析，从而提供个性化知识服务”①。5G提供的高速率定位系统。物联网以及移动设备是线下物理空间场景感知的三个主要构件，定位系统数据、物联网传感器数据、移动设备数据等多源数据的叠加，基本上可以描绘出用户的实时物理空间变动模型。但线下实时物理空间变动模型只是出版用户线下场景感知的基础条件，并不能提供用户个性化需求的知识解决方案，解决方案的制订还需要有用户社会心理行为、消费心理以及兴趣特征等数据的叠加。

（2）出版用户线上场景感知。

线上场景感知既包括虚拟临场的行为感知，也包括对用户个人心理行为等社会学变量的把握。对用户线上虚拟临场的行为感知通常通过智能手机、电脑、智能可穿戴设备等移动和网络终端获取，还能通过微信、微博、Facebook等社交软件和交往平台进行线上行为感知。线上场景感知具有获取数据快、信源广等特点，在5G—万物互联环境下，用户的社交行为和非社交行为，由此产生的结构性数据和非结构性数据都是用户线上场景感知的信源。用户社交类行为如网上聊天、购物互动产生的数据可以形成用户数据库，运用社交图谱检索技术可以提供用户社会交往和社会关系的搜索结果，还能运用检索图形表示法而非文本串来进行大数据预测，根据社交行为数据挖掘与分析，可将社会交往、场景和知识服务融为一体，基于大数据和云计算的智能算法进一步为用户推荐相关出版物，为用户提供其感兴趣的图书和知识服务解决方案。非社交类行为如上网信息检索和商品浏览也是获取用户数据并进行用户画像的信源，运用cookie收集并储存用户数据是常用的非社交行为数据处理方式，这类工具也可根据用户检索频次和浏览足迹发现用户兴趣点和需求强度，往往浏览频次越高，需求强度就越高。线上虚拟场景感知的一个重要特点是需要进行数据智能匹配，即将已记录的历史数据与实时数据进行比对，这是只有5G高速率和低延时才能满足的技术要求。用户的网上行为数据是高噪声、非逻辑、随机性的非结构化数据，不仅多源异构，而且实时性强，大量数据都是实时动态发生的。②将多源异构的高噪声数据进行实时降噪，并努力将不断叠加“变厚”的大数据“变薄”，形成对每一个用户的精准画像，这既需要大数据萃取、挖掘和分

① 李华君，张智鹏：《人工智能时代数据出版的用户新体验：场景感知、场景生产与人口把握》，《出版发行研究》2019年第5期。

② 李国杰：《大数据研究：未来科技及经济社会发展的重大战略领域——大数据研究现状与科学思考》，《中国科学院院刊》2012年第6期。

析，也需要云计算的实时快捷计算，更需要5G—万物互联的传感器、移动设备、定位系统、社交媒体和监控系统描摹实时场景提供的技术支持。

5G—万物互联—万物皆媒造就了当下人们面对的无时不在、无处不在的泛在网络。①并派生出泛在学习、泛在商务和泛在出版。②在泛在网络中，人面对的界面不是单一的界面，而是虚拟网络世界和现实物理世界的交互界面，线上网络空间和线下物理空间共同构成用户的具身场景，网络、移动设备、定位系统等软硬件成为场景构造的基本要素，用户感知可以通过线下和线上两个维度进行，场景感知成为可以实时实地进行的用户体察，而这一切都离不开5G、大数据、云计算、AI的技术应用，因此有人说，场景时代是建立在5G和云计算基础上的后数据时代。③

5. 出版用户的场景生产

5G—万物皆媒不仅可以对出版用户进行场景感知，还可以基于用户体验进行新场景的创造性生产，实现用户的沉浸式体验。5G沉浸技术比之4G具有交互性、浸润感更强的特点，沉浸技术为场景合成提供了智能语音、虚拟三维空间环境、知觉感知以及情感计算等心理行为环境，为读者用户进行互动式阅读和浸润式阅读开启了智慧之门。④

沉浸技术是虚拟现实和增强现实技术发展的最新成果，是电脑图形、电脑仿真、显示技术、智慧感应以及人工智能的集成。沉浸技术是能通过语音识别器为用户提供可以替代的真实环境、能借助移动显示设备和数据手套为用户提供寻的触觉感官的理想模型。沉浸技术分为三类：一是虚拟现实，二是增强现实，三是混合现实。其中，虚拟现实具有三“I”特征，即沉浸—交互—构想。三“I”强调人的主导作用，通过沉浸—交互—构想实现人机交互并在交互产生的多维空间环境中进行创造性生产或萌发创新构想。沉浸技术通过三“I”打通媒介与媒介之间的界面，创造“无边界”传播环境，突破了现实物理空间与虚拟网络空间的界线，催生了以5G和大数据为基础的以沉浸传播为特征的泛众传播的第三媒介时代。⑤沉浸技术对虚拟空间和现实空间的重构将VR和AR技术带入了数字出版。VR技术催生出VR新闻，通过360度的影像采集和场景合

① 文浩：《无处不在的终极网络：泛在网》，《射频世界》2010年第1期。

② 马小琪：《泛在学习驱动下泛在出版概念形成及对业界的启示》，《出版发行研究》2012年第7期。

③ 郜书锴：《场景理论的内容框架与困境对策》，《当代传播》2015年第4期。

④ 李晶晶，汪薇：《新技术与新出版——技术双擎推动下的出版业变革与重构》，《中国出版》2017年第14期。

⑤ 李沁：《沉浸媒介：重新定义媒介概念的内涵和外延》，《国际新闻界》2017年第8期。

成，VR新闻以第一人称而不是以第三人称的叙事方式报道新闻，如*Vice*杂志运用VR技术将2014年12月的纽约大游行制作为VR新闻，让用户能更直观感受游行现场气氛。AR技术催生了AR图书，AR技术在时间和空间上重塑出版场景，重构阅读形态。在时间上，AR的穿越性使作为文化共同体的集体记忆能以虚拟的形式流转；在空间上，AR的跨越性改变了传统的“移步换景”的空间叙事方式，跨越地域之间的阻隔将多元场景聚合于虚拟“幻境”①。央数文化（上海）股份有限公司曾将自己旗下的自有IP形象“小熊尼奥”改编出版了《尼奥环球旅行》3D立体涂色绘本，运用AR技术将全球各地名山大川、名胜古迹和人文历史进行了三维立体的全景展示，增添了少儿读本的乐趣和吸引力。

沉浸技术在出版领域的应用催生了沉浸式出版，“沉浸式出版与传统出版的重要区别是新技术参与的颠覆性。如人机交互技术的参与就完全颠覆了以往的出版形式，新技术的全程性参与也决定了其是一种质变性的出版形式。”②沉浸作为人类的心理状态形式自古有之，只有一直缺乏有效的识别和呈现形式，沉浸出版是以VR、AR以及语音识别为技术支撑，通过听觉、视觉、触觉的交互设计，让读者用户产生心理上生理上的沉浸感，从而获得审美体验、情感体验、认知体验、价值体验的出版新模式。③在出版实践中，沉浸出版的主要领域是儿童读物，如AR有声读物《消失的世界》的出版就是成功案例。沉浸式出版所表现出的“场景呈现”“多感官参与”和“人机互动”特征都是传统出版所不具备的。沉浸技术将出版阅读体验从“想象式”拓展为“具身式”，从“心理沉浸”拓展为“身心沉浸”。实现了“身入场景”“身心俱化”的境界。显然，这种境界是阅读的高级境界。场景体验本身是精准出版所追求的目标，从这个意义上说，沉浸出版就是精准出版的具体表现形式之一。

5G—万物皆媒将传统出版运行要素由内容＋形式的二要素模式改变为内容＋形式＋关系＋场景的四要素模式。④出版因5G而催生出移动场景、交互式场景、体验式场景和沉浸式场景。5G构建的不仅仅只是出版物理空间的转换模型，还是现实物理空间和虚拟网络空间的场景叠加，人的媒介性和物的媒介性不仅拓展了出版内容和形式的呈现方式，而且也改变了人们对出版内容和形式的感知和获取方式。

---

① 王秀丽，胡玉康：《AR技术关照下的儿童书籍设计新形态》，《出版发行研究》2016年第5期。

② 张恬欣：《技术视域下沉浸式出版与良性社会共识建构》，《新媒体研究》2020年第22期。

③ 吴钊，赵伦：《论沉浸式出版》，《现代传播》2019年第3期。

④ 喻国明：《未来之路：“入口级信息平台＋垂直型信息服务”—关于未来媒介融合发展主流模式的思考》，《新闻与写作》2015年第8期。

第二节　5G对出版各环节精准化运营的推动作用

5G作为信息技术的革命性成就，必然对作为信息传播主要领域的出版产业产生革命性影响。从传播学角度来讲，首先，5G使传媒媒介发生变革，即媒介已经不仅仅是人体听觉、视觉等物质意义的延伸，而且也是人的体验、情绪等生理和心理意义上的延伸。也就是说，麦克卢汉的“媒介即人的延伸”①的命题已经具有了两方面传播学意义，即人既是物理性媒介，也是生理性和心理性媒介，媒介既是人体物质意义上的延伸，也是人体心理意义上的延伸。其次，5G使传播主体发生变革，“人人都是传播者”已经不仅仅只是理论设想，而是社会生活的现实。传播者身份的变化使文字书写时代少数文化精英垄断出版传播内容的时代色彩逐渐淡去，“沉默的大众”一跃而成为发言和传播的主体，5G技术将进一步降低信息传播的成本和进入门槛，将网络用户的更多传播者的主体性充分释放出来。再次，5G使传播内容发生变革，即传播内容从原来的文字、语音内容转变为文字内容＋语音内容＋视频内容＋图片内容的全景组合。文字内容在传播内容中虽然仍占有重要的地位，但视频、音频等内容的占比都在迅速提高。5G时代出版物将是融合型出版物，图文、音频、视频一体化出版物将成为出版标配，更多AR/VR出版物和在线知识服务产品将不断涌现。②最后，5G使传播受众发生变革，5G对流量（用户）成本的快速降低，使传播受众由原来的大众用户向有“量身定做”需求的私域用户转变，这就要出版传播要精准把握用户越来越个性化的需求。③5G超高容量云端存储技术以及流量（用户）在BAT平台上的资源富余都会使获取用户个性化需求数据变得更全面、更快捷、更廉价、更精准。

一、5G推动出版内容精准化

5G对出版内容生产以及内容运营的影响是与大数据、云计算、AI等技术链联动发挥作用的，在这个技术链中，5G发挥着核心作用。

---

① [加]马歇尔·麦克卢汉：《理解媒介》，商务印书馆2000年版，第33页。

② 杜都，赖雪梅：《5G时代出版新业态与新模式样析》，《出版广角》2019年第17期。

③ 喻国明：《边界、要素与结构：论5G时代新闻传播学科的系统重构》，《新闻与传播研究》2019年第8期。

1. 获取更大规模的阅读数据

精准出版是以阅读数据的精准化为基础的，而阅读数据的精准化又是以阅读数据的规模化为前提的，也就是说，“小数据战略”①是以“大数据战略”为基础和前提的。在前5G时代，不管是基于PC端的流媒体内容，还是基于移动端的富媒体内容，其呈现形式都比较单一，这影响到阅读数据的两个关键指标：获取的文字是低容量呈现，获取的视频是低帧数呈现。这使得单一数值的均值和用户阅读测试都相对较小。进入5G时代，“VR和AR的建模师不需要为了确保用户的使用体验而刻意降低建模的面数与贴图材质的分辨率，视频内容生产者生产的高清内容也不会被先自动压缩后再进行传播，与此同时，用户获取内容的场景和途径将大为丰富，真正实现内容随时随地可获取”②。因此，5G时代的阅读数据获取规模将迅速膨胀，大规模阅读数据的生成和获取将成为常态。

2. 提高出版内容传输实时性

精准出版需要满足用户个性化需求，而个性化需求与阅读场景和阅读体验密切相关。在“快餐文化”消费时代，用户的眼球停留在浏览内容上的时间都是以秒来计算，当5G的快速实时传输能用3秒钟下载一部大部头著作和近2G的高清影视作品时，用户的阅读黏性和阅读愉悦感会得到极大提升。5G传输的高速率实时性与5G基站的设置方式密切相关，在基站部署上5G大规模采用云空间和云计算，所有内容都可以经由云端实时传输到用户终端，内容传输的实时高效不仅能提高用户体验度，使精准出版能获取用户个性化体验数据，还能从整体上提高社会生活实时发生内容的传播效率，为促进社会和谐发展创造条件。

3. 拓展内容出版新场景

5G是互联互通，是万物皆联。在万物皆联背景下，出版载体就不是单一的纸质出版物，出版内容将不仅仅只是呈现在纸媒上，也可以呈现在手机上，呈现在车载屏幕上（如旅游地图），呈现在家用冰箱上（如菜谱）。除了出版场景和出版内容载体的丰富多彩，出版内容本身也呈现多维化展开。AR/VR模型与多维复杂场景与VR视频将给出版内容安上多维呈现的翅膀，高密度的VR场景不仅能让用户产生身临其境的体验

---

① 周宏明，袁啸云：《小数据战略：新零售时代如何重构用户关系》，中国经济出版社2019年版，第14页。

② 赖青，刘璇：《5G智媒时代内容生产与内容运营的新趋势》，《中国编辑》2020年第2期。

感，还能将内容场景连接成完整而宏大的内容呈现体系。内容不再是孤立存在的简单个体呈现，而是成为相互联系的多维复合呈现。

二、5G推动出版生产环节协同化

5G是万物互联的新一代网络通信技术，万物互联是有序的，有序就必然有协同机制。对出版业这类同时具有人的要素和物的要素的产业领域来说，运用5G技术推动出版生产环节协同化尤为重要。

1. 出版传播环节中人与人、物与物、人与物的协同

尽管5G技术改变了传统出版单一的纸质出版模式，但出版内容的多维化呈现并不是完全否定出版的物质性，并且有学者和业内人士认为，5G将推动出版业重回物质时代，其典型表现就是电纸书（电子书）阅读器的销售量呈增长势头，这表明用户不仅仅只是重视信息体验，也重视物质成果带来的物质体验。从某种意义上来说，物质体验应该是人类的天性，自古以来人们就对物质成果带来的物质享受乐此不疲。5G时代，会有越来越多的物质设备接入互联网，让网络变成万物互联的物联网，物联网必然带来出版物属性的回归，这种回归不是简单地回到纸媒时代，而是将用户个性化需求与物联网协同对接的“新物质出版”时代[①]。

2. 出版载体物质与虚拟世界的协同融通

5G是网络通信技术，是沟通物理世界与虚拟世界的技术桥梁。出版业要实现物理世界与虚拟世界的协同融通要做到两个识别：一是能让“物识人”，二是能让“人识物”。物识人包括人脸识别、语音识别；人识物包括内容识别、形式识别以及场景识别。这就要求出版生产的协同融通，出版形态的协同融通、出版消费场景的协同融通。5G的万物皆联为实现两个世界的互联互通提供了基础和条件。在出版形态方面实现两个世界协同融通的成功案例之一是人民文学出版社2017出版的《经典咏流传》，这个出版物中使用了AR技术，读者用户只需要在手机上下载“人文AR”App，扫描书中任意一张图片，就能看到对应的央视播出过的电视节目片段。[②]5G技术极大地推动了

① 周宏明，袁啸云：《小数据战略：新零售时代如何重构用户关系》，中国经济出版社2019年版，第14页。

② 周宏明，袁啸云：《小数据战略：新零售时代如何重构用户关系》，中国经济出版社2019年版，第14页。

AR/VR/MR技术和AI技术在出版领域的应用，进而能满足读者用户越来越多样化、越来越个性化的需求。

三、5G推动出版营销精准化

5G虽然有广泛的社会用途，但90%的应用场景是在国民经济主战场的各个企业和各个行业，并且第一波次主要是围绕满足消费者需求的企业营销变革来建网。[①]出版产业属于信息产业领域，面向公众的精神文化需求，更应借5G之力，让“出版业自身的自身价值和服务属性得到释放，如何在海量数据资源中选取有效信息并转化为个性化消费需求，成为出版业未来发展的新常态”[②]。

1. 降低边际成本，提高精准匹配能力

5G对于出版营销精准化的价值意义，一是使出版产品的边际成本递减，出版在BAT平台上可获取的廉价资源增多；二是基于算法的用户读者与内容的精准匹配能力大幅度提高，能满足用户个性化需求的定制产品增多；三是基于云空间的用户数据关联分析挖掘能力大大增强，能有效扩大用户关联内容消费场景。

在5G及其相关技术链支持下，出版营销精准化将会出现3个变革。

第一，基于大数据的精准营销将会成为常态。当前，直接为读者用户提供知识服务的互联网头部企业已经将大数据精准营销作为常态，这是因为其具有三大优势：既有人才优势，又持有硬件设施，还掌控用户基础数据、媒介数据以及用户行为数据。专业出版机构要想在5G和大数据时代生存和发展下去，必须从这三大优势方面发力，可以说，基于大数据的精准营销既是未来商业营运的常态，也是出版业转型发展的必由之路。

第二，渐进式内容推荐将成为出版传播的主流方式。当前，困扰出版行业的一个难解之题是退货率居高不下，中国出版集团总裁谭跃介绍：“目前一本新书在货架上的动销时间在3个月左右，如果3个月没人买或者销量比较少，就基本回库呆滞了，这样的书在整个市场的占比恐怕不是个小数字。”[③]退货呆滞图书在选题策划时，策划者和决策人都认为自己是非常了解读者用户需求的，是按照用户需求设计并生产产品的，但退

---

① 罗露：《从新基建到新应用，5G创新发展趋势研判与思考》，腾讯网https://new.qq.com/omn/20200329/20200329A0113200.html.

② 刘永坚：《“新基建”背景下我国出版业未来发展趋势分析》，《传媒》2021年第5期。

③ 谭跃：《出版高质量发展的内涵之思》，《中华读书报》2022年4月11日。

货滞销情况说明供与求是脱节的。哪怕是身处一线的互联网内容平台也会推出大量用户不感兴趣甚至厌恶的信息流，浪费了宝贵的内容和信息展示窗口。从这个意义上来说，传统的靠主观经验来预判用户读者与内容的匹配关系可能并不靠谱，凭据数据向用户进行内容推荐将会是精准营销的主流方式。

第三，基于兴趣图谱的非逻辑关联推荐将成为精准营销的主要方式。在4G时代的内容推荐逻辑中，基本上运用的是基于知识图谱和内容标签的关联算法，知识图谱逻辑关联清晰，但很容易将用户固定在同一类型的信息流中，形成束缚性的信息茧房。5G时代的内容推荐逻辑，基于兴趣图谱的关联算法将打破现有的知识关联线性体系的束缚，用户会存在多个兴趣点，而且这些兴趣点之间逻辑关联性不强，如喜欢买《中国通史》的人为什么喜欢买健身器材，这两者之间的逻辑关联首先是相关性呈现。5G时代是万物互联的时代，万物互联的关联性将会更多是非逻辑关联，非逻辑关联推荐也将是未来精准出版营销的常态。

2. 凸显知识服务属性，提高精准服务水平

基于5G的精准出版本质上是一个精准服务概念，出版内容的精准提供、出版环节的精准运行、出版物市场的精准营销都是围绕着精准服务进行的。青岛出版集团有限公司董事长孟鸣飞认为，5G和大数据“将推动精准策划和营销。”“互联网＋的时代，以读者为中心的服务理念将更加突出”①。中国出版集团作为出版头部企业，也正与华为、百度、腾讯等头部企业合作获取不同平台上的读者用户数据，依据这些数据分析获取读者用户的阅读习惯数据、内容兴趣数据、互动行为数据、知识层次数据以及消费能力数据，以此提高出版物与用户需求的匹配度。

第三节　5G—万物互联时代的出版空间优化占位

5G开启了万物互联的新时代，万物互联使富士施乐（Xerox）帕拉阿尔托研究中心（PERG）的马克·维瑟博士设想的“泛在”网络变成了现实。万物互联的“泛在”网络具有5A特征，即Anyone、Anytime、Anywhere、Anything、Anyway。5A特征显然是无时不在、无处不在的“泛在”。在“泛在”网络—万物互联的5G时代，出版行业

① 袁舒婕：《数据驱动出版业态新方向提供精准服务着力平台建设》，《中国新闻出版广电报》2018年1月8日。

和出版机构不可避免地会面临来自业内和外界日趋激烈的市场空间争夺，这种空间争夺会呈现3种态势：一是由出版人竞争演变为人人竞争（Anyone），二是由有限时空竞争演变为全时空竞争（Anytime、Anywhere），三是由单媒介竞争演变为全媒介竞争（Anyway、Anything）。

一、基于5G的出版地域空间占位

5G技术虽然极大拓展了出版产业的网络空间或虚拟空间的空间占位，但无论何时，出版地域空间都是不可能消失的，“互联网+”时代的出版空间只是由一维的地域空间变成了多维的生存发展空间。盖奥尔格·西美尔指出：“空间具有无限性和有限性双重属性，它随着人自身以及人的社会关系的变化而不断变化和重组。”①媒介地理学学者邵培仁指出：“媒介地理学是以人、媒介、社会、地理四者的相互关系及其互动规律为研究对象。”②5G万物互联时代的出版空间争夺的主战场尽管是在网络空间，但地域空间作为媒介地理学基本要素仍然不可忽视。

1. 经济学意义上的出版地域空间占位

从经济学视角来看，在5G—万物互联条件下，出版地域空间的要素加快流动重组，由此产生的极化空间形态和扩散空间形态都为出版地域空间拓展提供了机遇。产业经济学认为，影响一个产业空间分布状态的因素主要有两个：一个是产业分工，二是产业要素流动地域的社会政治经济文化发展状况。受这些因素影响，产业空间结构会呈现两种形态。一是极化空间形态。极化空间形态主要表现为产业要素流动从经济欠发达地区向发达地区的转移，诺贝尔经济学奖得主冈纳·缪尔达尔将这种情形称为“回波效应”，赫尔曼则将这种产业要素从下往上的空间位移形容为“极化效应。”二是扩散空间形态。扩散空间形态主要表现为产业要素流动从经济发达地区向经济欠发达地区的梯次转移，赫尔曼将这种产业要素从上往下的空间位移形容为“涓流效应”。③极化效应和涓流效应是产业要素流动的规律性现象，出版产业的生存和发展也必须遵循这些经济规律。因此，在5G—万物互联时代，出版产业不能眼睛只盯着网络空间，地域空间占位仍然是重要阵地。

---

① [德]盖奥尔格·西美尔：《社会学：关于社会化形式的研究》，华夏出版社2002年版，第489页。

② 邵培仁，杨丽萍：《媒介地理学》，中国传媒大学出版社2010年版，第18页。

③ 多淑杰：《产业区域转移问题研究》，中国社会科学出版社2013年版，第77页。

从实践案例来看，在1986年靠借贷27万元起家的广西师范大学出版集团是地处偏远少数民族地区的大学出版社，但凭借地域空间扩张，已分别在北京、上海、广州、深圳等经济发达区域设立了分支机构，并且在2014年收购了澳大利亚视觉出版集团，在2016年又并购了英国ACC出版集团，其出版空间版图已涉及海内外发达区域。还有四川出版集团倾力打造的“文化实业＋资本”双轮驱动战略，既投资文旅产品线，倾力打造一条环四川九寨沟—黄龙—诺尔盖—黑水—亚丁稻城—西南的文化旅游黄金环线，又涉足房地产领域，在成都开发建设“芙蓉花开城市文化综合体”，还将“老出版基地”盐道街3号重新打造成充满书香文化气息的出版文化产业孵化基地。5G—万物互联的东风为出版头部企业跨地域跨行业“抢地盘”进行扩张插上了腾飞的翅膀。

2. 文化学意义上的出版地域空间占位

从文化学视角来看，在万物互联条件下，尽管读者用户可以选择快餐式碎片化阅读，但快餐式的感性文化消费并不能完全取代理性阅读。感性文化消费与理性文化消费从来都是并存的，万物互联状态下的用户阅读一方面会带来阅读碎片化，另一方面也会带来阅读视野的开阔。

（1）从阅读选择性来说，人的文化属性是决定阅读空间地域性和时间选择性的关键因素。

强调文化空间属性的新文化地理学代表人物彼得·杰克森认为：“文化是通过空间形成，文化即空间形成过程的媒介。”[①]文化从来不是抽象存在物，其具有自身的空间地域性和具体表现形式，丰富多彩的多元文化从来都是在不同空间地域中人们辛勤劳动和创造的成果，文化既是民族的同时也是世界的，而文化的世界性正是由文化的民族性所赋予的。在5G—万物互联的背景下，出版物的呈现方式更加多样多维，但万变不离其宗，即人的文化属性决定出版物的文化属性，出版业态无论如何转变，出版物满足人的文化需求的本质不会改变，只是出版满足人的文化需求的内容形式和方式需要与时俱进。从这个角度来讲，5G—万物互联不应被看成是出版地域空间存在和发展的障碍，而应该是出版地域空间版图不断拓展的重要推动力。据联合国教科文组织的一项调查数据显示，世界上人均阅读图书最多的国家是以色列，平均每年每人阅读68本书，每个月平均读5.7本书，这表明在网络资讯高速发展的背景下，犹太人喜欢静心读书的文化秉性并没有发生改变。因此，在5G—万物互联条件下，出版地域空间优化占位应该依托将文化属性与先进技术有机结合所产生的创新驱动力。

---

① 参见周尚意：《文化地理学》，高等教育出版社2004年版，第4页。

（2）从阅读情景上来看，人天生所具有的感性和理性决定了读者在阅读时具有感性体验和理性体验两种情景。

感性体验主要是视觉冲击和浏览式的快餐消费，理性体验主要是思考型沉浸式的品味阅读。出版物的读者对象不是抽象的人，而是活生生的每一个具体的人，人的感性认知和理性思考决定了感性阅读和理性阅读都是符合人性的，两者之间只是文化消费习惯不同，并无高低贵贱之分。保罗·莱文森认为，出版等媒介形态的变化要“不断追求保存并继承自古以来人在延伸方面的突破，恢复人在自然交流环境中丧失的人性要素”①。莱文森所指“人性要素”既包括感观认知等感性要素，也包括逻辑思考等理性要素，这也符合麦克卢汉“媒介即人的延伸”的观点，作为媒介理想主义者，莱文森和麦克卢汉都坚持出版媒介要符合“人性要素”总体体验的理想信念。在5G—万物互联时代，阅读体验的“总体体验”速度更快、视域更宽、境界更高，这种更快、更宽、更高的阅读体验不仅来自浏览式快餐阅读，也来自品味式理性阅读。这两种情景阅读都是出版空间拓展的机遇和条件。

二、基于5G的出版网络空间占位

1. 5G与泛在网络

5G给出版媒介带来了更快、更宽、更高、更强的阅读体验情景，帮助人们寻找到现代人长期失落的“感觉总体”。莱文森从媒介理想主义立场出发，一直主张媒介革命就要找回现代人应有的感觉总体，这个感觉总体既包括视听说，又包括知情意。出版媒介不能仅仅满足单个感觉的体验，而应该是感觉总体的平衡。应该说，5G及其相关技术链为满足人的感觉总体创造了条件，现阶段的读者阅读已不仅仅限于物理空间，而是延伸到了网络空间。爱德华·苏贾认为，空间是一种语境假定物，一般意义上的空间都表示物质的客观形式。②空间作为“物质的客观形式”在网络时代具有了双重维度：物理空间维度和网络空间维度。而且到了5G—万物互联时代，网络空间也已经由单一的互联网发展成互联网＋移动互联网＋物联网＋智联网的泛在网络空间。

泛在网络空间有4个特征。第一，网络连接的泛在性。万物互联是包括物理空间与网络空间所有人与人、人与物、物与物之间的连接，并且这种连接在时间上无时不在，

① [美]保罗·莱文森：《软利器》，复旦大学出版社2011年版，第51页。

② [美]爱德华·苏贾：《后现代地理学：重申批判社会理论中的空间》，商务印书馆2004年版，第120页。

在空间上无处不在。第二，通信活动的泛在性。5G通信、万物互联不仅能让人与家用汽车、家用空调、家用冰箱、家用热水器等生活用品产生通信连接，还能融入物质实体信息活动的所有环节，实施即时通信连接，还能融入物质实体信息活动的所有环节，实施即时通信和实时控制。第三，嵌入智能的泛在性。5G—万物互联的智能化水平使人们的日常生活进入智联时代和智媒时代，无人汽车、无人机等智能设备不仅大量进入社会生产领域和公众生活领域，也正大量进入人们的日常家居领域。第四，反馈控制的泛在性。有信号输入与输出就有反馈控制，有人的生产生活活动就有反馈控制，5G—万物互联使反馈控制更快捷、更实时、更精准、更人性化。因此，出版机构应该凭借5G万物互联的东风，抢占信息高地，拓展出版空间，不断优化生存和发展的空间占位。

2. 泛在出版空间占位

网络出版空间占位是泛在网络占位，也就是说，其不是单一意义上的互联网出版空间占位，还应该包括移动互联网出版空间占位以及物联网出版空间占位。现阶段，移动阅读用户在总阅读用户中所占比例越来越高，手机阅读又是移动阅读的重要客户来源，中国移动、中国联通、中国电信等头部通信公司都在大力抢占移动阅读高地，今日头条、抖音等网络平台也都在抢占阅读资源，出版行业面临着来自行业外的“门外汉”跨区域、跨行业的出版空间竞争。

在传播学上，出版归属于信息传播大类，出版空间占位本质上就是信息资源的占位。在万物互联条件下，信息资源既大量存在于物理空间，也大量存在于网络空间。出版机构在网络空间占位上竞争力不强并不是缺少信息资源，而是缺乏挖掘和运用信息资源的创意和能力。赫伯特·西蒙指出：“信息消费了什么是很明显的，它消费的是信息接收者的注意力。信息越丰富，会导致注意力越匮乏，信息并不匮乏，匮乏的是处理信息的能力。”[①]人们的社会生产和社会生活是信息资源的取之不尽的源泉，这些信息资源有阳春白雪，也有下里巴人，有宏大叙事，也有生活点滴，出版机构必须拓展自己观察世界寻找出版资源的视域，将出版注意力投身到更宽广的社会生产和生活空间中去。同时，出版机构也要转变传统的专业出版观念，放下身段与跨行业跨区域的“相关性”企业合作，不断拓展出版新空间。如利用5G物联网技术，青岛出版集团就与海尔集团合作，在海尔新一代智能冰箱上显示家用菜谱视频。[②]这种物联网形态的出版物比之传统的纸质菜谱更具有购物体验感和即时性。还有小米汽车计划将旅游地图册显示在汽车

① Designing Organizations for an Information-Rich World, Simon.

② 陈洁，蒋三军：《5G时代的数字出版变革与创新》，《编辑学刊》2019年第5期。

屏幕上，运用车联网将纸质地图电子化；一方面，这些出版方式的变化是5G—万物互联条件下出版空间优化占位的有益尝试；另一方面，这些出版物形态更贴近用户生活，更贴近实际，更高效、便捷、实用，更能满足用户个性化需求。

3. 智能出版空间占位

网络出版空间占位不仅是泛在网络占位，还是智能出版空间占位。5G技术从三个方面为智能出版空间占位创造了条件。

一是构建智慧通路。5G—万物互联打通了人与人、人与物、物与物无障碍全网连接的通路，同一个内容可以在不同媒介上显示，同一个人也可以通过不同媒介接收到同一个内容。在全媒体条件下，读者很容易通过不同的传播媒介接触到相同的内容，其阅读和购买兴趣也比较容易发生媒介转移。要黏住用户，就要洞察用户阅读习惯和消费心理，运用用户画像构建兴趣图谱，通过兴趣引导帮助用户构建起由浅入深、由表及里、由不知到知、由碎片化阅读到深度阅读的智慧通路。

二是构建智慧场景。智慧场景被称为“后连接时代的选物逻辑”①，“罗辑思维”联合创始人吴声指出，智慧场景是场景造物的生态逻辑、体验逻辑、人格逻辑、势能逻辑的全方位场景革命。智慧场景是互联网场景、移动互联网场景、②物联网场景的无缝连接，智慧场景在出版空间占位中的体现就是“万物皆媒”③的智慧出版空间。

三是构建智慧社区。万物互联首先是人人互联，智慧社区不是传统意义的居住社区，而主要是指网络社区，网络社区既包括网格化的居住社区，也包括人生经历社区、生活需求社区、共同兴趣社区以及工作社区。社区是族群化的社会分层，是人们交往方式的智能互通。从出版的物理空间占位到网络空间占位，从泛在网络空间占位到智慧出版空间占位，时代的不断发展给出版产业不断提出新的挑战和任务。对此，浙江出版联合集团总裁鲍浩俊感叹“高速率、大容量、低延时”的5G时代正在向我们走来。在我国近9亿手机用户中，“90后”网民占了一半以上，他们生在网络时代，长在网络时代、一直泡在网络里成长求学。他们作为图书市场的主体用户，读书、听书、阅屏、读图已成为其获取知识的主要途径和生活、学习、求知的主要方式。”“我们引以为豪的主题图书，如果止步于线下，而与广大手机网民无缘，谁能想象和承受这种割裂的后果。”④长期以来，传统出版的痛点在于与用户的隔离，出版机构不了解用户信息，大

---

① 吴声：《场景革命》，机械工业出版社2015年版，第2页。

② 从挺等：《移动场景下学术期刊跨平台传播的实证研究》，《出版科学》2019年第3期。

③ 陈洁，蒋三军：《5G时代的数字出版变革与创新》，《编辑学刊》2019年第5期。

④ 鲍浩俊：《5G商用时代的主题出版模式》，《出版参考》2019年第5期。

量用户数据掌握在电商手里，出版物生产与市场需求脱节。而且这种脱节随着互联网产业的发展日趋严重。出版产业必须顺应5G时代“内容互联网”和“产业互联网”的发展趋势，大力拓展出版空间，洞察用户需求，精准营销，将基于用户个性化需求的精准出版引向深入。

第四节 媒介哲学视域下的精准出版

5G—万物互联背景下的万物皆媒，不仅在技术层面和传播形态层面改变了传统的出版场景，也在哲学层面对出版传媒带来了主体性、时空观和认识论革命。哲学是时代精神的精华，5G时代的社会变革不仅仅只在技术层面发生，也会在社会层面和哲学层面发生。马克思在170多年前就表示，随着工业技术革命的到来，“一切等级的和固定的东西都烟消云散了”。在万物皆媒时代，传统的“等级和固定的东西”都变了吗？如果变了，是如何变的呢？这些问题都值得我们认真思考。

一、媒介本体论视域下的精准出版

5G时代的到来激活了人们关于媒介本体论的想象力，弗里德里希·基特勒、维兰·傅拉瑟、布鲁诺·拉图尔、唐娜·哈洛维、韩炳哲等文化和科技哲学界的学者都纷纷加入关于媒介本体论问题的讨论。不过，这场讨论的主题是“媒介物质性”问题，一场“物质性转向”正在传播学和媒介研究领域发生。[①]

1. 媒介物质性

本体论是讨论物质和意识关系的思维体系，也是一元论和二元论长期争论的场域。在文化和媒介研究领域，“一直弥漫着一种二分法”，即“媒介—物”与“人”的二元对立，从李普曼引用柏拉图的“洞穴比喻”开始，文化和媒介研究就将实体和它的影子割裂开来，一直都是把话语以及说话的人和听话的人作为分析对象，麦克卢汉和英尼斯虽然提出“媒介是人的延伸”，但强调的还是人的主体地位，能不能反过来问“人是媒介的延伸”呢？在5G—万物皆媒条件下，人机合一趋势加深了人们对媒介物质性的认

① 章戈浩，张磊：《物是人非与睹物思人：媒体与文化分析的物质性转向》，《全球传媒学刊》2019年第2期。

识。《威斯敏斯特传播与文化学刊》编者John Hondros指出，二分法认为互联网是一个虚拟世界，是一个非物质的“赛博空间”，从而与物质世界割裂开来，现在我们要换一个视角来看互联网，从“物质转向”中获取灵感，拒绝二分法，回归二元论，将物质与观念、自然与文化整合起来。

（1）媒介物质性的理论源流。

媒介物质性的理论源流最主要来源于马克思的世界物质统一性原理，后来又有列斐伏尔、鲍德里亚以及福柯、基特勒等人都研究过物的能动性。“新物质主义”也是媒介物质性的理论渊源之一，“新物质主义”有3个显著特征：一是从本体论上探寻物的本质以及物对人类生活的影响，无论是可能的影响还是现实的影响；二是从认识论上寻找理论解释的可能性；三是从方法论上强调对各种“物”进行学术范畴分析。“物向本体论”从海德格尔的“本质”概念出发，强调人和世界的相互依存关系，研究中采用的概念是“物体/客体”，表现出明显的“以物为导向的哲学”倾向。

（2）媒介物质性的现实动力。

媒介与文化分析的“物质性转向”既具有理论源流，也具有现实动力。主要表现：首先，技术物质性使得人们不得不重视“物”的存在，不能再让“物质性成为传播研究的盲点”；其次，物对人的渗透使得人机合一成为可能，由“主客二分”到“合二为一”，既具有哲学思想基础，又具有现代技术条件；再次，人与物日益亲密的关系使“物向”思维和心理依赖成为常态，放大人的感官体验的文化制品的物质特征，与艺术、文学以及设计一起融入人的日常生活。媒介的技术物质性使人们不得不反思法兰克福学派的技术批判理论。弗里德里希·基特勒是这一批判的关键人物之一，他以一种去人类中心化的视角重新审视技术物质性在文化体系建构中的意义，并在此基础上重建了人与媒介物质的关联。

关于人机合一问题的讨论，中国哲学也有自己的话语表达方式，中国自古就有“天人合一”的观念，认为“天人合一的状态才是全部的美好与崇高。”主客二分的二元本体是西方哲学思维传统，但中国的《庄子》中早就有“坐忘、无我、入定天人合一”的境界。仲昭川先生在《互联网哲学》一书中写道：“天人合一，并无你我他。不同天，则不同人。同天同人，则物以类聚。”而“互联网演示了道，天代表了道。人与自然连接，是广义的互联网思维”。“互联网是一个自然的、生态的、万维的存在，包含了世间所有的光明与黑暗。”①“互联网的现实是人机合一，很崇高。”②从哲学意义上来说，5G—万物互联

① 仲昭川：《互联网哲学-互联网＋时代的人类智慧》，中国工信出版集团2015年版，第XI页。

② 仲昭川：《互联网哲学-互联网＋时代的人类智慧》，中国工信出版集团2015年版，第72页。

条件下的人机合一就是本体论上的“天人合一”在互联网时代的具体表现。

（3）媒介物质性分辨。

从“物质”概念来讲，一直存在着两个层次的分辨：一是哲学意义上的“物质”，二是科学意义上的“物质”。哲学意义上的物质定义强调“物质是标志着客观实在的哲学范畴”[①]，这一定义的权威发布者是列宁。科学意义上的物质范畴是一系列具体物质，科学层面的具体物质都是有限性的，是能进行科学实证研究的。但哲学意义上的物质是抽象的、无限性的，因此，在英文中，对物的概念有很多不同的术语，如material、thing、object，还有如matter、stuff、artifact等。在中文中，对物的表述也有很多术语，如物体、物件、东西，还有衍生析解法：物—物质—物质性—物质性的。就拿智能手机来说，它首先是“物”，然后构成它的是金属、塑料、玻璃、硅、锗、铜等“物质”，再然后它具有区别于人及其意识性的“物质性”。物质性是与意识性相对应的概念，媒介物质性正是要讨论和分辨媒介的物质属性及其客观实在性。

2. 媒介物质性与文化创造

5G—万物皆媒不仅是凸显媒介物质性，又是凸显在人机合一条件下媒介物质性对文化创造的渗透，这种渗透更加密切了人与物在文化创造中的关系。

“媒介物质性转向”只是预示着媒介物质性在文化创造中发挥着越来越大的不可替代的作用，但并不是说人在文化创造中的作用就会被替代或消失。事实上，文化创造从来都是人与物共同演绎的智慧之光和文化结晶。苏轼《琴诗》写道：“若言琴上有琴声，放在匣中何不鸣？若言声在指头上，何不于君指上听？”琴声从何而来？既不是琴这一“物”单独创造的，也不是“君”这一“人”单独创造的。巧妇难为无米之炊，人与物在文化创造中须臾不可或缺。海德格尔谈到“语言是存在的家园”时指出，文化符号是人类文化创造的建构工具，没有人使用文本、符号等表达工具就没有科学史和文化史，同时，文化符号的创造是“存在”的反映，自然的物性和人类的创造性从来就不是彼此分离的二元世界，两者有机统一于时间、地域和历史之中。从这个意义上说，媒介物质性并不是要单纯关注“人/物”的对立，而是关注“人—物”的统一。在互联网时代，当我们以为自己进入到一个非物质文化时代之中时，事实上我们还是处于各种物质之间，只是各种物质中增添了许多不曾相识和不曾拥有的新物质。

媒介生态学是研究媒介物质性与人类文化创造相关关系的理论，其不是生态学，而是借喻表达媒介环境的构建与变迁。格雷厄姆·默多克在《媒介物质性：机器的道德经

① 《列宁选集》第2卷，人民出版社2012年版，第89页。

济》中指出，媒介融入日常生活、社会关系和自我投射的过程日益加快，会导致出现“关于现有的和未来的通信系统的环境和社会成本的问题，以及它们带来的道德选择难题带入研究视野。这些难题的解决需要发展一种机器的道德经济学”①。媒介生态不仅从媒介应用的物理环境后果来评价媒介的现代价值，还从媒介应用的社会心理环境后果来考量其现代意义。媒介物质性转向必须思考人面对物和物质性时的具身性、身体姿态和认知以及我们的传统认知是如何被各种新生物和物质性所改变的这类主客关系问题，还必须思考新媒体对我们认知方式和认知图景的影响和改变。

2019年3月，中国传媒大学召开“物质性转向——媒体与文化分析学术研讨会”，与会者列举的各种各样的媒介物质性，如传感器、智能手机、地图、移动中的身体定位系统、闲暇设备、文化技艺等，都不是纯粹的自然物，而是人造物。也就是说，媒介物质性的丰富性和多元性是人类科技和智慧的产物，媒介物质性本身就具有人的属性，媒介物质性是人机合一的物质性，当我们使用媒介物质性概念时，我们仍然没有忽略人的要素。②5G—万物皆媒的媒介本体论意蕴也许就在于：人与物的关系走了一条从“看山是山”到“看山不是山”再到“看山还是山”的“正—反—合”之道，只是“看山还是山”是否定之否定意义上的“山与人相看”“看山却似走来迎”“相看两不厌，只有敬亭山”的合体意境。

3. 万物皆媒视域下的精准出版

随着5G—万物皆媒时代的到来，VR/AR、网络直播、知识付费、短视频、有声读物出版不断涌现，基于用户需求的精准出版迎来了新的发展窗口。

（1）跨界融合满足不同用户的精准需求。

在5G—万物皆媒技术支持下，出版与教育、出版与健康医疗、出版与公共服务、出版与电子商务、出版与文化旅游、出版与家居等不同领域出现跨界融合势头，甚至出现了出版与党建融合的出版平台。如人民出版社开发的“党员小书包”App就是依托自身强大和权威的理论资源库和新媒体技术而搭建的5G网络客户端。“党员小书包”App是一款集党员学习、移动阅读、在读交流、学习监督、数据分析于一体的多功能App，既可满足基层党员随时随地泛在学习的需要，也可满足基层党组织上党课等党建工作的实际需要，是5G时代基层党建工作的创新。“党员小书包”在几个方面有利于

---

① [英]格雷厄姆·默多克：《媒介物质性：机器的道德经济》，《全球传媒学刊》2019年第2期。

② 章戈浩，张磊：《物是人非与睹物思人：媒体与文化分析的物质性转向》，《全球传媒学刊》2019年第2期。

推动党建精准化：一是提供学习资源精准化，二是学习任务布置精准化，三是学习交流精准化，四是掌握党员学习情况精准化，五是学习考评精准化，六是学习检查统计精准化。网络版“学习强国”不仅推出了PC端和手机客户端，而且在2020年12月推出电视端并在浙江省率先上线。“学习强国”平台PC端设有学习新思想、学习文化、环球视野等17个版块180多个一级栏目。手机客户端设有“学习”“视频学习”两大板块38个频道，在“学习强国”的“读书”频道聚集了可免费阅读和观看的图书、报纸、期刊、戏曲、电影歌曲、公共课等海量学习资源。2021年4月，“学习强国”还推出了“强国医生”频道，为用户提供健康码查询、智能导诊、疾病百科、疾病自查、健康宣教等查询学习服务。2020年11月17日，“学习强国”荣获国家版权局颁发的2020年度中国版权金奖。

（2）多元场景满足不同用户的精准出版需求。

首先，移动有声阅读场景提供读者用户阅读体验感。移动有声阅读亦称移动听书，是指读者用户通过移动端（智能手机、平板电脑、可穿戴视听设备、车载设备等）收听和使用有声读物的行为。移动有声阅读的内容涵盖图书、教育、知识服务、娱乐等多个类别。与传统的纸书相比，移动有声阅读具有随时随地的伴随性特征和多元场景特征，能够将人们碎片化的时间利用起来实现高效阅读。据艾媒咨询发布的研究报告数据显示，2020年中国在线音频用户规模达到5.42亿人，其中移动有声阅读是网民收听在线音频的重要方式，主要移动有声阅读平台有懒人听书、喜马拉雅FM、蜻蜓FM等。其中，懒人听书用户规模已有上亿人，其上线的海量资源包括文学名著、有声小说、名家评书、儿童文学、曲艺戏曲、外语学习、广播剧、时事新闻、健康养生、职业技能知识等十几个大类的高清晰有声资源，并且每天都进行实时更新。移动有声阅读的场景分类如下。一是根据空间环境将场景分为固定场景和移动场景。固定场景是指常在场景，如居家场景和办公室场景，移动场景是指不固定的变化场景，如旅途、购物、运动等户外活动空间。在5G条件下，移动有声阅读正逐渐打破固定场景和移动场景的空间界限，可随时随地进入阅读场景。移动有声阅读的精准营销关注人们在碎片化时代的快餐文化消费，将产品定位在用户个性化需求的时间节点上，如主打“陪伴性”场景服务的蜻蜓FM专门针对“睡前”场景进行市场定位和精准营销，将《杨晨：为你睡眠》，《蒋勋细说红楼梦》等作为伴您睡眠的主打产品，同时推出《321睡眠日，让我陪你睡》等主题活动，满足用户“睡前”这一特定场景需求，蜻蜓FM成为基于不同场景设计产品精准营销方案的市场赢家。[①]二是根据目的和行为方式将场景分为单一性场景和伴随性场景。单一场景是指读者用户对移动有声读物的使用目的比较单纯，如单纯是为了跟风欣赏某部产品，阅读时不伴随其他行为动作。伴随性场景是指用户在阅读时伴随其他动作，如在电脑打字、吃饭、运动健身的同时进行移动有声阅读。美国有声书出版商协会的调查数据表明，有78%的受访者表示在阅读有声书的同时也在做其他事情，其中一边做家务一边听书的占比为68%。[②]三是根据使用频率将场景分为高频场景和低频场景。高频场景一般包括地铁公交、运动健身、家务劳动、睡前等日常场景，低频场景一般是指偶尔光临的场所，如医院就诊、美容美发、假日旅行等。针对场景发生的频次高低，移动有声阅读可以有针对性地制订精准营销方案。四是根据场景功能将场景划分为实用性功能场景和社会性功能场景。实用性功能场景的移动有声读物用户主要获取生活小常识、投资理财、安全知识、卫生小常识等知识服务，社会性功能场景的用户主要是获取文学欣赏、历史地理、名人名言、心理慰藉等知识服务。有声媒介不像文字媒介那样冷冰冰的，而是具有很强的情感性和陪伴性特征，通过声音抑扬顿挫的交流，很容易触及读者用户的痛点，让听众产生共鸣。[③]自古以来，书场和说书人就是人们获取知识和进行心灵交流的场所和媒介，只是到了5G—万物皆媒时代，场景更加多元，渠道和形式更加多样，市场定位更加精准。

其次，VR/AR重塑读者用户经典阅读新场景。相比于听书、看剧、玩游戏，很多人并不喜欢看书，特别是在当下“996”境况下，作为读书主力军的年轻人上班挣钱压力大，快餐消费已然成为物质消费和文化消费的主流。一些中外古典名著，如《尤利西斯》更是有名的艰涩难懂之作。作为20世纪20年代现代主义文学的典型作品，《尤利西斯》描述了都柏林的一个小人物Leopold Bloom生活中的一天，书的标题就体现了小说里Bloom的一天与古希腊史诗《奥德赛》的平行对应关系。为了让这部艰涩难懂的作品有更多的人阅读了解，美国波士顿大学的师生们开发出了一款名为*Joycestick*的游戏，以借VR技术对这部小说进行填充说明，*Joycestick*的价值并不在于直接重述《尤利西斯》，而是让用户能够去探索书里描述的几个关键环境，因为随着都柏林的发展，书中描述的很多关键性地点都逐步消失了。有人将VR、AR在文化出版领域的广泛运用称为“数字人文”的扩展，甚至有人认为VR在重塑经典，用数字人文带来第二次文艺

① 虎嗅：《布局睡前场景：蜻蜓FM把朱亚文放进了你的耳机》[OL].[2019-01-20].http：//www.Sohu.Con/a/226042058-115207.

② 韩韶君：《美国有声书业先驱的商业之道：以Audible公司为例》，《出版发行研究》2019年第2期。

③ 张莉：《移动有声阅读场景分类与场景应用路径探析》，《出版科学》2020年第2期。

复兴。VR图书虽然是未来图书出版的新形式，但目前大多数限于少年儿童读物领域，虽然VR图书立体感强，画面感真实，还伴有声响，但缺陷也是明显的：一是配套的VR眼镜对少年儿童视力的影响不容忽视；二是成本限制，由于产品复杂程度不同，VR图书的花费要大大高于普通图书。当然，新产品新形态的成熟有一个过程，随着VR技术成本降低和技术改进，VR图书的缺陷会得到进一步改进。也就是说，VR图书出版还处于过渡期，根据技术可供性理论，虽然VR图书市场还未成熟，但并不妨碍VR技术对未来出版业发展的影响，比照数字出版已有的发展过程，VR技术所带来的缓冲时间对出版业来说十分重要，布局和转型应该未雨绸缪。①

再次，知识服务平台重构出版服务新生态。随着出版业从内容出版向知识服务导向的转型，加上5G—万物皆媒以及大数据技术的加持，传统出版机构正在加速构建出版知识服务新生态。如人民法院出版社推出“法信”服务平台，“法信”平台设置有法律、案例、观点、图书、期刊等频道，其中在图书频道集成了大量法律类图书，具有用户在线阅读功能。“法信”平台是公益性网站，以宣传法律知识、提高公民权利意识、促进法学研究和学术交流、推动中国法治建设为己任，是出版业拓展知识服务平台的成功实践。中国人民公安出版社也推出“中国警察智识数据库”平台，该平台依托公安部所属出版机构60多年的公安专业图书出版资源，首发资源类型包括专著、论文、图片、案例、知识、章节等，包含百科条目15 000多条、案例670个、论文7 066篇、图书2 000多册、图片11 320幅、独立章节538 800多篇，较完整地建立了公安领域知识体系，勾画了公安专业知识图谱的概貌，实现了对16 000多余知识单元的关联和梳理。作为开放性平台，该平台还在进一步增加公安法律法规、案例文书等更多资源类型，形成专业性、权威性、开放性和智能化的公安专业知识服务平台。

二、媒介泛在化与数字身份的主体性反思

万物皆媒意味着媒介泛在化，媒介泛在化的一个突出表现是数字身份泛在化。在万物皆媒的5G时代，人的身份也开始了数字化转型。在数字和网络技术无所不包、无所不在、无所不能的泛在化特征影响下，数字身份也相应地呈现出泛数据化形态。数字身份的泛在化对于实现任何人在任何时间、任何地点与任何物之间的顺畅联通具有重要作用，但同时也要警惕因数字身份的不合理使用引发的主体性身份危机。

---

① 石蓉蓉：《论VR技术在传统出版业中的应用：价值、困境与路径》，《编辑之友》2017年第6期。

据中国互联网络信息中心（CNNIC）发布的第47次《中国互联网络发展状况统计报告》显示，截至2020年12月，我国网民规模达9.89亿，互联网普及率达70.4%。其中，手机网民规模达9.86亿，网民使用手机上网的比例达99.7%。5G已经深入社会生活的每一个领域，普及到几乎每一个人，在社会活动网络化、商业组织平台化的发展趋势之下，身份数字化必定是每一个个体参与网络空间政治、经济和文化生活的必然选择。现代意义上的数字化开始于1946年，以世界上第一台通用电子数字计算机“埃尼阿克”（ENIAC）的诞生为标志，真正成规模的数字化是从20世纪70年代开始的。20世纪90年代，网络化成为数字化进程中的又一革命性成果，互联网的出现突破了实际物理空间的限制，营造出能够缔结新型社会关系的网络虚拟空间。步入21世纪后，尤其是近10年来，依托更为强大的计算机运算能力和互联网传输速度，以5G网络、大数据、云计算、物联网、人工智能、区块链、元宇宙等为代表的新兴技术迅速发展，使人类生存空间空前延展，人机互动更为紧密。随着互联网发展阶段的跃升，人的数字身份也在不断丰富，从最开始的各种注册ID到依托生物识别技术的指纹识别和人脸识别身份等，再到伴随着新冠肺炎疫情暴发后广泛应用的健康码身份等。数字身份作为一种新的身份类型出现在人们的生活中，为人们在虚拟世界交往互动提供了角色选择，为创造新的生活方式提供了可能。

1.媒介泛在化突出表现：数字身份泛在化

5G—万物皆媒的发展推动作为媒介的人的身份发生从身体在场到数字在场的转变。数字身份即身份信息数字化，亦即是利用0和1的编码技术来对一切能够表示身份信息的文字、图像、声音等的编码，使得身份信息的采集、处理、存储和传输都更加标准化。据工信部《2018中国区块链产业白皮书》中对数字身份的最新解释，个人数字身份即“在网络环境下，由个体在线活动提供，能被检测到或被数据算法得出的所有能表明主体身份信息的数据聚合体和数字化映射”。数字技术的产生引起了人们生产生活的数字化变革，社会数据化的发展产生了电子政务、数字经济、网络文化、虚拟社交、数字生态等新的政治、经济、文化、社会和生态样貌，开拓了虚拟空间、虚拟实践和虚拟劳动的新场域。在数字技术产生的巨大效应的影响下，身份也逐渐完成了数字化转型，实现了从身体在场到数字在场的超时空跨越。

在场是指在场域内的、在空间内的，是相对于缺席而言的。唐·伊德在其著作《技术中的身体》中给“身体”做了3个层面的定义：“身体一”，是肉身意义上的身体；“身体二”，是社会和文化意义层面的身体；“身体三”，是既穿越“身体一”，又穿越“身体二”，是技术纬度的身体。“身体一”和“身体二”都是依赖于现实物理空间而存在的，因而都必然是身体在场。在数字时代，“身体三”不是主体的肉身，而是主体的“替身”，这个“替身”就是主体在数字空间的数字身份，是主体得以进入数字空间并开展虚拟实践的中介，基于这个“替身”在网络空间中留下的所有足迹就构成了其思想、文化和行为等方面的具体内容。“身体三”是一种符号化存在，虚拟空间中的数字身份不再是具体的身体在场，而是一种符号化的数字在场。

“泛在”概念的引入源于20世纪90年代，最先由美国施乐（Xerox）公司Paloalto研究中心首席科学家Mark Weiser博士提出，它被用来形容网络无处不在、无时不在的特性，后来由此衍生出“泛在网”概念，即“无所不包、无所不在、无所不能”的广泛存在的网络，“泛在”概念与互联网相伴而生，而数字身份作为互联网时代的产物，自然也呈现出泛在形态，在5G和大数据时代，数字身份的泛在性则更为突出，表现为泛数据化、泛碎片化和泛资产化三个具体形态。

（1）泛数据化形态。随着移动互联网技术与大数据技术的普及，主体的身份信息以数据的方式呈现出来。相较于现实身份而言，数字身份具有明显的抽象性、机械性和虚拟性。数字身份的抽象性是指数字身份是以0和1的编码形成的比特形式存在的，并不是具象的实物。数字身份的机械性是指数字身份是高度抽象的符号，丧失了人的感性的、能动的特征。数字身份的虚拟性是指数字身份是存在于数字空间，依托于虚拟实践而产生的，数字身份与主体肉身是分离的，真实身体呈现在场缺席与虚拟在场的状态。在大数据时代，随着人们日常生活、娱乐活动、社会交往以及商业活动等从实体走向线上，数字身份的应用更加广泛，渗入人们社会生活的方方面面。与此同时，数字身份所涵盖的内容也更加丰富，人们线上活动所留下的一切“数字足迹”，无论是主动留下的还是被动留下的，都是数字身份的内容。

从横向维度看，根据数字身份信息来源的不同可将分为三种类型：一是主体主动提供的，二是被监测记录的，三是用其他分析工具预测到被模型化的。其一，由主体主动提供产生的数字身份，是在特定的网络环境中产生的，其生成、使用、弃用有完整的逻辑链条。如主体在使用微信、微博的过程中，需先行主动注册，填报个人信息，然后生成的个人数字身份。其二，被监测记录的数字身份，是商业运营机构和公共电子服务系统基于运营需要，在主体不知情或知情的情况下对数据的采集，如人脸识别、视频监控等生物采集技术的使用。其三，用其他分析工具预测得到被模型化的数字身份，如基于大数据模型算法预测到的有关个人数字身份的数据信息。

从纵向维度来看，数字身份不仅包括实时的数据收集，还包括过去的数据追溯和将来的数据预测。在数字身份中，时间是最大变量。在网络平台上，人们注册时所提交的信息资料，反映的可能是当下状态，也可能仅仅过往的生活片段。因此，身份信息可能是过时的，也可能是片面的。即使信息资料反映了当时信息，但是这些信息可能因为保留时间过长，或者被其他人在非原始情境下使用过而出现信息不对称的情形。大数据技术的相关性特征使得数字身份变得越来越容易被追溯，随着身份信息的数字化程度越深且更加易于存储，个人的身份信息将会永远存在“云”上，只要有人存心利用，那么整个社会将不会再有遗忘，社会中人的身份识别的依据与标准也将越来越依赖冰冷的数据，而不是人本身的经验和情感。最后，人们变成通过数据来了解自己，也通过数据来了解他人。

（2）泛碎片化形态。碎片化本义指“事物的零散状态”，从这一点来讲，身份的碎片化形态并非网络出现之后才有。身份是与角色相伴而生的，每一个人在社会生活中都会扮演不同的角色，每个角色都会对应不同的身份，因此身份与人并不是一一对应的关系，这可以理解为最初的碎片化身份。数字身份出现后，碎片化身份有了更为复杂的表现，呈现出一种泛碎片化形态。首先，数字空间的虚拟性导致了数字身份的泛碎片化形态。每个人的数字身份具有多重性，一个人不只拥有一个数字身份，而且这些数字身份的部分内容是由主体自己来创建的。主体在主动创建数字身份时，不仅可以根据不同角色创建不同的身份，还可以为同一角色创建不同的身份，针对一个数字身份，主体还可以随时注册、更改和废除。在数字空间中人们创建数字身份几乎不受任何限制，伪造数字身份的现象难以避免，真假难辨的数字身份不仅增加了主体的甄别难度也加剧了数字身份的碎片化程度。其次，数据孤岛现象导致了数字身份的泛碎片化形态。主体以数字身份为替身在数字空间进行的各项活动留下的大量数据被平台收集、分析和挖掘，这部分被动的数据也是数字身份的重要内容，其碎片化程度相较于主体主动创建的身份信息更深。由于人们的网络活动分散在不同的平台，人们留下的数据也分散在各个不同的平台，各平台出于利益往往不会选择与其他平台共享，这就造成了数字身份数据孤岛的现象。每个平台的“数字足迹”都只能反映部分的身份信息，例如同样是购物平台的淘宝、京东和拼多多，可能受不同主体的年龄、经历、经济状况、价值观和环境等因素影响会选择不同的平台，而且还可能根据购买物品的种类和目的进行选择，在这个过程中偶然性因素非常多，因此关于一个用户购物身份的单平台数据描述就会显得片面，数字身份也自然呈现出碎片化特征。最后，数字空间的超时空性导致了数字身份的泛碎片化形态。由于通信技术、交通工具和移动互联网的发展，人们完成一项事情可以不必追求时间上的连续性和空间上的固定性，完整的一件事被分割成几个碎片化片段，与此同时作为实践活动代理主体的数字身份也必然被分割成为碎片化状态。数字技术越成熟，这种泛碎片化的程度也就越深。例如，用户购买一种商品的行为往往可以细分为几个子行为，包括产品信息搜索、同类产品比对、产品细节对比、用户购买评价、购买途径选择、付款方式选择、货物配送方式以及售后服务等，这些细分的子行为的发生都有不同的时间和地点。这就使整个商品购买行为碎片化了，各个子行为的起始时间构成了时间的碎片形式，各个子行为涉及的不同地理位置构成地点的碎片形式。

（3）泛资产化形态。数字身份不单单是个人身份的代表，背后连接的海量个人身份信息，蕴含了巨大的商业价值。当前，5G、大数据、云计算、物联网、人工智能、区块链等新兴技术不断涌现，数字经济浪潮席卷全球，在新一轮科技革命和产业变革中成为经济增长的新动能。伴随着数字经济的蓬勃发展，数据逐渐摆脱原有的简单数字符号，转变为继土地、能源、人口、粮食之后的新一代生产要素，作为现实世界与数字世界的窗口，以其所蕴含的巨大价值，成为数字经济的关键部分。2020年3月20日，中共中央、国务院发布的《关于构建更加完善的要素市场化配置体制机制的意见》（以下简称《意见》）将“数据”与劳动力、技术、土地、资本并称为生产要素。在大数据和5G时代，数据已经成为市场独立的生产要素，基于非物理性和超时空性优势，数据能迅速融入其他生产要素之中，从而改变传统的生产方式与经济增长模式。身份是未来数字资产和能力的集合，数字身份是未来价值互联网的基础设施，也是建设下一代互联网时代不可缺乏的协议层。在当今社会，数据就是财富，数据变现已然成为一种新的商业模式。

泛资产化形态是大数据时代数字身份所独有的特征，因为零散的、非结构化的数据只有在大数据时代才能够利用相关性进行整合，从而挖掘出潜在的信息和价值。利用大数据进行整合和挖掘的过程中有一个非常重要的环节，即将数据从简单的符号变成特定的标签的环节，这是数据变现的本质原因，也是商家实现精准营销和个性化推荐的重要基础。身份从一开始就是跟等级和群体相联系的，就带有特定的标签，只是数字身份的标签化分类更加细化和标准化，越来越精确的“用户画像”就是这方面的具体体现。

2. 数字身份泛在化的主体性反思

关于“主体性”概念，黑格尔将其概括为“现代世界的原则就是主体性的自由，也就是说，精神总体性中关键的方方面面都应得到充分的发挥”。也就是说，主体性是指人的意志的自由性、自主性和完整性。但在现代性的哲学语境中，主体性原则的对象不仅限于人的意志本身，还包括意志外化为身份的社会存在。身份互动本质上就是人的社会互动，这一点与马克思强调的人的社会性是一致的。

（1）身份真实性问题。数字身份的泛数据化容易引发身份真实性问题，主要表现为数字身份在逐步瓦解主体的真实性、权威性和存在意义。

首先，虚假数字身份问题。数字身份抽象性、机械性和虚拟性的特征使得身份主体在数字空间拥有高度的自主性，主体的意愿和需求也更容易得到满足，因此相对于现实身份要受到道德和法律层面的双重约束而言，数字身份对于主体的吸引力更甚。但也正因为虚拟环境具有缺乏社会和舆论监管的特点，数字身份在建构过程中容易出现虚假数字身份，由于目前还未形成完善的数字身份认证管理系统，因此一旦出现虚假数字身份，便容易与主体相矛盾，从而消解主体在现实社会中的真实性，同时会造成身份主体自身的混乱与矛盾，身份主体长期沉溺于虚拟空间的虚拟体验，必将逐渐与现实脱轨，从而影响主体的自由全面发展。个体对数字产品越依赖，对数字身份就越认同，最终形成“数据化的自我”，人们的肉身降格为二进制的计算机系统，人自身被重塑为一个机器人或半个机器人。“大数据利用海量信息来推动、说服、影响甚至限制我们的身份”，现实的我变成了数据显示的你，“我是”变成了“你是”，人之为人的本质属性在大数据的表征中被消解。

其次，唯数据身份问题。数据也具有两重性，一方面，数据提供主体可以享有个人身份数据被采集、挖掘带来的“红利”，另一方面，数据被过度采集和过度挖掘也会导致主体意志失真从而瓦解主体的权威性。数据要素的影响力是巨大的，由于大数据时代数据具有体量大、效率高、定位精准等特点，无论是在线活动还是实体活动中的决策，均越来越倾向于用数据说话，5G和大数据技术是为了更好地服务于人们的生活而创造的，如今却越来越成为人们决策的主导力量，从某种程度上来说，人们宁可相信网上传言也不愿相信自己的分析和判断。人们创造网络和大数据，网络和大数据却反过来控制人们的行为，整个世界都越来越呈现唯网络和唯数据化趋势。有媒体报道，2022年6月初，在上海，一家老字号商店的门口来了一位91岁的老太太，老太太想买2元钱的面条来过她的生日。但由于她没有手机，不能刷场所码，营业员不卖给她。老人说：“用身份证行吗？我没有毛病。”她得到的回答还是不行。有热心人走上前，拿出自己的手机刷了场所码，打算帮老人买面条，结果被告知核酸过期，也不行。那切面就是静静地躺在那近在咫尺的柜台上，三人面面相觑，老人空手而归。在一个到处充斥着网络和电子设备的智能时代，冷冰冰的技术对人的排挤触目惊心。在网络和数字时代，我们选择的并不一定是自己喜欢的，只是数据和网红效应让我们跟着“喜欢”的。同为泛在社会信息源和终端，人与物之间的区别不断被拉平，主体异化为物。

再次，数据单向性问题。大数据用采集方单向的采集、挖掘、预测数据取代传统的双向的数据交换。互联网发展历经从Web1.0到Web3.0的转变。Web1.0的特征是信息编辑，网络是信息提供者，主要表现为单向性的信息提供和单一性的内容理解，这个过程主要是网站到用户的单向行为，网易、新浪，搜狐三大门户网站是主要代表。Web2.0的特征是用户交互，网络是平台，用户既是网站内容的消费者，也是网站内容的制造者。Web3.0的特征是“用户画像”，网络成为用户需求的理解者和提供者，网络知道用户有什么、喜欢什么、需要什么，根据数据资源挖掘、智能匹配进行产品推荐。并且机器进行的智能分组在一定层面上削弱了个体的自主性。个人的地位和角色越来越变得可有可无，人的存在意义受到挑战。人们的主体地位受到挑战，进而在对自身地位的迷失中亦容易滋生虚无主义，当主体性危机越来越成为一种普遍现象时，就将不仅仅是一场个体危机而是整个社会的危机。

（2）身份泛碎片化问题。数字身份的泛碎片化形态导致当代人的碎片化生存方式。一是碎片化的数字身份影响人的思维方式、思想观念和发展需求。二是现代融媒体的出现使原有的单一的价值观念受到多元化的价值观念的冲击而变得碎片化。三是海量信息不断分散人的注意力，信息快速转移，产品不断换新，智能终端不断转换……这种碎片化的生存方式导致人们形成快餐式的思维模式，人们已经没有耐心和精力进行深度思考，这阻碍了人们认识事物和社会现象的本质，如现在迅速发展起来的各种短视频平台就是印证。碎片化时代市场被不断细分，人们很容易被不断更新换代的产品和服务所吸引，这大大激发了人们追求物质享受的欲望。人本主义心理学家马斯洛认为，个体只有达到自我实现的顶峰时，自我才真正实现了和谐。物质需要的满足只能带来肤浅、短暂的快乐，精神需要的满足才会产生更高层次的幸福感。

（3）身份泛资产化问题。在5G泛互联时代，每个用户都是潜在的生产者和消费者，都被纳入了生产、交换、分配和消费的劳动过程之中。在数字劳动过程中，资本对劳动者的控制已经从实体转向了虚拟，平台系统通过潜移默化地收集、分析劳动者数据并将数据结果反作用于劳动者而使得劳动秩序成为可能。数字身份的标签化确实带来了许多便利，无论是对商家、平台还是对消费者和用户，但与此同时我们也不得不思考这背后的逻辑与本质。现实身份的标签反映的是社会核心的、主流的价值导向，是受社会认同的标签分类，但数字身份的标签化则是少部分掌握了数据控制权的平台来进行划分的，划分的标准是平台自己制定的，目的也是服务于平台自身或以获利的方式进行售卖，而且这种标签分类的过程并不是公开的。被贴上标签的数字身份及其背后的人既无从知晓，也无从申诉和辩解。如今数据越来越成为一项重要资产，但遗憾的是数据的主人并没有掌控数据的控制权，数据反而成为资本控制的手段。数字控制的隐秘性不仅削弱着用户的反抗意愿，还使他们在不知不觉中参与到对自身的管理过程中。用户通过创建数字身份进入平台，资本在对劳动者进行控制的过程中所直接指向的对象就是网络主体的数字身份。数字经济的核心其实就是平台经济，通过创建平台，将用户端细化为客户端、商户端和物流端，通过3个端口来实现整个商品买卖过程，如果是知识、音乐、影视等无形商品则不需要经过物流端。这种新的经济业态表面上看是平台为商家提供成本较低的虚拟平台，为客户提供“无接触”和“零跑腿”的服务，为经济发展拓展了新的领域——物流，但其实这一系列现象背后反映了一套资本逻辑，资本对劳动的控制并没有减弱反而更加强了，我们之所以沉醉于数字红利而毫无察觉，是因为当前的资本对劳动的控制出现了新的形态——数字控制。这是一种极为隐蔽的控制方式，而且在平台经济中，平台不仅是对某一方的控制，更是呈现商家、顾客和物流三方通吃的局面。

首先，对消费者来说，每一次的搜索都会留下记录，每一次数字劳动都会产生海量数据，这些数据自动上传到数据平台服务器，经过后台的算法分析与预测为消费者进行个性化推荐，引导人们不断去点击，而这些点击量就是数据进行资产变现的基础。个性化推荐确实为用户带来了便利，节省了时间，而且可以针对每个人的需求进行推送，但基于固化标签推荐的固化信息，让消费者渐渐陷入“信息茧房”。长此以往，人们的认知、习惯、圈层、审美变得固化，新型的固化关系将在人群中逐渐形成。标签化的世界最后呈现的是我们所想阅读、想表达、想购买的东西都不是我们自己真实的想法，而是背后的商家、平台的利益和资本在推动，标签化在带给我们个性化服务的同时也让我们陷入了同质化的困境。

其次，对流通端而言，平台通过收集快递物品的路线信息、天气、住址以及其他偶发性信息加以分析运用到对物流端的时间、空间和劳动过程的管理上。表面上劳动者的工作时间更加自由，但自由的背后却隐藏了更加严格的控制，只不过这种控制逐渐从明面走向隐形，逐渐消解了劳动者的抵触情绪。

再次，对商家而言，入驻平台的商户也是平台控制的对象，商家的货物种类、质量、价格和评价等标签化分类确实可以提高效率、增强收益，但同时要考虑到标签化的不足之处。首先，用户画像的标签化是抽象的抽象，即经历了符号化和标签化两个过程，在两次抽象的基础上形成的用户画像是否具有相当的代表性？这一点是值得深思的。其次，用户画像还具有一定的滞后性，与动态发展的人与社会实践相比，静态的用户画像并不具有时效性。再次，用户画像借用冰冷的算法进行计算和分析，并未将人的主观的、情感的因素考虑进去。因此，对平台与商家而言，这种便利的标准化模式背后也隐藏了某种弊端，商家运用数字身份的标签化分类本来是想利用数字身份更好地实现顾客喜好的掌握，却事实上被数据及其背后的符号化标签控制，这对于商家长久的发展也是不利的。平台系统的数据来源非常广泛，凡是平台的终端都是其搜集数据的来源，而且收集的过程都是非常隐秘的。数字控制表面上控制的是数字身份，实际上控制的是数字身份背后的人。相较于传统的资本对劳动的控制，数字控制中的控制权被重新分配，平台公司退居幕后，物流端承担了维护商户与消费者之间关系的责任，同时客户端、商户端和物流端也在不知不觉中参与到对自身的管理，而消费者在这其中成为管理商家和物流的中级管理者。控制权这样分散后，不仅淡化了商家责任，还把劳资冲突转嫁到平台与流通端。数字时代，人们普遍感到生产生活都更加自由，但其实很大程度上就是因为对他们的管理走向了隐形化。

三、基于媒介泛在化反思的精准出版

5G—万物联动创造的万物互联环境，不仅推动了“媒介物质性转向”，也推动了媒介时空观重构。任何事物都有其时空特性，时间和空间是物质的存在形式，事物运动都是在时间和空间中进行的，没有离开时间和空间的而孤立存在的物质运动。互联网改变了人们传统的时空观，将泛在网络带入人们的日常生活中，5G—万物互联催生出万物皆媒新时代，万物皆媒新媒介时空观对出版的精准化转向具有重要的推动作用。

1. 媒介泛在化境况下的出版机遇

“物极必反”从来都是世间万物运行的哲学法则，互联网的发展也要遵循这一法则，5G—万物互联也会遭遇“连接与反连接：互联网法则的摇摆”①的境况，彭兰教授指出，5G——万物互联一方面在不同方向上满足了人们的连接需求，另一方面又让人面临过度连接的重负，如线上过度连接对线下连接的挤占、强互动下的压迫与倦怠感、人与内容过度连接的重压、圈层化对个体的约束及对社会的割裂，对“外存”的过度依赖等。过度会产生反过度连接，这是人类行为的辩证法。5G—万物皆连推动了出版资源、出版形态、出版营销模式的全方位变革，万物皆连重负下的反连接也将给出版精准化带来机遇。

（1）出版业要抓住线下阅读回归的机遇。线上过度连接对线下连接的挤占会促使一部分读者用户回归线下阅读，出版机构要预判这一趋势，并积极探寻线下新零售模式。

首先，线上连接的关系网是有限度的，人们对社会关系的管理也是有限度的。英国人类学家罗宾·邓巴根据人类的大脑容量推断，人类社群关系的理想规模在150人左右，这一推断因此被称为“邓巴数”和“150定律”，但万物皆连的5G时代，人们的社交人数远远多于150人，很多社群和社交关系都已成为人们的负担。

其次，线上“人设”式自我表演会让人产生压迫感。处于社交网络中的人们自然而然会产生强烈的自我表演艺术，很多网民的网上言行是在经营自己的“人设”，并不完

---

① 彭兰：《连接与反连接：互联网法则的摇摆》，《国际新闻界》2019年第2期。

全是个人意志的表达，是为了获得他人的关注和点赞，是为了成为“网红”而获取社会资本的“投资”。这些“投资”需要投入大量时间和精力，这不是每个人都能支付的“成本”。并且，这些自我表演还有经受网民的审查，这种网络“他律”会成为很多人的心理障碍。连接的多样性可以为自我认知提供很多参照物，但这些参照物一方面可能在积极方面促进自我认知，另一方面也可能在消极方面造成自我与他人的冲突。同时，即使是很谨慎的自我表演和自我审查，也有可能因一时疏忽造成“人设”崩塌，从而造成心理累赘。

再次，私人时间和空间被挤压形成“时空压缩”。网上的各类社交平台账号，在表面上看是每个用户的私有空间，但这些空间一旦互相连接，其私密性反而越来越小。而阅读作为私密的个人体验，是需要私人空间的，网上碎片化快餐阅读虽然拓展了读者用户阅读空间和时间，但还是会有人选择线下静心阅读。日本人和犹太人是世界上年均阅读数目最多的人群，他们并没有因为网络发达而减少线下读纸版书的数量和改变静心读书的习惯，日本和以色列也并没有因为网上阅读平台的增加而出现线下书店关门潮，线下书店只是转变了经营方式来满足用户需要。日本的茑屋书店不仅在日本不断扩张，而且开始进军中国市场，继2019年正式落户杭州西湖区综合体园区后，2020年12月24日又在上海开业了上海上生新所茑屋书店。茑屋书店虽然还是一家书店，但同时具有卖书、藏书、租书、借书、读书、听书等多种功能，还设置咖啡馆、影音馆等休闲场所，是一个集书店、图书馆、出版、休闲、文化策划等多角色于一体的艺术文化策源地和复合式文化生活空间，成为都市文化生活新城域。茑屋书店模式为我们探寻新零售背景下的线下实体书店转型提供了有益借鉴。①

（2）线上内容过载会促使一部分读者用户回归线下内容阅读。出版机构要抓住这一机遇，解决个性化推荐的数量过载问题。5G—万物连接时代在加快内容分发的同时，也出现了内容过载问题，即人与内容连接量的快速增长。在门户网络时代，人们获取信息往往要去“拉出”菜单，但在高速移动网络时代，无论用户是否主动去“拉出”，内容都会被智能“推送”到用户的空间里，大量的个性化推荐的“推送”内容虽然在内容类型上缩减了阵地，对用户的个人性化需求“猜”得也很准，但出现的另一个问题是内容的“量上过载”。“量上过载”使得内容总体的“价值密度”变小，有价值的内容反而淹没在过量的内容中，用户发现有价值内容的成本反而上升”②。内容过载分散了用户注意力，导致思考力和专注力的降低，而且“超载”的内容通过不同渠道涌

① 魏伟：《新零售背景下实体书店的转型探索——以茑屋书店为例》，《出版广角》2020年第3期。

② [美]维克托.迈尔–舍恩伯格：《删除：大数据取舍之道》，浙江人民出版社2013年版，第19~20页。

向用户的大多是未经过滤的“二手知识”，用户接收的表层“知道”不断堆积，但深层次的认识和思考并没有得到提高，知识的深层学习也并没有相应增加，内容过载获得的碎片化知识虽然也有用，但不能完全代替系统化知识以及深度思考。出版行业要抓住一部分读者用户希望摆脱内容过载重负的机会，基于反连接的情境性选择，重建人的专注阅读和深度思考。

（3）“外存”依赖过度会促使一部分读者用户回归线下阅读。在5G—万物皆媒条件下，人与人、人与内容、人与物的连接，更多的是外部“链接”或“连接”，获取的信息绝大多数都是在“外存”，碎片化记忆大多数并没有铭记在脑海的“内存”里，而是“外存”于某个终端或云盘上。因为“外存”依赖过度，在无网络和网络连接不畅的现实环境中，很多人脑海里一片空白。因为“外存”依赖过度，一些人甚至逐渐丧失了自己独立思考的能力，遇到问题容易迷信网上的问答，而不能自己独立作出判断和选择，使人陷入“一种更多严酷的数字圆形监狱”[①]。毫无疑问，5G—万物互联使得内容推送都在极力做加法，一些商家在内容推送时大量夹杂着广告推送，让用户目不暇接，不胜其烦。有的商家利用“Feed流”把人当作动物不断提供“内容”食物，让人对某些“玩法”上瘾而欲罢不能，这种不断增加产品功能的做法增强了连接维度和紧密度，从满足用户个性化需求和增加用户黏性来看具有一定积极作用，但万物皆有度，一个让用户难舍难分的产品并不一定是真正人性化的产品。满足人的个性化需求也要符合人性，而不是一味逢迎人的低级趣味，甚至满足人性中恶的一面。网络不是法外之物，网络商营和网络消费都要有法律约束和道德约束。因此，5G—万物互联时代的产品需要有克制思维和做适度的减法，资本不能无序扩张，网络行为和网络产品也不能野蛮生长，需要从用户深层心理和长远影响以及真正的实际需要来审视营商模式的必要性和合理性。在用户面临过度连接、内容过载和疲劳轰炸的情形下，未来的产品创新可能需要回归少连接、弱连接场景，出版阅读物回归线下场景和“书香”品位的纸版读物也许是“反连接”背景下满足用户本来需求的一个有效路径。

四、群体动力学视域下的精准出版策略

群体动力学是研究群体成员、群体环境、群体结构和功能以及群际关系的一个学科。群体动力学又分为主观群体动力学和客观群体动力学。主观群体动力学研究群体成员在维护群际关系并使之最大化的同时通过多群体的规范分化提高群内规范的主观合理

---

① [美]维克托．迈尔-舍恩伯格：《删除：大数据取舍之道》，浙江人民出版社2013年版，第18页。

性问题。客观群体动力学在客观层面上分析群内过程和群际过程。[①]进入5G时代，互联网的发展使群体结构和群体运动过程以及群体心理表现都发生了巨大变化。基于群体动力学视域研究网群的运动规律并做好针对网群的精准出版，对于推动粗放出版向精准出版转型具有重要意义。

1. 基于网络学习共同体构建网络学习出版平台

网络学习共同体亦称在线学习共同体，是指在基于网络的虚拟环境下，由学习者和助学者共同构成的学习团体。与传统的学习共同体不同，网络学习共同体成员的地域和在线时间并不固定，学习方式也多种多样，如群论坛和网络会议以及通过协作软件进行在线协同编撰或出版电子书籍等。网络学习共同体具有传统学习共同体所不具有的特征。一是开放性。开放性是网络的根本特征，网络学习共同体也具有开放性。二是超越性。超越性是指网络传播对传统学习方式的一种超越。网络学习共同体既可以将网络课堂作为活动空间，也可以将其他学习平台作为活动空间，在学习时间的安排上可具有伸缩性和可调节性。三是交互性。网络的本质是互联互通，网络学习共同体可以拓展学习交互性场景，实现实时交互性传播和学习交流。四是高效性。5G网络不单降低了传输成本，也提高了效率，能实现瞬间生成、瞬间传播。基于网络学习共同体构建网络学习出版平台可以用不同类型来满足不同用户的需要。

（1）满足用户“成长”需要。学习是为了成长，成长必然伴随着学习，5G技术为学习者和助学者提供了全新的数字化学习环境，学习资源获取更便捷，学习方式选择更多样，学习效果评估更精准。不同的人群所处“成长”阶段不同，所从事的专业不同，网络学习出版平台的搭建也需要适合不同人群的需要。如大象出版社针对考生网络学习群体的需要，推出“大象e课”，搭建考试与教学测评服务系统平台。在平台上，出版社不仅提供电子版和纸质版图书，还提供成绩统计、试卷分析和成绩分析报告，对每个学生、每个学校、每个老师的成绩进行科学、全面的呈现。在该系统的服务项目中，高考模拟考试与适应性测试对应的是“高考”考生的需要，各类职业教育技术资格考试对应的是“职教”类学生的需求，中小学学业水平测试对应的是“基教”类学生的需求，教育水平达标测试与评价对应的是“考级”类学生的需求。根据不同需求搭建的平台使服务项目更细分，服务内容更精准。

（2）满足用户“情感”需求。网络推广和普及使人类情感交流出现了现实情感交流和网络虚拟情感交流两种场景，网络情感交流是主观群体动力学的主要研究对象。在

---

① 王明忠：《主观群体动力学模型述评》，《心理科学进展》2010年第11期。

5G网络时代，人们可以很方便地通过网络平台表达自己的日常情感，而且语义歧义性很强，如在“浙江出版社出的书不错，就是服务态度较差”这句话中，“书”和“服务态度”就是完全相反的情感极性。通过语言方面级进行情感挖掘有时难以了解人们的真实意愿，而通过文本方面级情感挖掘可以了解人们的真实意图。在5G和大数据技术条件下，多种情感级混合而难以判断的局面正在不断破解，方面级情感分析方法逐步成熟，包括基于胶囊网络的方面级情感分类模型（SCA Caps）已被使用。使用胶囊网络处理方面级情感分类任务，并引入高层胶囊系数来调整每个低层胶囊对高层胶囊的贡献，在一定程度上解决了单句文本中的特征重叠问题。[①]在情感方面细分的背景下，出版机构应全面了解用户对产品和服务的多方面意见反馈，不能只重视硬件，而不重视软件；只重视产品，而不重视服务。在网络出版平台上，除了通过“情感”分析了解掌握用户真实意愿和真正需求外，还要通过搭建交流平台创建情感交流空间。如新华网和《光明日报》推出聊天机器人与读者用户互动聊天，不仅增加了媒体的亲和力，也扩大了内容传播的渠道和情感交流的互动性。

（3）基于知识图谱搭建网络知识服务平台。知识图谱技术是新兴的互联网技术，能提供从“关系”角度分析问题的能力。自2012年Google率先提出知识图谱（knowledge graph）以来，知识图谱技术已被应用于智能搜索、智能推荐、智能客服、智能运营、风险预警、舆情监测、设备预警等众多领域。[②]知识图谱是互联网与大数据的产物，它与知识库既有联系又有区别。两者的联系在于都是通过信息技术手段更加有效和更加智能地保存和管理已有的知识，并且给用户提供便捷使用所需知识的接口，能快捷精准满足人们对知识的需求。两者的区别在于知识库是相对封闭的系统，更多设立在机构内部，服务对象也大多是内部人员和特定相关人员，建设知识库所保存的知识都是机构领域内的相关知识。而知识图谱是互联网高度发展的产物，它是一个开放系统，服务对象是网民大众，所保存的知识是包含所有机构知识库的知识集合。在工作原理上，知识库一般是基于关键词匹配的搜索引擎工作原理，而知识图谱是利用概念、实体的匹配度返回用户与搜索相关的更全面的知识体系。（图3–3）

① 徐志栋等：《基于胶囊网络的方面级情感分类研究》，《智能科学与技术学报》2020年版第3期。

② 周晶等：《知识图谱与数据应用——智能推荐》，《电信科学》2019年第8期。

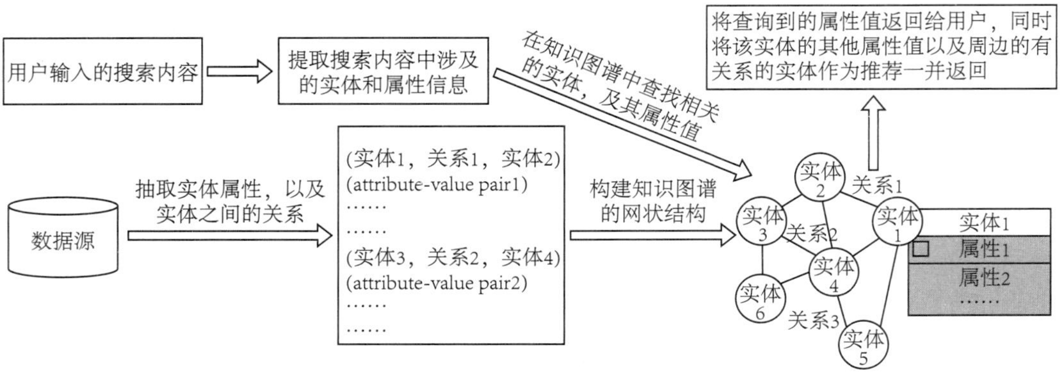

图3-3　知识图谱的工作原理

（资料来源：《南京理工大学学报》2017年第1期）

（4）知识图谱的分类。知识图谱一般有3种分类法：一是按研究对象的规模分类，可分为基于单样本的知识图谱和基于样本集的知识图谱；二是按照研究对象的领域分类，可分为一般性知识图谱和专业性知识图谱；三是按照研究内容分类，可分为文本知识图谱、视觉知识图谱、多模态知识图谱。其中文本知识图谱是以文本为主要研究内容，由文本样本构，且节点和边均有文本表示的知识图谱，其基本构建分为信息表示、知识融合、知识加工、知识更新四个部分。而视觉知识图谱是以图像为主要研究内容，由视觉样本构造，且节点和边均有视觉表示的知识图谱，视觉知识图谱比文本知识图谱少了一个知识融合模块，由信息表示、知识加工、知识更新三大部分构成。①

（5）知识图谱服务平台。目前，全球范围内较大的知识图谱服务平台有Google的“谷歌知识图谱”。谷歌知识图谱从2012年加入谷歌搜索，其语义网络包含超过570亿个对象，超过18亿个介绍，这些不同的对象之间有链接关系，

用来理解搜索关键词的含义。在结构功能上，一是谷歌知识图谱是以对象为单位来组织知识，并且很多对象有文本或视觉描述介绍；二是对象之间有链接，因此可以从一个对象快速跳到另一个对象，用户能使用链接功能解决他们的查询问题，而不必导航到其他网站并自己汇总信息；三是每个对象都是一组Key/Value形成的结构化信息，并且Key是多语言的，因此Key是在一个受控环境下统一定义的。谷歌知识图谱是用多种语言对知识图谱中的对象、实体、属性和关系进行描述，从而提高搜索质量和效率。搜狗公司推出的“知立方”服务平台则是通过“语义理解”网上的碎片性知识并进行优化，

① 朱木易洁等：《知识图谱发展与构建的研究进展》，《南京信息工程大学学报》（自然科学版）2017年第6期。

从而向用户提供“最符号的信息”[①]。“知立方”的优势：一是“语义理解”比传统的“关键词搜索”更加精准，“知立方”可以智能分析用户的查询意图，基于推理和计算能力，直接给出用户想要的答案；二是“知立方”通过全网页面数据的挖掘和分析，保证知识的准确性，提供比“知道类”产品更加权威的答案；三是“知立方”全网页面搜索可以给用户提供完整的知识体系，使用户不仅能够全方位了解知识点，而且还可以同时了解许多不知道的东西。

3.基于知识图谱的精准出版实践

知识图谱按照内容和呈现格式分为文本知识图谱、视觉知识图谱、多模态知识图谱。不同类型的知识图谱构建对于提高出版精准性都具有实践意义，一些传媒机构也在进行这方面的尝试。

（1）基于知识图谱的唐代诗词平台构建。[②]诗词类知识图谱属于文本知识图谱范畴，构建要点：一是要构建唐代诗词的本体，二是完成对唐代诗词领域相关知识的抽象。唐代诗词的知识框架包括两个部分：第一部分是关于诗人的知识，包括诗人基本信息、诗人主要成就、诗人作品背景以及与相关诗人的关系；第二部分是关于诗词的知识，包括诗词解析与欣赏、诗词背景、诗词后世影响等。诗人与诗词两个概念确定之后，对两个概念进行实体定义，确定其实体属性和数据属性，然后构建本体，本体构建既可以通过人工编辑的方式进行，也可以通过数据驱动自动构建的方式进行。在海量实体数据情况下，人工编辑工作量很大，故一般选择采用数据驱动的自动构建技术形成知识图谱。[③]选择的技术包括从DBPedia知识库爬取数据，开发工具可选择Python语言，采取结构性数据库存储数据。本体构建可使用Protege软件。该软件能提供本体概念类、属性、实例、关系的构建，还能对具体的本体描述语言进行屏蔽，为用户在概念层次进行领域本体模型的构建提供方便。

（2）中医药知识图谱构建与应用[④]。专业化知识图谱的应用目前已经扩大到包括医疗行业的广泛领域。在国外，医疗领域推出了很多面向不同子领域的知识图谱。在国内，由中国中医科学院中医药信息研究所开发的“中医药学语言系统”已发展成包括60多万个术语、12万多个概念和127万多个语义关系的大型语义网络，并在此基础上构

① 李涛等：《知识图谱的发展与构建》，《南京理工大学学报》2017年第1期。

② 李畅：《基于知识图谱的唐代诗词平台构建》，《科技视界》2019年第2期

③ 徐增林等：《知识图谱技术综述》，《电子科技大学学报》2016年第7期。

④ 阮彤等：《中医药知识图谱构建与应用》，《医学信息学杂志》2016年第4期。

建“中医药知识图谱”[①]。中医药知识图谱在运用文本抽取、数据融合以及关系数据转换技术的基础上，采用数据驱动自动构建的方式实现中医药知识图谱的智能应用，主要功能包括基于模块的中医药知识问答和基本知识图谱推理的辅助开药。文档功能的用户对象除了从业人员，很大一部分是有实际需要的人，而辅助开药功能的用户对象则主要是中医药从业人员。中医药是有悠久历史的医学，在知识图谱技术支持下，传统经验式的中药也在日益定量化和精准化。中医的药方一般包括基础药方和经验药方，基础药方一般是由疾病和症状来确定的，经验药方则是根据患者的病症来确定的，中医药知识图谱的功能是辅助医生在诊断病人所患疾病的症状后，通过知识图谱的推理引擎获得推荐药方。

（3）中文影视知识图谱的构建。[②]视觉知识图谱是知识图谱的一个重要类别。中文影视知识图谱的构建是视觉知识图谱的具体实践。中文影视知识图谱采用影视本体构建、影视知识抽取、影视知识融合、影视知识图谱可视化平台等流程进行构建，已建成的有清华大学开发的大规模中英文跨语言知识图谱XLore[③]原型系统等。中文影视知识图谱的一个重要功能是可视化平台的搭建。中文影视知识图谱可视化平台是以高清、动态和直观方式呈现知识结构、知识背景、影视知识问答、影视知识之间关系的应用平台，主要由影片知识图谱、影视关系图谱和影视知识库管理等模块构成。在5G时代，可视化呈现具有高清、快速、即时特点，可以为用户提供更贴近用户知识服务，用户可以通过指定相关方式的知识图谱，针对个人的实际需要自定义个性化推荐服务。

---

① 贾李蓉等：《中医药知识图谱构建》，《医学信息学杂志》2015年第8期。

② 谢星等：《中文影视知识图谱构建研究》，《南华大学学报》（自然科学版）2019年第1期。

③ 王巍巍等：《双语影视知识图谱的构建研究》，《北京大学学报》（自然科学版）2016年第1期。

第四章　基于AI的精准出版

2020年9月，在中国杭州“传媒技术生态高峰论坛”上，北京北大方正电子有限公司副总裁郑伟做了《媒体融合的“数”与“智”》的主题演讲，提出媒体融合正在发生从“数字化”到“新数智化”的转型。“新数智化”四个字各有含义：“新”指从新媒体出发重组生态；“数”指大数据重建连接；“智”指人工智能重塑边界；“化”指流程化再造。①从数字化转型到新数智化转型，新概念、新转型一个接一个，令人目不暇接，提示着基于新一代人工智能的智慧出版正一步一步地向我们走来。

2019年4月4日，《中国科学报》报道“第一本机器生成书”在世界出版巨头斯普林格问世。这本世界上“第一本机器生成书”是化学类图书。该书系统介绍了快速发展的锂离子电池的最新研究进展，主要内容是对该学科大量研究论文进行跨语料自动摘要。由于编书机器人采用的是创新的流水线结构，该书对大量论文进行结构性摘要，对该领域研究人员有效应对信息超载问题将起到重要的帮助作用。

机器生成书籍的流水线结构是基于一种名为“Beta Writer”的算法，可自动从斯普林格的内容数据平台Springer link上面选择、使用相关出版物，然后使用相似性的聚类程序将源文档组合排列成具有一定逻辑结构的章节。最后再创建简洁明了的论文摘要、序言、目录和参考书目。根据斯普林格的计划，其将改变过去完全由人创作图书内容的传统做法，逐步完成由人创作到由人机混合创作再到完全由机器生成文本的出版模式改变。②这种由机器生成书籍内容的做法是否适销对路，能否满足用户个性化需求尚待市场观察，但人工智能介入出版内容创作的尝试表明智慧出版已不再只是一种设想，而是正成为出版实践。

① 郑伟：《媒体融合的“数”与“智”》，《传媒评论》2020年第10期。

② 冯丽妃：《第一本机器生成书问世》，《中国科学报》2019年4月4日。

第一节　智能时代与媒体大脑

人工智能是20世纪50年代产生的科学成就。1950年，人工智能出现了两大成就：一是建造了世界上第一台神经网络计算机，这被视为是人工智能的起点；二是被称为“计算机之父”的阿兰·图灵提出了“图灵测试”，图灵测试的核心思想就是人机对话，即如果一台机器能够与人类开展对话而不能被识别其机器身份，那这台机器就具有智能。1956年，约翰.麦卡锡第一次提出了“人工智能”一词，并与明斯基共同创建了MITAILAB实验室，这是世界上第一座人工智能实验室。人工智能的发展已经经历了70多年的坎坷历程，前期的人工智能成就还不足以开创一个“智能时代”，“智能时代”是与大数据、云计算等新技术时代相伴而生的，正如中国工程院院士邬贺铨在为吴军博士所撰《智能时代》一书所写的序言中所说：“大数据挖掘的需求加速了机器智能化技术的成熟，可以说，大数据与机器智能相伴而生，促进物联网从感知到认知到智能决策的升华，催生了智能时代。智能时代是一个计算无所不在、软件定义一切、数据驱动发展的新时代。”①

一、智能时代

人工智能概念及实验已经出现了70多年，在长达70多年的发展历程中，人们创造过人工神经网络、知识表现、模糊逻辑、智能搜索、机器学习等一系列实现人工智能的原理和方法，但这些理论和方法都属于人工智能发展的微创新阶段。②人工智能的成熟与井喷式发展与大数据和云计算技术之兴起密切相关，是大数据和云计算助推人工智能的发展进入了“智能时代”。

1. 从AI1.0到AI3.0

对人工智能进行AI1.0、AI2.0、AI3.0代际划分时，遵循的是计算机领域的狭义的人工智能概念，即研究机器智能的方法的演进。也就是说，AI有两个定义：第一个是泛指机器智能，泛指即计算机专业领域之外的人谈到人工智能时对机器智能的统称；第

① 吴军：《智能时代》，中信出版集团2016年版，第XII页。

② 周鸿祎：《智能主义》，中信出版集团2016年版，第31页。

二个是专指研究人工智能的方法，如计算机和人工智能领域的权威斯图亚特·罗素和诺威格编著的《人工智能：一种现代的方法》就专门强调人工智能是“方法”，并将“方法”分为“老式的人工智能方法”和“现代的人工智能方法”（如数据驱动、机器学习、知识发现）[①]。正是由于AI是由“老式的”传统的人工智能发展到“现代的人工智能”，才出现了从AI1.0到AI3.0的跨越。

（1）人工智能的认定。人工智能的认定标准是根据计算机的奠基人阿兰·图灵在《计算的机器和智能》一文中提出的“图灵测试”来认定的，计算机科学家们认为，计算机如果能做下列5件事情中的任何一件，就可以认定它具有图灵所说的人工智能。第一，语音识别；第二，机器编译；第三，文本的自动摘要或者写作；第四，自动回答问题；第五，战胜人类的国际象棋冠军。时至今日，计算机已经能够做上述所有事情，在游戏方面还超出了预期，如自主学习能力。还有就是在下棋方面不仅有“深蓝”大战卡斯帕罗夫的国际象棋大战，还有Alpha Go大战世界围棋冠军李世石，围棋的难度系数比国际象棋要高出6～8个数量级，并且，推出Alpha Go的Deep Mind公司是Google收购的一家英国公司，下围棋只是其展示人工智能成就的一个方式，他们的发展计划是用开发的机器算法进军商业、政务、城市管理等众多领域，如用机器智能管理共同基金，投资回报率可以比由人工管理的基金高一个百分点，其由此可成为全球最大的基金管理公司。

（2）AI1.0时代。AI1.0的主要特征是逻辑智能，主要技术表现是神经网络。AI1.0有一个形象的称谓“鸟飞派”，即人工智能起步阶段是模拟“仿生学”思路，就像人模仿飞鸟造飞机一样，用机器模仿人脑产生智能。人工智能起步后曾经很长一段时间陷入困境，这是由于重视仿生，而忽视内生动力，就像飞机能上天飞行，不仅仅只靠仿生飞鸟的翅膀，更重要的是靠空气动力学原理。计算机能产生智能，也不仅仅只是靠模仿人脑的工作原理，更重要的是要靠机器算法和数据驱动。人工智能起步阶段是通过由人制定的各种规则去做理论性的推理，尽管在机器推理方面有不俗的表现，但仅仅能做出几个简单的“玩具”，如让机器人像猴子一样摘香蕉，仅仅限于几个严格定义的问题，机器本身没有学习能力，且处理不了非逻辑结构的不确定性问题。所以，一直到20世纪60年代末期，计算机科学的其他分支都迅速发展，成绩斐然，但人工智能一直裹足不前，经历了大约20年的徘徊低谷期。1968年，人工智能奠基人明斯基在《语义信息处理》一书中指出：“目前（1968年）的方法无法让计算机真正类似于人工智能。”人工智能要有突破必须转变思路。

① 吴军：《智能时代》，中信出版集团2016年版，第46～47页。

（3）AI2.0时代。AI2.0的主要特征是计算智能，主要技术表现是机器学习。自20世纪70年代开始，人们开始了人工智能的另一条发展道路，即采用机器算法和数据驱动的方法。互联网、移动互联网以及大数据、云计算的不断发展开启了AI发展的第二波浪潮。首先，互联网和移动互联网所产生的大数据给机器提供了源源不断的学习、挖掘和试错的对象，让系统能自发地发现规律，并精准地进行预测、判断和决策。其次，云计算赋能计算机的算力快速提升，还有5G赋能计算机数据实时、快速、便捷传输，大大提升了机器的信息处理能力。再次，基于深度学习构建的算法演进给机器智能自主挖掘数据和发现规律提供了不断精进的软驱动力。也就是说，AI2.0有3张王牌：一是数据驱动，二是算力提升，三是算法演进。这3张王牌使人工智能逐步获取了在很多方面达到甚至超越人的能力的水平。

（4）AI3.0时代。AI3.0的主要特征是人机混合、虚实交互的平行智能（AI3.0）。在全球畅销书《AI3.0》一书的译者序中，中国自动化学会监事长王飞跃指出，人工智能虽然还有十大问题和猜想需要人们去研究解决，但"个人更是坚信人工智能必须从长期占据主导地位的逻辑智能（AI1.0）和近20年作为主力的计算智能（AI2.0）向人机混合、虚实交互的平行智能（AI3.0）迈进"①。"人机混合、虚实交互的平行智能"世界，这好像类似于"元宇宙"的概念。财讯传媒首席战略管理段永朝也在《AI3.0》一书的序言中说："受惠于神经网络和机器学习的发展，特别是2016年Alpha Go在各种围棋比赛中大获全胜，给全世界做了一次人工智能科普，人工智能的第三波浪潮开始了。"②这里的人工智能的"第三次浪潮"也可以理解为AI3.0浪潮。关于AI3.0的特征，英特尔中国研究院院长宋继强认为主要有4个方面：第一，AI3.0是环境自适应性的"自然智能"，它不仅能处理确定性的问题，也能处理不确定性的非关系性问题；第二，它不仅能够做事，还能够解释；第三，它不完全依靠大数据驱动，即便只有少量数据也可以实现更高效能的持续学习；第四，它具有高可靠性或者说符合人类给它设定的伦理道德。③

人工智能进入AI3.0时代，其"人机混合、虚实交互的平行智能"特征突出表现在神经拟态计算技术的快速发展，神经拟态技术是在传统半导体工艺和芯片架构上的一种新的尝试和突破，它通过模拟人脑神经元的构造和神经元之间互联的机制，能在低能耗以及少量训练数据的条件下持续不断自我学习，大幅度地提高了能效比，最有可能开辟

① [美]梅拉妮·米歇尔：《AI 3.0》，四川科学技术出版社2021年版，第XXVIII页。

② [美]梅拉妮·米歇尔：《AI 3.0》，四川科学技术出版社2021年版，第VI~VII页。

③ 宋继强：《AI 3.0时代具有四个特征》，《经济时报》2020年6月22日。

出一条从AI2.0到AI3.0的崭新赛道。现阶段，英特尔的神经拟态计算芯片Loihi已经具备了嗅觉的能力，神经拟态系统Pohoiki Springs已经拥有1亿神经元的计算能力，这已经相当于一个小型哺乳动物的大脑。尽管神经拟态计算的特点非常符合AI3.0的发展需求，但现在还处于早期开发阶段，因此现阶段，我们正处于从AI2.0-AI3.0时代的转折点。

2. 从专用智能到通用智能

从人工智能进入AI2.0时代开始，AI技术就一直在大力开发智能硬件和智能软件。其中智能硬件自2014年起不断取得突破性进展，特别是2014年8月，IBM公司推出了一款名为True Northd的大脑原型芯片，2014年由此被称为智能硬件元年，为人工智能从专用智能向通用智能演进奠定了基础。[①]通用智能的生态架构主要有以下几个方面。

（1）人脑芯片。人脑芯片亦称为想法芯片，是正在研发的一种电极迅速接收人们想做某个动作时的神经冲动信号的芯片，其通过数据技术分析大脑神经运动来破译人们想法的芯片。突出成果是IBM公司的True North大脑原型芯片。该芯片集成了100万个神经元和2.56亿个突触，相当于一只蜜蜂的大脑，而正常人的大脑大约包含1000亿个神经元和无法统计数量的突触。尽管True North与人的大脑相比还存在巨大差距，但它已经可以用人脑的思维模式去认知和识别外物。[②]如True North可以根据探测到的字母，识别出单词和语句。在医疗领域，当瘫痪病人的想法被人脑芯片破译后，无线发射器会将信号从大脑中传出，发送给芯片匹配的假肢，也许有一天瘫痪病人就可以行动自如了。[③]

（2）仿生机器人。仿生计算机亦称生物计算机，主要原材料是生物技术产生的蛋白质分子。仿生计算机以波的形式传播信息，当波沿着蛋白质分子链传播时，会引起蛋白质分子链中单键、双键结构顺序的变化。由于仿生计算机是以核酸分子作为“数据”，以生物酶以及生物操作作为信息处理工具，因此，它可以解决构建大规模人工神经网络问题。生物材料毕竟是与人脑神经诸元相类似的生物体，在模拟神经网络方面具有天然的优势。首先，一般的中央处理器（CPU）和图形处理器（GPU）处理神经网络的效率很低，并且在场地、耗能和散热方面都存在诸多问题。而专门的神经网络处理

① 周鸿祎：《智能主义》，《中信出版集团》2016年版，第22页。

② 聂翠蓉：《IBM类人脑芯片再获突破，擅长感觉和图形识别》，《科技日报》2017年6月27日。

③ 行云：《大脑连电脑助康复》，《科学与现代化》2020年第3期。

器就能较好地解决这些问题。①如我国陈云霁团队研发的寒武纪神经网络计算机依据仿生学原理运行，与现有GPU相比，其性能提高21倍。其次，人工智能若想真的具备人脑的思维，除了有智商，还要有情商。现阶段，具有情感社交能力的机器人已成功推出，如“公子小白”机器人就具有情感表达系统，不仅可以识别人类的表情，而且还能传递和表达自己的情绪。再次，仿生计算机对图像、文本、声音、行为和面部表情识别越来越精准，其DNA链是双螺旋结构，如果错误发生在DNA某一双螺旋序列中，修改酶能够参考互补序列对错误进行修复。也就是说，仿生计算机自身具备修正错误的能力，大大降低了数据错误率。

（3）量子计算。量子计算是一种遵循量子力学规律调控量子信息单元进行计算的新型计算模式。其工作原理是使用量子力学叠加原理使得量子信息单元的状态可以处于多种可能性的叠加状态，从而使量子信息处理从效率上相比经典信息处理速度更快，准确率更高。普通计算机存储数据的方法是根据晶体管电路的状态，而量子计算则是根据粒子的量子状态使用量子计算法来进行数据操作。②自2018年以来，量子AI使量子算法非常适于解决人工智能和机器学习中核心的优化过程问题。Google在2020年推出的Tensor Flow Quantum（TFQ）框架，允许研发人员再设计、训练和测试混合量子经典模型时，可以模拟量子处理器的算法，在并行联机时，还可以在真实量子处理器上运行这些模型的量子部分。量子计算将人工智能推进到量子AI阶段，包括量子卷积网络QCNN、量子自然语言处理QNLP、量子生成模型QGM等都将量子AI推向一个新的高潮。

3.从计算智能到平行智能

大数据、云计算的迅猛发展，推动人工智能从计算智能进入平行智能时代。

平行世界需要平行智能。众所周知，人的智能是依靠大脑来产生的，人的大脑可以瞬间调出已知的所有知识，并可通过推理探寻未知的世界。人的想象力是开放的、无穷无尽的，但机器智能目前只能靠算法，而且算法是封闭的。如果算法不开放，不解放，人工智能就永远只能是人工，而无法类“人”。其只能滞留在利用已有的知识解决已知问题的境界。因此，机器想象的突破在于机器算法如何开放。波普尔将客观世界分为3个世界；第一世界是物理世界，第二世界是心理世界，第三世界是人工世界。机器算法的突破不是在第一世界和第二世界，而是在第三世界。农业社会打破的是“血缘的不对

① 宋卓琛：《仿生计算机的优缺点分析及未来发展趋势畅想》，《电子世界》2018第2期。

② 唐豪：《量子计算赋能百业》，《世界科学》2022年第4期。

称”，工业社会打破的是“信息的不对称”，智能社会打破的是“智力的不对称”。大数据、云计算、物联网的发展为开发第三世界、开发智能算法提供了技术条件，使人工智能推进到人机交互、虚实相融的平行智能阶段。平行智能开启了智媒时代。平行智能的产生是与平行世界的存在联系在一起，开放的平行世界要求有开放的平行智能。只有平行才能解决世界的复杂性、多样性和不确定性问题。

从计算智能到平行智能，大数据和云计算从根本上突破了人工智能发展几十年历程中所遇到的瓶颈，比如机器学习，从提出概念到模拟仿真，一直进展不大，但运用大数据和云计算之后，机器学习能从大数据中自动分析挖掘并获得规律，能运用大数据预测从未知中发现已知。现阶段，机器学习已被广泛应用于网络搜索、手写识别、语音识别、机器翻译、在线直播广告、垃圾邮件过滤等各个方面，为人们提供很多个性化需求的精准服务。周鸿祎认为，到2020年，全国有140亿台各种终端设备连接到互联网，其中PC机6亿台左右，手机15亿部左右，更多的联网设备是“物”，智能家用电器、可穿戴设备等智能家居终端，这些海量设备所产生的数据是海量的大数据，传输这些大数据主要依托5G技术，处理这些大数据只能依靠云计算，存储这些大数据也要依托云空间。从这个意义上说，智能时代的人工智能是基于大数据、云计算、5G、物联网完整技术链构建而成的“智联网”。

“智联网”是新一代人工智能，其智能时代标签有两个。一是深度学习。深度学习将传播意义上的机器学习推向了一个新时代，其依托的是复杂的非线性的神经元网络，使机器学习向深度学习进军。二是无规则机器人。新一代人工智能机器人运行可以不预设程序，机器人可以自主选择决定下一步该怎么办。智能时代开启了人类的智慧生活，智慧组织、智慧城市、智慧社会纷纷应运而生，智慧出版也不例外。

4、AI时代的“数惧”

涂子沛在《数文明》一书中用“数惧”一词来形容AI时代人工智能与大数据结合对人们带来的“恐惧感”①。2016年Alpha Go大战李世石，并以4:1获胜，随后，Alpha Go又大战世界排名第一的围棋顶尖高手柯洁，并以3:0获胜后，人工开始引起人们更广泛、更深层的恐惧。人的恐惧和担心的焦点是未来机器会不会大量取代人的工作岗位，一些著名科学家和企业家以及新闻媒体都在谈论人工智能对人类的威胁。如牛津大学人类未来研究院的研究报告认为：“2027年人工智能将驾驶卡车，2031年人工智能将取代所有的零售店工作，有高达50%的可能性显示未来120年内机器和算法将取代

① 涂子沛：《数文明》，中信出版集团2018年版，第26页。

所有人的工作。”BBC预测说，电话推销员、打字员、会计、保险业务员以及银行职员等365种职业将因为人工智能迅速被淘汰。吴军认为，所有做重复工作的职业都可能会被淘汰，只有2%的人能在智能时代取胜。李开复认为，50%的工作将被人工智能取代，只有爱才能让人区别于机器。

人工智能自20世纪50年代开始出现至今已经70多年，为什么这几年人们才对人工智能越来越恐惧？这主要是因为大数据的出现。大数据使人们不停地给机器算法“喂”数据来换取智能，给机器算法“喂”数据的主要操控方式是Feed流，Feed流是一种信息单元格后一种数据格式，是将用户看成是贪吃食物的动物一样，不间接地持续将数据“喂”给机器算法。很多资讯类和社交类App都是Feed流的操控者，如今日头条推荐页、微信朋友圈、抖音短视频以及知乎关注页都大量使用Feed流手法。Feed流手法不是单单“喂”数据那么简单，而是融入了对人性的理解，通过“喂”数据来换智能，这正是人工智能诡异并令人恐惧之处，用户由于互联网、移动互联网和物联网依赖不断向网络巨头贡献数据，网络巨头不断使用这些用户自觉贡献的大数据研发出更新更好的人工智能产品，而这些产品投入使用又不断取代大众用户的工作。也就是说，是大众用户贡献的大数据被智能公司开发成人工智能产品并最后取代了大众用户的工作，而大众用户还在争前恐后地不断贡献于夺掉自己饭碗的东西。正如美国中央情报局前任局长莱文所说，现在是收集情报最好的时机，因为每个人都争先恐后地要在网络上表达自己是谁。更匪夷所思的是，这种争先恐后贡献的数据还几乎都是免费的，现在几乎所有的网络巨头和人工智能公司都变着花样想方设法少花钱甚至不花钱诱使用户提供更多更有用的数据。正是从这个意义上来说，人工智能与大数据的联姻使数据正在变成“数惧”。

但从另一个意义上说，人工智能虽然威胁到人类生存特别是威胁到人们的工作岗位，但人工智能的发展对人类进步的积极意义是不可否认的，人工智能的发展趋势也没有人能够阻挡。事实上，李世石、柯洁输给了Alpha Go，并不是仅仅只是输给了机器，而且输给了一群人和一台机器。普通人一天一般能下3盘棋，顶级棋手一天最多也不会下超过10盘棋，但Alpha Go一天可以自我对弈3万局，而一天3万局的数据记忆是人脑无法完成的。

二、媒体大脑

人工智能的具体化、平台化成就是一系列机器大脑的出现，2011年Google率先推出“谷歌大脑”，随后的标志性成果，一是2012年让机器人识别猫脑，二是2016年Alpha Go大战李世石，机器人击败世界上最顶尖的围棋高手，制造了新一代人工智能的轰动效应。与此同时，中国的阿里云推出“城市大脑”，制定出解决城市管理和交通管理的智能解决方案。从机器识别和让机器认知世界，到让人工智能来解决问题和完成工作，人工智能的发展在短短的几年时间里经历了2个发展阶段。

1. 从人脑芯片到媒体大脑

从2014年IBM公司推出True North人脑芯片开始，AI加快了从专用智能向通用智能的转变，在中国，从2016年阿里云推出“城市大脑”到2017年新华社发布中国第一个媒体人工智能平台“媒体大脑”，标志着通用智能的发展步伐正在逐步加快。

（1）“媒体大脑”的组成。在当前技术条件下媒体大脑主要由8款智能化产品组成，分别是“人脸核查、采蜜、智能会话机器人、语音合成、新闻分发、用户画像、版权监测、2410。”其中，“人脸核查”是应用图形识别、深度学习等智能技术，实现对视频、图像中的特定人物的检索和查验，在人脸识别领域可实现人脸特征点定位360°检测，最小检测人脸16像素×16像素，支持大姿态、模糊等面部特征点精细定位，最小识别人脸32像素×32像素。“采蜜”是一款专业用录音转文本工具，扫码就能下载使用，能实时将现场采访音频信号转成文字，并能实现重点节点打标，便于检索和进一步加工编辑，同时可实现采访录音及转写素材在移动端与PC端同步。“2410”是指24小时实时在线，并在10秒级自助生成一篇文章。“2410”将密集的摄像头和传感器变成记者的眼睛、手脚，让记者能捕捉到更多更快的新闻数据。在捕捉数据的基础上，“2410”还能通过智能化技术截取视频片段、智能合成语音对信息进行编辑，最后形成包括文字、音频、视频以及数据可视化形式的富媒体内容。①

（2）“媒体大脑1.0”。“媒体大脑1.0”基于8款智能化产品构建而成，具有八大功能：基于2410的内容自动生成功能；基于“采蜜”的文字和语音转换采写功能；基于图像技术的特殊标识识别功能；基于全网300万个网站及头部自媒体的传播、版权监测功能；基于传播场景技术的新闻分发功能；基于语音合成功能；基于大数据分析的用户画像功能；智能会话机器人技术基因“人脸核查”技术的身份核查功能。媒体大脑融合大数据、云计算、物联网等多项技术，为新闻传媒机构提供素材捕获、画面分析、加标题、配乐、制作、合成、发送等一条龙服务，使新闻传播的生产和服务更加精准化、快捷化、智能化。

（3）“媒体大脑2.0”。2018年6月，新华社旗下的新华智云发布“MAGIC”智能生产平台。MAGIC的命名是由机器生产内容（MGC）和AI两部分结合而来，被称

---

① 傅丕毅等：《“媒体大脑”的智媒演变：万物为媒，人机共生》，《传媒》2019年第5期。

为“媒体大脑”的2.0版。[①]MAGIC是全路链“数据＋AI＋计算资源”解决方案，是以大数据、云计算、智能算法以及人机协同技术为基础搭建起的包括智能数据工坊、智能主题集市、智能生产引擎、智能媒资平台四大智能系统的传媒智能生产平台。智能数据工坊是数据收集、挖掘、加工中心，通过网络爬虫等技术挖掘各种文本资源中的有用数据。智能主题集市是内容创意中心，通过数据分析为内容生产者提供选题思路和写作路径。智能生产引擎是内容生产中心，通过分析新闻发生的时间、地点、人物等数据，自动生成新闻内容。智能媒资平台是素材仓库，是新闻内容的“算法中心”和“仓储中心”，是新闻内容、图像、视频等素材的集散地。MAGIC平台在设计架构上类似于“数据中台”，走的是“业务数据化—数据业务化”的反馈路径：一是使传统的信息资源变成数据，使遍布线下的数据走向线上，构建数据仓库并与数据计算对接，让数据“串起来”，完成业务数据化；二是将数据形成回环，回到具体业务的使用场景中，使数据落地生根，真正在业务场景中使数据“用起来”，完成数据业务化。

（4）人机共生的媒体大脑。面对AI3.0时代的“数惧”，新华智云的MAGIC的核心价值和定位是“机器是人的帮助者，而不是替代者”。媒体大脑的本质是机器帮助内容生产者更多地占有和使用资源，所有技术能力的释放都是帮助人更加高效地运用资源。媒体大脑追求的是机器智能＋人工智能的双赢和重生，而不是用机器智能取代人的智能。媒体大脑只是智能媒体时代的基础设施，是人机共生的产物。[②]

2、媒体大脑关键词

“媒体大脑”和MGC新闻，能向海内外媒体提供8个模块的精准服务。[③]（图4-1）从2018年开始，新华社整合所有人工智能资源，对“现场云”资源聚合平台进行升级，开发基于新华智云的媒体大脑，其宗旨是“凭计算之力，求数据洞察，赋万物为媒，迎智能时代”。

---

① 沈楠等：《MAGIC对新闻智能生产的探索》，《新闻战线》2018年第8期。

② 傅丕毅、陈毅华：《MGC机器生产内容＋AI人工智能的化学反应》，《中国记者》2018年第7期。

③ 徐常亮：《媒体大脑：媒体与人工智能的融合重生之路》，《传媒》2018年第2期。

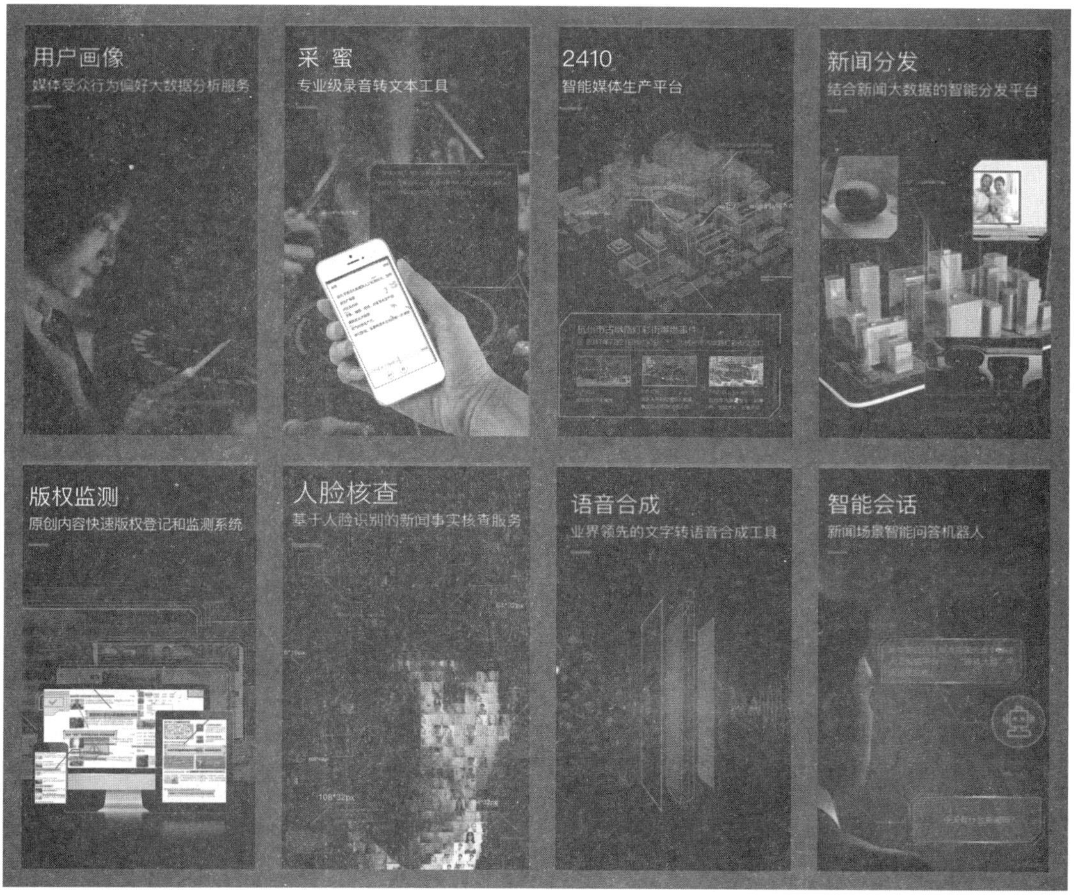

图4-1　媒体大脑8个模块

（资料来源：《中国记者》2018.7）

新华社“媒体大脑”宗旨上的4句话有4个关键词：一是计算，即媒体大脑是基于云计算；二是数据，即媒体大脑是基于大数据；三是万物，即媒体大脑是智能赋能万物，是万物为媒；四是智能，即媒体大脑是内容自动生成。新华社的媒体大脑“2410”运用人工智能及其相关技术链由MGC新闻覆盖突发事件、舆情报道以及程序性报道，其生产流程包括智能设备数据和视频获取，经由语音识别、视频识别、图像识别让机器人进行新闻价值判断和内容理解，将理解内容与已经掌握的知识图谱建立关联，然后进行语义检索，匹配接入地理位置、交通状况、天气变化等数据，再经过语音合成、视频编辑、可视化编辑等一系列流程，最后生成一条包括音频、视频、文字、图片、可视化呈现在内的富媒体新闻。MGC比传统的用户生成内容（UGC）不仅具有覆盖面广，生成速度快的特点，而且机器收集的内容素材不会出现个人主观判断问题，具有内容更真实、覆盖更全面、数据更详细、结构更优化的特点。机器制造和人工智能的发展，一直以来的思路都是让机器做机器擅长做的事情，让人做人擅长做的事情。机器工作的条件与效率来自机器的逻辑程序，而诸如思考和创意内容、帮助和关切他人、社交和谈判能力等是机器人不擅长的。媒体大脑并不是要完全取代人脑，而是让人脑做更有深度、更有温度、更有态度的事，是要将人从以往的重复劳动的限制中解放出来，在更高层次上形成人与物的延伸性对接。媒体大脑是媒体融合的“数智化”，MGC自动生成内容只是媒体工作流程以及生产方式的再选，是数据—算法—智能—应用的边界重塑和流程再造。

第二节　基于出版智能化的精准出版

媒体大脑的出现和智媒时代的到来推动着出版传媒进入智能出版时代。智能出版有4个基本要素：泛互联范式、立体出版、协同生产、精准营销。[①]在这4个要素中，立体出版与出版价值链问题相联系，协同生产和精准营销与出版供需链问题相联系，泛互联范式与出版空间链问题相联系。

一、AI赋能出版流程精准化

2017年，国务院发布《新一代人工智能发展规划》，指出人工智能发展的五个方向：一是大数据智能，二是跨媒体智能，三是自主智能，四是人机混合增强智能，五是群体智能。因应国家战略和产业发展大势，出版的智能化应是出版走向未来的必然趋势。中国新闻出版研究院发布的数字出版年度报告显示，人工智能已广泛应用于出版内容生产和内容推送环节，助推出版实现智能制作、智能呈现和精准智能推送。

1. 编辑策划智能化

2018年6月13日，新华智云在俄罗斯足球世界杯开赛前夕推出MAGIC平台，从6月14日至28日，共在MAGIC平台生产推出了世界杯短视频28919条，占网上世界杯中文短视频总产量的69%，其中，最快的一条短视频《进球了！秘鲁VS丹麦》是在丹麦队进球后16秒钟时自动合成并发布在视频网站上的。MAGIC是AI进入媒体编辑策划

---

① 张弛：《大数据时代中国出版产业链的重构》，中国社会科学出版社2016年版，第191页。

的代表作，一经推出就显现出时效快、内容全和可学习性特点。[①]时效快在于其全链路构造，能自动完成画面捕捉、画面分析、配乐、加标题、制作、合成、发布等全过程。内容全是全数据捕捉和挖掘素材，如在韩国队和墨西哥队的比赛中，韩国队犯规被判罚点球，MAGIC第一时间生产《2018俄罗斯世界杯：14个点球全回顾，本届点球数已超2014整届》的短视频，将14个点球进行全程回顾。MAGIC还每天自动生成射手榜、进球榜等盘点类集锦，对所有球员特别是著名球员进行PK分析，生产出PK类视频集锦。基本上可以说，凡是人工编辑能策划的选题，能编辑的内容，MAGIC都能快速生产出相关内容视频。编辑策划智能化在实际操作层面是基于以下基础。

（1）大数据智能。编辑策划智能化的基础是大数据应用，大数据是赋能编辑能力智能化转型的重要动力。新一代人工智能的发展得益于大数据的积累和挖掘，以至于有人说，现代人工智能的发展是数据“喂养”出来。[②]当前，越来越多的出版物以“数字原生”形式生产和传播，这些机器可以直接读取的知识资源成为大数据所需的基本资源，机器学习以此为基础不断学习、训练，并且在挖掘并发现数据背后的规律上越来越有智慧，能够帮助编辑快速发现用户关注点并自动生产相关内容。[③]在国外，著名出版商爱思唯尔推出SD（Science Direct）平台，帮助编辑在海量数据中精准把握与主题相关的数据。SD主题就如同一个科学的维基百科网站，通过它可以快速找到关于特定主题的准确信息。2017年国务院发布的《新一代人工智能发展规划》将“大数据智能”作为五大发展重点之一，“大数据智能”是人工智能在所有领域的工作重点，当然也是出版智能化的重点。大数据智能表现为从浅层计算到深度神经推理，将数据驱动的机器学习方法与人类的经验常识和直觉感应相结合，实现信息推送、反馈、共享过程的人性化和个性化。[④]在具体的编辑业务中，大数据智能能够依据数据仓库中的数据资源，对文法、政治、文化、历史、宗教、科技等领域的知识点进行资源匹配，降低人为出错的风险。还能依据语法规则和审稿原则、法律法规对选题进行初选把关，利用神经网络算法，深度学习和数据分析对编辑环节相关人员的行为习惯和业务熟悉度进行研判，将相关选题精准分配给合适的人员去做，让最合适的人做最合适的事。[⑤]

---

① 沈楠，陈毅华：《“MAGIC”对新闻智能生产的探索》，《新闻战线》2018年第8期（上）。

② 孙少晶等：《“算法推荐与人工智能”的发展与挑战》，《新闻大学》2019年第6期。

③ 陈铭，徐丽芳：《大数据时代编辑智能化路径分析》，《出版参考》2020年第5期。

④ 王卉等：《人工智能技术在数字出版中的应用现状与发展趋势》，《出版发行研究》2018年第2期。

⑤ 陈卓：《人工智能技术在图书出版中的应用》，《新闻研究导刊》2019年第10卷。

（2）自主智能。自主智能也是《新一代人工智能发展规则》提出的人工智能五个重点之一，机器自主学习能力也是新一代人工智能的重要特点之一。最早尝试通过机器学习来分析出版内容的是后来被Google收购的Book Lamp，其研究重点是分析作品的写作风格，通过写作风格来搭建符合读者个性化口味的出版桥梁。有别于Book Lamp的精准出版智能分析系统，Trajectory则是通过植入语言处理程序来分析图书特征，以此引导对不同图书类型有需求的读者进入便捷阅读“轨道”。2014年，异军突起的Intellogo更是借助大数据之力，通过机器学习掌握已有图书的主题、写作风格、内容结构、阅读节奏、体验和情感等多方面数据来精准地策划出版图书。在出版程序上，Intellogo机器人首先会浏览梳理已有的出版数据和素材仓库，在此基础上自动生成细粒度内容分析报告，这样的细粒度报告包括选题主题、写作风格、内容结构、引爆点、观点呈现、语调特色等定量细节，然后，根据颗粒度内容分析报告，Intellogo进一步生成标准化的增强型元数据，将这些元数据提供给出版机构和合作伙伴进行选择。最后，Intellogo进一步将出版内容数据与读者需求数据进行智能匹配，使出版内容能精准满足用户个性化需要。

（3）人机协同增强智能。新华智云的MAGIC平台就是基于数据＋算法的人机协作智能生产平台。在MAGIC的工作机制中，人工参与和观察的角色依然存在：一是媒体大脑生产的内容和质量还是人在把关，还依赖于人工的经验和反馈，人工编辑并不会因为有了MAGIC平台而当甩手掌柜；二是媒体大脑在判断政治性、敏感性、暴力性、黄色等内容方面往往只能发挥初步筛选的作用，最终还要靠人工编辑把关。从这个意义上来讲，MAGIC的本质是“人的智慧＋机器的智能”，是一种“全量数据＋人机协同”的工作模式。[①]人机协同增能智能本质上是既要发挥机器智能的优势，也要发挥人类智能的长处，两者都不可偏废。

著名的阅读器软件Inkitt的创始人阿里·阿尔巴扎坚信人工智能和机器学习是出版业的下一个引爆点。他认为出版在过去400多年的时间里一直是建立在编辑和出版机构的经验主义基础之上的，编辑主义是凭经验和直觉从堆积如山的手稿中挑选有可能成为畅销书的作品，但经验和直觉有时并不靠谱。《哈利·波特》第一卷被拒12次，《暮光之城》被拒14次，《魔女嘉莉》被拒30次，这都是经验主义犯的错误。大数据和人工智能进入出版业，机器学习成为编辑的好帮手，出版业应该“变革编辑理念：从经验

① 傅丕毅，陈毅华：《MGC机器生产内容＋AI人工智能的化学反应》，《中国记者》2018年第7期。

主义到数据主义”[①]。但机器毕竟是机器，它所具有的只是机器智能，而不是人的智慧。宋星在《数据赋能》一书中说，人工智能技术不只包括技术和算法本身，它还包括外界能够提供的机器学习的数据的数量和质量。GIGO原则（Garbage In，Garbage Out，指输入的是垃圾，得到的仍然是垃圾）对于人工智能极为重要，即使是非结构数据，人工智能也需要在确保数据质量的前提下提供功能。[②]

2. 生产印制智能化

生产印制工序是出版行业大量采用机器生产的环节，而机器生产正是机器智能的用武之地。传统的出版模式下，出版物印制排版是人力投入多、机器投入多、重复性强、材料消耗大、附加值低的出版工序，也是出版业成本最高的一道工序。印制成本的把控、印制数量的把控、装帧设计的把控、产品包装的把控一直是困扰出版发展的生产难题。出版智能化对破解这些难题具有重要推动作用。

（1）按需印制。莫里斯·罗森塔尔在《按需出版》一书中说：“按需印刷是一种新的印刷技术，它允许每次利用存储在计算机中的电子文件来印刷一本书。如果印刷的总页数不是太多的话，那么用按需印刷出来的图书的单位价格与传统的胶印机只印较少书本（比如几百本）的单位价格比起来，还是很有竞争力的。”[③]按需印刷虽然只是一种基于现代信息技术的工艺和技术，但对于控制出版成本、节约出版资源，特别是减少库存至关重要。据统计，仅2019年全国各出版机构年末图书库存数就达71亿册，平均到每个国人身上的图书库存有5.12册。[④]传统的标准化印制生产线讲求批量印制，中国纸质图书的开印数大多都是2000册。起印数高，加上产品不能适合读者个性化需要，是导致中国图书库存长期居高不下的重要原因。“按需印刷不需要一次印刷大量的书，不需要在库房堆积大量的书，也不需要把大量资金绑定在库存上。对一个线下的出版商来说，更加重要的是，通过Lighting Souce，完全没有了销售书本的运输费用。”[⑤]在国外，按需印制技术已经日趋成熟，美国全球按需出版商Publishon Demand Global、IBIS、Kodak、Canon都不断更新各自的按需印制系统，骄冠科技的“RFID纸与出版物大数据物联网”系统也在不断开拓智能出版产品领域。培生教育出版集团从“私人订

① 陈铭，徐丽芳：《大数据时代编辑智能化路径分析》，《出版参考》2020年第5期。

② 宋星：《数据赋能》，中国工信出版集团2021年版，第14页。

③ [美]莫里斯·罗森塔尔：《按需出版》，清华大学出版社2009年版，第27页。

④ 刘超，唐学贵：《智能出版：出版内容流程的智能再造》，《出版广角》2021年第1期。

⑤ [美]莫里斯·罗森塔尔：《按需出版》，清华大学出版社2009年版，第28页。

制”需要出发为按需印刷做了两项基础性工作：一是建立出版大数据资源库，二是建设智能化在线编撰平台。出版大数据资源库是智能化编辑平台的基础，智能化在线编辑平台是出版大数据资源库的应用。“培生定制出版资源图书馆”和“在线编撰技术平台”支持使用培生教育教材的教师进行自编教材的“私人定制”出版，高度智能化的操作系统能在导航条指引下完成正文编译、扉页设计、封面选择、版式设计、印数确定等一系列编辑、印制工作。

（2）5G智能产线。如果说按需印制是出版流程再造的1.0时代，那么“5G智能产线”就是出版流程再造的2.0。2017年被称为人工智能应用元年，2019年虎彩首条“5G智能产线”成功上线运行。[①]“5G智能产线”能实现基于用户需求的个性化订单的批量柔性制造，使按需印制又上了一个新台阶。5G智能产线不仅能完成原来意义上的POD系统操作，还能基于智能搜索、智能识别、智能推荐获取读者用户个性化喜好的数据，帮助编辑和设计者选择读者用户最喜爱的出版物载体和装帧设计风格，不仅仅只是在印数方面把关，还能在作品设计方面满足读者的喜好和个性化需求。

（3）“无人印刷厂”。传统的印刷厂是劳动密集型企业，工艺、管理相对落后，运行成本也很高。随着大数据、云计算、5G—物联网和新一代人工智能运用到印刷业务的管理、生产过程中，“无人印刷厂”横空出世。2018年，上海龙利得包装印制公司打造的“无人工厂”正式投产。进入“无人工厂”如同进了科幻空间，偌大的工厂里只有几位高学历员工在操作生产软件，其他的“员工”则是单臂机器人和自动导引运输车（AGV）等智能设备，智能印厂已然成为现实。[②]印刷业的“绿色化、数字化、智能化、融合化”是行业发展大势，原国家新闻出版署在2018年发布的《中国印刷业智能化发展报告》中指出：“2018年是我国印刷业全面推进智能化发展元年，到2020年为我国印刷业的启动期。”这标志着印刷智能化已成为政府战略。智能印刷不仅需要智能印刷设备，还需要智能化ERP管理系统来实现整个印厂的智能化，实现印刷企业及其供应链中各个模块的融合。[③]完全意义上的智能印刷工厂必须具备三大特征，即实现人、机、物等生产要素的深度融合，保障产业链各个环节和生产模块数据信息的实时传输，只有人、机、物的整体智能化才能实现印刷智能化。[④]

智能印刷不仅发生在印刷行业内部，其他相关行业甚至外部行业的竞争也将触角伸

---

① 刘超，唐学贵：《智能出版：出版内部流程的智能再造》，《出版广角》2021年第13期。

② 唐学贵：《智能化，引领初步融合创新发展》，《出版广角》2019年第18期。

③ 吕理哲：《智能印刷的挑战和机遇》，《今日印刷》2019年第1期。

④ 游伴奏：《基于三大特征的智能印刷工厂建设》，《今日印刷》2019年第12期。

进了印刷行业，如惠普联手微软小冰，依托人工智能创造技术，开发高度定制化的马赛克种子图，极大地简化设计流程，极大地提高了印刷智能化水平。中国图书进出口集团推出“中国图书全球按需印刷”项目，将按需印刷的触角伸向全球图书市场，出版机构能依托这一平台，将图书内容快速传递到世界各地，根据用户的印数灵活安排印刷数量。①智能印刷一方面依靠智能化印刷设备的大量使用缩短了印刷周期，降低了印刷成本，减少了人工繁重的脑力和体力劳动，提高了生产效率，另一方面基于知识元、知识体系和数据仓库的构建，能够实现满足用户个性化需求的按需印刷。

3. 发行营销智能化

出版的价值不仅在于出版了多少本书，而在于这些书要成为读者用户真心喜爱、手不释卷的可心读物。在出版智能化背景下，要改变传统的发行营销就是单一卖书的模式，构建起贴近读者需求的内容服务模式。

（1）图书拆分销售。传统的图书销售都是将每一本书作为一个数据单元进行销售的，每一本书都封装齐整，装帧美观，但对每一个具体读者用户来说，一本书数十万字的内容并不一定是他都需要的，他可能只需要其中部分章节的内容，买下整本书实际上意味着某种意义上的浪费。进入数字化出版时代后，纸质图书销售数量下滑，很大程度上也与读者不需要整本书（特别是专业书）的内容有关，因此，很多人选择不买整本书而到网上下载所需内容。在智能出版条件下，出版营销应该改变传统的图书营销模式，对出版物内容进行深度挖掘和多级开发，将内容拆分为几十个甚至上百个数据单元，这样不仅能够大大提高这本图书的使用效益，还能满足碎片化时代读者用户对内容日益细分的个性化需求。②

（2）内容精准传递。现阶段，出版机构的数字化营销还主要以分析用户的网上购物记录为手段，为用户提供精准化的内容推荐服务还没有大规模开展。人工智能的智能推荐能在精准分析用户行为和心理数据的基础上，为用户制订“量身定做”的个性化推荐和解决方案。例如，以今日头条为代表的资讯平台就通过智能化系统为用户实时推荐其感兴趣的内容，打开今日头条，进入眼帘的都是自己感兴趣的内容，这种对读者需求心理的洞见和基于智能算法的实时推送正是智慧生活的具体表现。在国外，著名出版商

① 张莉婧，张新新：《基于人工智能技术的出版流程智能再造——智能出版研究述略》，《出版与印刷》2020 年第 3 期。

② 张海生，吴朝平：《人工智能与出版融合发展：内在机理、现实问题与路径选择》，《中国科技期刊研究》2019 年第 3 期。

西蒙·舒斯特通过数据挖掘、标签聚类、智能匹配等手段来了解用户喜好，并针对用户需求进行内容精准传递服务。

（3）从图书销售到内容服务。智能时代的图书销售已经不再是线性的实物交易模式，不是一手交钱一手交货的单一买卖关系，而是整体的内容服务模式。人工智能融合VR/AR/MR技术，将语音阅读、全息投影、智能体验融合成“内容+体验”的新阅读模式，全面提升出版的“智慧生活”层次。如百度创始人李彦宏将AR技术融入《智能革命》一书中，当用户用手机百度或“智能革命”App描《智能革命》一书的封面时，会立即出现炫酷立体的百度大脑形象，并随后激活小度机器人。在图书卖场方面，深圳龙岗通过打造全新的智能展示、智能体验、智能游戏、智能导购、智能营销、智能收益结算系统建成“智能书城”，大幅提高了用户的购书和阅读体验，使线下实体店焕发出智能时代的青春。

二、AI推动出版产品智能化

出版智能化不仅表现为出版流程智能化，还表现为出版产品本身的智能化。出版产品的智能化主要表现为两个方面：一是硬件产品的智能化，二是软件产品的智能化。也就是说，出版智能化不仅要将传统的单一的出版物形态升级为立体、多元的智能化产品，还要转变单一的产品形态，将内容服务业也作为出版产品，实现出版内容服务的智能化。

1. AR类产品

AR是运用数字技术增强人类感知能力的智能技术。迪特尔·施马尔斯蒂在《增强现实》一书中系统介绍了AR的原理与实践，指出AR是运用机器视觉、计算机图形学、人机交互技术原理增强人类视觉等感知能力的现代技术。①出版阅读最本质的特征就是视觉感知。“所谓阅读，本质上是指人运用感觉器官——主要是视觉器官对一套编码系统的认读和破译，亦即解码过程。”②费希尔在《阅读的历史》一书中指出：“穴居人和现代智人都能读懂骨头凹痕的含义——那也许表示的是猎物、日期或月亮周期的记数。岩洞艺术被当作富含信息的图文故事来阅读。”③人类正是凭借“阅读”能力得

① [奥]迪特尔·施马尔斯蒂：《增强现实》，机械工业出版社2019年版，第1页。

② 夏德元：《智能媒体时代的阅读革命与编辑出版创新》，《现代出版》2020年第4期。

③ [新]费希尔：《阅读的历史》，商务印书馆2009年版，第8页。

以与其他动物区别开来，从这个意义上可以说，阅读是人类特有的生存和赓续方式。

（1）AR出版物的特点。AR出版物是运用机器智能对人类视觉阅读能力的延伸。2019年7月，原国家新闻出版署批准颁布的《出版物AR技术应用规范》，将AR出版物定义为“应用三维（3D）模型等数字媒体与印刷图文即图文中的坐标点、空间位置等信息关联，满足用户增强现实体验需求的报纸、期刊、图书、网络出版物等”[①]。AR出版物的特点是人的感觉延伸，主要解决两个传统出版无法呈现的视域：一是很难被人的肉眼所感知的物体适用于用增强现实出版来呈现；二是永远也不能见到的物体或者生物，人们只能通过想象在脑海中加以呈现。[②]

（2）AR出版物的设计。AR出版物是由图书和数字媒介两个要素构成。数字媒介包括文字、音频、图片、视频、模型，在AR出版物的两要素中，数字媒介是多媒介资源，而图书是单一的视觉媒介资源，AR出版物即是将图书＋文字、图书＋声音、图书＋图片、图书＋视频等融为一体，创设出可看、可听、可读的立体出版物。具有图片、视频的AR出版物比较适合建筑设计师和医务工作者阅读，因为这些行业对图片和视频的需求量很大。而具有听觉功能的AR出版物则比较适合儿童使用，因为儿童的视觉发育尚未成熟，识字量也有限，不方便阅读文字读本，也不宜长时间观看数字内容，而加入音频辅助阅读，“声音可以直接引起激动，作为有机体本身的震动中的耳朵在本性上都是可以情感的共鸣。”[③]通过声音的引领，儿童容易产生情感共鸣，如果再辅之以图片呈现，能很好地实现沉浸式阅读效果。现在市面上出版销售的“点读书”，就是AR出版物的具体形式，这类“点读书”很适合语言类（包括中、英文）学习者（特别是少儿类学习者）的需要。阅读本来就是一种个人体验感很强的行为过程，每个读者对不同的场景、不同的内容、不同的形式有不同的沉浸体验要求，AR出版物比之传统出版物的优势就在于能为用户提供满足个性化需求的增强现实阅读情境，使用户能沉浸在出版内容之中，达到最佳阅读效果。

（3）AR出版物沉浸系统。AR出版物2.0开发的沉浸系统包括用户数据系统、沉浸感知系统、沉浸分析系统、反馈控制系统，通过用户数据系统记录分析读者数据，通过沉浸感知系统了解监测用户沉浸过程，通过沉浸分析系统，了解用户阅读体验，通过反馈控制系统调节用户阅读产生的焦虑等负面情绪，为用户提供“最近发展区”，增强

---

① 张新新，齐江蕾：《智能出版述评：概念、逻辑与形态》，《出版广角》2021年第13期。

② 张新新：《AR出版物产业化发展关键点剖析》，《中国出版》2018年第8期。

③ John D：*Art as experience*，New York：Perigec Book，1980：264.

用户沉浸体验。[①]除了创新环境设计和多感官设计，AR出版物的另一大特色是交互挑战设计，即通过增强现实将用户的“阅读”体验转变为“阅读”与“创作”并存的过程，实现人人、人机交流的双向互动。这一设计思路将约翰.费斯克提出的“生产性文本”理论，即受众阅读媒介内容的过程不仅是消费，更是生产”[②]的理想变成了现实。AR出版物不仅只是出版物形态的改变，它还是人类故事表达方式的变化。从*Pokemon Go*风靡全球，到《AR涂色乐园》爆款畅销，都是人们追求的故事演绎方式的革新。AR技术的独特性质最终将定义为全新的表达方式，而我们正处于一个过渡阶段，它就像路标一样，深层变化的弯道马上出现。[③]

2、VR类产品

VR亦称虚拟现实或灵境技术，是用一个系统模仿另一个真实系统的技术。从技术上说，虚拟仿真实际上是一种可创建和体验虚拟世界的计算机系统。虚拟世界由基于网络的计算机生成，可以是现实世界的再现，也可以是构想中的世界，用户可借助视觉、听觉、触觉等传感通道与虚拟世界进行自然的交互。关于VR出版物的定义，新闻出版主管部门颁发的《出版物VR技术应用要求》将VR出版界定为“能够用虚拟仿真技术以满足用户在数字化模拟环境身临其境感受和体验需求的出版物”。

（1）VR出版物的特点。VR出版物是VR技术在出版领域的应用成果和呈现形式。与传统出版物相比，VR出版物有几个显著特点。一是多媒体阅读。VR技术将听觉、视觉、触觉、味觉、嗅觉等多种感官体验集成于一套系统中，使多媒体阅读体验更加全面、更加综合。二是沉浸式阅读。无论是纸版书，还是电子书和有声书，大都是平面阅读，读者用户主要是通过文字信息接触内容，VR出版物则是立体阅读，在大部分VR阅读体系中，读者甚至不需要阅读文字，通过音频、视频、图片就可以获得知识和信息，VR技术通过营造阅读环境，配置外置设备，让读者沉浸其中，增加用户的娱乐感和体验感。VR出版物在出版内容传播中能更多兼顾读者的性格、兴趣、爱好、情绪等心理因素，增加了读者的代入感，并且VR的立体多媒介效应能同时占用读者的眼睛、耳朵、嘴巴和鼻子，最大限度地将外部干扰排除在外，使用户产生“完全注意

① 杨晓新，杨海平：《沉浸体验视角下的增强现实出版物设计研究》，《科技与出版》2021年第6期。

② [英]迪金森：《受众研究读本》，华夏出版社2006年版，第208页。

③ [美]海伦·帕帕扬尼斯：《增强人类：技术如何塑造新的现实》，机械工业出版社2018年版，第103页。

力”。三是互动式阅读。VR出版物能够增强读者参与互动性，如读者在阅读到某一内容时，可以参与发表点评和标注，现有的影视作品弹幕功能就是这种互动性的具体体现。互动性是出版传播扩散效应的本质要求，VR出版物基于分享的传播机制，能大大加强作者与读者、出版者与读者、读者与读者的联系，推动出版物的二次传播与人际传播。①

（2）VR出版的热点。VR出版的虚拟性和交互性使其迅速成为近年来出版市场热点，产品主要集中在儿童出版物、教育出版物和医学出版物等领域。首先，在儿童出版物中，VR的虚拟性、互动性及其所带来的身临其境的阅读体验，比较契合少儿阅读的兴趣点，如北京少儿出版社出版的“大开眼界：恐龙世界大冒险”丛书就是一次成功探索，随后推出的“大开眼界：西游记”丛书也受到少儿喜爱；辽宁科学技术出版社的VR版《爱丽丝梦游仙境》也有较好的市场表现。其次，在教育类出版物中，VR不仅限于VR技术与纸质图书的结合，而且参与VR教育平台的开发和VR教育实验室的建设。如凤凰出版传媒集团旗下的凤凰创壹软件公司致力于三维互动教学课件开发、制作和发行，已经推出汽车修理虚拟培训系统、数控机床虚拟培训系统、模具虚拟培训系统等一系列VR教育技术平台。青岛出版集团推出“VR海洋仿生课”“VR海洋国防课”，通过VR技术让学生身临其境感受到潜艇工作原理、驱逐舰、护卫舰功能结构和海战战场的场面。再次，在专业出版物中，VR出版业能发挥虚拟性、交互性优势。如人民卫生出版社出版的VR版《3D系统解剖学》，在虚拟环境下建立了一套三维立体的人体解剖结构。②电子工业出版社开发出版的《梵高地图》推出2种新颖的VR出版方式：一是制作反映梵高生平的虚拟现实纪录片；二是延伸构建《梵高地图》同名展览，这是国内第一个虚拟现实VR艺术展。当前，VR出版已成为出版热点之一，人民教育数字出版有限公司开发出“千年运河——京杭大运河上的文化地标”VR产品；北京出版集团开发出《奇遇》旅行VR图书；云南教育音像电子出版社将VR出版与红色教育结合，开发出了“红色之旅——党员教育VR体验项目”。这都表明，出版形态由平面静态出版向立体动态出版已成为一种时尚和趋势。

（3）VR出版的问题。VR出版作为新的出版形式还面临一系列的问题和难题。一是VR出版物成本较高，高技术含量和附加的阅读设备使VR出版物出版成本居高临下。二是VR出版物存在着作者和技术承担者分离的问题，技术门槛的阻碍使VR出版

---

① 陈实，白如金：《VR出版物叙事策略与参与式传播的构建》，《出版广角》2019年第4期（下）。

② 陈金丽：《VR技术与出版结合的应用研究》，《出版广角》2019年第15期。

物的作者与VR技术的承担者很难是同一个人，这就造成VR技术解读的内容与作者的原创内容之间存在差距，这种差距还有可能造成版权纠纷。[①]三是在VR阅读模式下，读者更醉心于感官体验，而忽略了阅读思考，而阅读如果仅仅只满足人的感觉体验，而缺失理性思考，这又有违出版的初衷。四是VR虚拟设备在使用过程中，可能会造成部分用户出现眩晕、惊吓、失衡等问题。上述问题都有待于VR技术的进一步发展来破解。

3. 智能知识服务类产品

随着AI的迅猛发展，人工智能正从“立体”走向“四维”，即“数据、算法、算力”＋“行业知识”。[②]出版业从传统的单一的内容出版转变为智能知识服务，这也是大势所趋。《新闻出版知识服务知识资源建设与服务工作指南》中明确规定“电子书、数字图书馆、数字期刊、数字报纸”等是基础性知识服务，还规定了知识库、知识服务解决方案、Moocs和Spocs等知识服务形态。“工作指南”还进一步明确提出“智能知识服务”要求，即“以人工智能技术为依托，借助大数据开展知识体系构建、知识计算、知识图谱构建、开展机器撰稿、新闻推荐、智能选题策划、智能审校、智能印刷、智能发现、智能机器人等服务方式”，并提出智能知识服务的发展趋势“将重点围绕突破知识计算引擎和知识服务关键共性技术而展开”[③]。

智能知识服务是智能出版的新产品形态，也就是说，转型后的出版机构不仅要面向用户提供实物产品，还要提供服务。有研究者认为，出版行业的智能知识服务可分为3种模式。

（1）基于用户需求的个性化定制服务。传统的出版模式是大水漫灌的规模化生产，给用户提供的只是基础式服务，而基础式服务是大众化的，无法满足用户日益分层的个性化需要。我国的出版行业是在高度集中的计划经济体制下建立的，行业内专业分工非常明确，虽然经过40多年改革开放和向市场经济体制转型，但时至今日专业出版的特征还非常明显。专业出版大都是面向专业领域和专业人士提供内容和知识服务的，

---

① 陈实，白如金：《VR出版物叙事策略与参与式传播的构建》，《出版广角》2019年第4期（下）。

② 人工智能从“立体”走向“四维”[EB/OL]（2020-11-25）[2021-06-21].http://www.xinhuanet.com/info/2020-11-25/c_139541440.htm.

③ 张新新，刘华东：《出版+人工智能：未来出版的新模式和新形态——以新一代人工智能发展规划为视角，《科技与出版》2017年第12期。

在智能出版条件下，专业出版更需要为用户提供个性化定制服务。定制服务主要包括内容定制服务、信息检索定制服务、用户界面定制服务等。[①]如社会科学文献出版社的皮书数据库除了作为智库发布研究成果和专家交流平台，还能够为企业、政府和公众提供定制化智库报告服务。智能知识服务的专业化还延伸到一些特殊的专业领域，如中国盲文出版社是目前我国唯一一家以出版盲文书刊、有声读物为主的国家级专业出版社，在现代智能技术支持下，其推出中国盲文数字平台，为盲人提供个性化“私人定制”服务。在这个平台上不仅可以阅读盲文书、听音像、听有声读物，还可以把数据库中没有的电子书用盲文转换软件转换出来，如果想阅读《生命的起源》这本书，就先从网上下载此书电子版，再把下载文本转给中国盲文数字平台的汉盲转换窗口，点击预览盲文即可开始阅读，实现了盲文平台与互联网的无障碍链接，极大地扩展了盲文数字平台的阅读资源。中国盲文数字平台推出后不断更新，功能更加强大，现已能通过读者登录的信息和上网查询的数据，计算机在原有数据库的内容中进行查询和分类，为读者用户匹配定制的个性化服务。[②]

（2）基于用户场景的个性化岗位服务。个性化岗位服务的工作基础是根据大数据分析的智能分组，按照服务对象的需求预判和岗位分组，为不同岗位的用户提供有针对性的知识服务。需要指出的是，岗位群组需求也是一种个性化需求，也就是说，个性化需求不仅仅是个体需求，也可以是群组性需求。个性化岗位服务就是针对不同岗位人群的特殊需求而开展的服务，出版机构将知识服务与具体用户场景绑定，按照岗位匹配知识，建立岗位知识模型，构建与用户岗位相匹配的知识库。[③]如万方数据与中国科技出版传媒股份有限公司联合推出Earthin Sight知识服务平台，平台将用户细分为个人用户和资源出版商用户，根据岗位需求不同，提供不同的知识服务。例如，人民交通出版社针对岗位需求不同，打造知识服务产品。[④]人民卫生出版社针对医学岗位的特殊需求，将医疗卫生从业岗位分为教师、学生、医师、护士、科研人员等不同岗位，通过逐级细分形成用户分类的树形结构，根据这种结构建立一种嵌入式知识服务模式。这种模式首先是建立病例数据库、疾病知识库、诊疗指南知识库、临床诊疗路径数据库和临床用药参考知识库。以知识数据库为基础，再将知识库与医疗临床体系对接，如采用ICD-10

① 习万球：《图书馆个性化服务模式研究》，《图书馆论坛》2006年第6期。

② 李娜：《智能时代盲文出版社融合发展探析》，《印刷杂志》2022年第2期。

③ 刘一鸣，杨敏：《基于知识生命周期的专业出版社知识服务模式研究》，《出版广角》2018年第15期。

④ 张美娟，胡丹：《我国专业出版社知识服务及其服务模式研究》，《出版科学》2018年第6期。

和ICD–9–CM–3组织内容和提供服务，即将知识服务部署到医院内部服务器，门诊病房的计算机和医务人员使用手机可随时上网查询知识库。通过数据分析，了解和掌握不同类型岗位人员的专业知识范围，形成个性化知识图谱，进一步通过整体知识图谱与个性化知识图谱的相互映射来为用户提供精准的知识服务。①

（3）基于用户行为的个性化推送服务。智能推送是智能知识服务的算法分发。当前，算法分发已是浏览器、信息平台、搜索引擎、社交软件等几乎所有软件的标配，当然也是智能出版知识服务平台的标配。智能推送系统在形式上拟合一个用户对内容满意度的函数，这个函数需要输入3个维度的变量。一是内容。大数据和5G条件下的内容输入已是综合内容，既包括文字，也包括图片、音频、视频。二是用户。用户是分群的、也是分层的，包括年龄、性别、兴趣标签、职业等特征。三是环境。在移动互联网背景下，用户随时随地在移动，不同场景下的用户兴趣点会产生偏移，而智能知识服务能够依托智能推送系统生成推送排行榜进行推送知识服务。如人民卫生出版社的“临床助手”、人民法院出版社的“法信”、中国纺织出版社的“华服志”等系统都将热门内容推送到平台首页，中国科学院植物研究所的“花伴侣”也将周围用户拍摄的植物推送到平台首页，便于用户检索和浏览。智能检索是知识服务平台最基础和最常用的功能之一。现阶段，内容检索已由文本检索和富媒体检索发展为基于智能识别的知识图谱检索。形成去中心化的多维标签系统，每个信息内容都可以以不同的分类体系与其他信息关联，形成多层次、多维度的知识系统。②

① 董良广：《出版企业基于人工智能开展知识服务的路径探索》，《出版广角》2017年第7期（下）。

② 胡玉玺等：《智能出版：智媒时代传统出版业务的转型升级方向》，《科技与出版》2020年第11期。

第五章　基于用户画像和用户洞察的精准出版

"用户画像"是企业运用大数据进行精准化、个性化的营销的产物，是将用户基本信息与消费偏好相结合建立的用户虚拟模型。也就是说，用户画像是大数据的具体应用。对出版业而言，用户画像有利于出版业进一步实现精准出版。

第一节　用户画像与出版用户画像

大数据、云计算使出版企业能够对表征用户特征的个性化数据进行分析，建立用户标签，实行用户画像，从而实现精准出版，更好地助力出版企业的发展。

一、用户画像简述

1. 用户画像概念

"用户画像"又称"用户建模""用户角色""用户属性""用户标签"等，最早由交互设计之父Alan Cooper提出。他将用户画像解释为"personas area concrete representation of target users"，即"建立在一系列真实数据之上的目标用户模型，是真实用户的虚拟代表"。

（1）关于用户画像的定义。《用户画像》①一书认为，用户画像是指用户信息标签化，是通过收集用户的社会属性、偏好特征、消费习惯等数据，对用户特征进行刻画的商业模式。余孟杰等②认为，用户画像是一种大数据环境下用户信息标签化方法。刘海等③认为，用户画像是能够立体性、全方位反映用户性格、态度、习惯等碎片化信息的

① 赵宏田：《用户画像》，机械工业出版社2020年版，第1页。

② 余孟杰：《产品研发中用户画像的数据建模—从具体到抽象》，《设计艺术研究》2014年第6期。

③ 刘海，卢慧，阮金花：《基于"用户画像"挖掘的精准营销细分模型研究》，《丝绸》2015年第12期。

数据模式。郭光明[①]认为，用户画像指对用户属性给出一连串定义的建模方式。胡媛等[②]认为，用户画像是运用聚类、关联规则以及分类等数据挖掘方法，建立用户的信息可视化图像的用户管理模式。

（2）用户特征标签化。用户画像本质上是海量数据的标签化，是根据用户差异将其区分为不同的类型，然后抽取出典型特征，赋予姓名、性别以及其他人口统计学特征等描述，而形成的人物原型。（图5-1）。

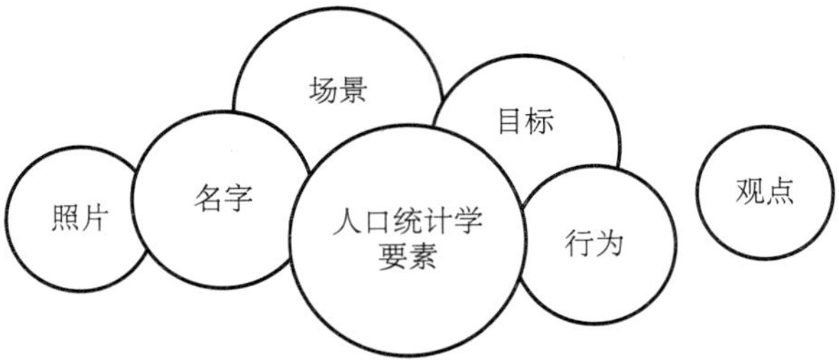

图5-1　用户特征标签化

（资料来源：作者整理）

2. 用户画像的企业运用

在用户画像中，分析用户行为最为重要。行为分析可以发现用户的使用偏好、使用模式和使用习惯。用户行为分析的行家里手有京东、淘宝、天猫、拼多多、苏宁等电商平台，以及微信、新浪微博等社交平台。用户的使用特征与企业想从用户身上得到的信息不同，行业不同都导致不同企业有自己特有的用户画像模型。（表5-1）

表5-1　用户画像企业应用

	应用阶段	使用人群	研究方法	研究目的
用户画像	产品运营中，用户使用产品后	数据分析师	以定量研究为主	精准定位具体用户需求，生成典型用户群体画像或个体 用户画像，实现个性化服务

① 郭光明：《基于社交大数据的用户信用画像方法研究》，中国科学技术大学博士论文，2017年。

② 胡媛，毛宁：《基于用户画像的数字图书馆知识社区用户模型构建》，《图书馆理论与实践》2017年第8期。

二、用户画像的构建

1. 用户画像构建的3个阶段

用户画像的3个阶段：一是基础数据收集，二是行为建模，三是构建画像[①]（图5-2）。其中，基础数据收集阶段又可以细分为页面浏览量、访问时长、活跃人数、激活率、社交数据、外部触点等网络行为数据；页面停留时间、唯一页面浏览次数、浏览路径、访问深度等服务行为数据；浏览／收藏内容、互动内容、评论内容、品牌偏好、生活形态偏好等用户内容偏好数据。行为建模阶段是运用机器学习技术对基础数据收集阶段收集到的大数据进行用户行为建模，建立用户标签，并运用数学算法模型预测用户的购物意愿、行为方式、消费能力等。行为建模阶段主要是进行特征计算和标签抽象，根据已知数据抽象出新的标签，从而使用户画像越来越清晰和立体。

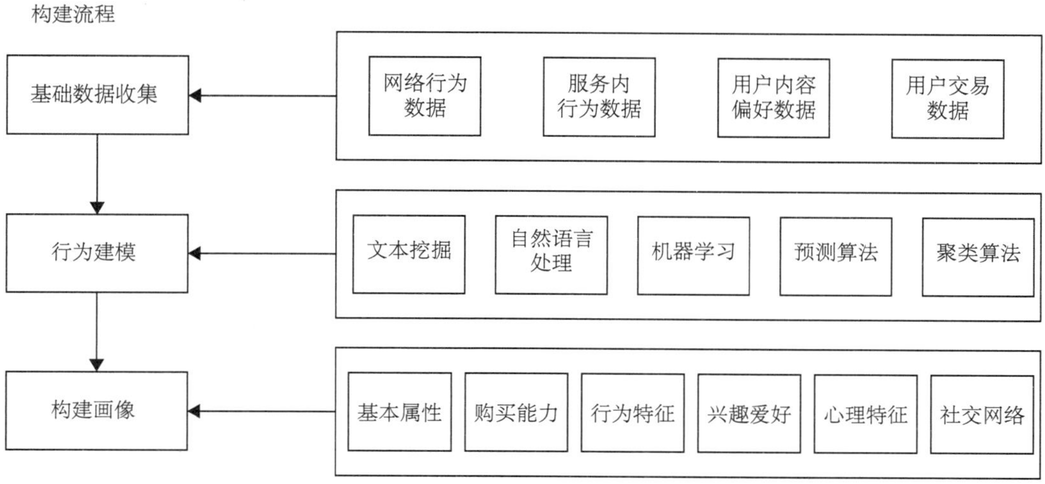

图5-2　基于大数据的出版业用户画像的构建

（资料来源：作者整理）

构建画像阶段主要分成两个部分，即单个用户画像的构建和群体用户画像的构建。单个用户画像强调个体独特性，主要用于进行个案分析，要求对单个用户用尽可能详尽的数据进行标签化[②]。标签化是构建用户画像的核心，具有短文本性和语义性等特点，

---

① 张钧：《基于用户画像的图书馆知识发现服务研究》，《图书与情报》2017年第6期。

② 何娟：《基于用户个人及群体画像相结合的图书个性化推荐应用研究》，《情报理论与实践》2018年。

标签化既方便人们的阅读理解，又为数据进一步挖掘处理奠定了基础（图5–3）。

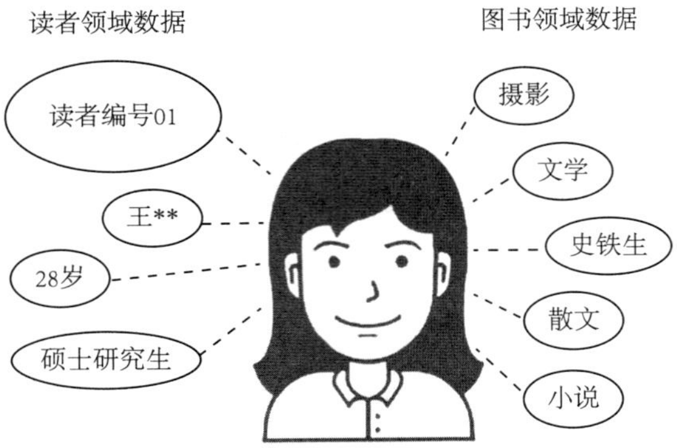

图5–3　单个用户画像示例

（资料来源：《情报理论与实践》2019年第1期）

群体用户画像是对用户间的相似性进行计算和标签的建模方法。群体用户画像运用大数据的分类、统计、聚类等数据方法对用户间的相似性进行计算，分门别类进行标签，对具有相似特征的用户群体进行分组，对每个分组的共性特征进行提炼和标签，进而“绘制”出能反映该用户群体特性的虚拟的用户画像代表[①]（图5–4）。

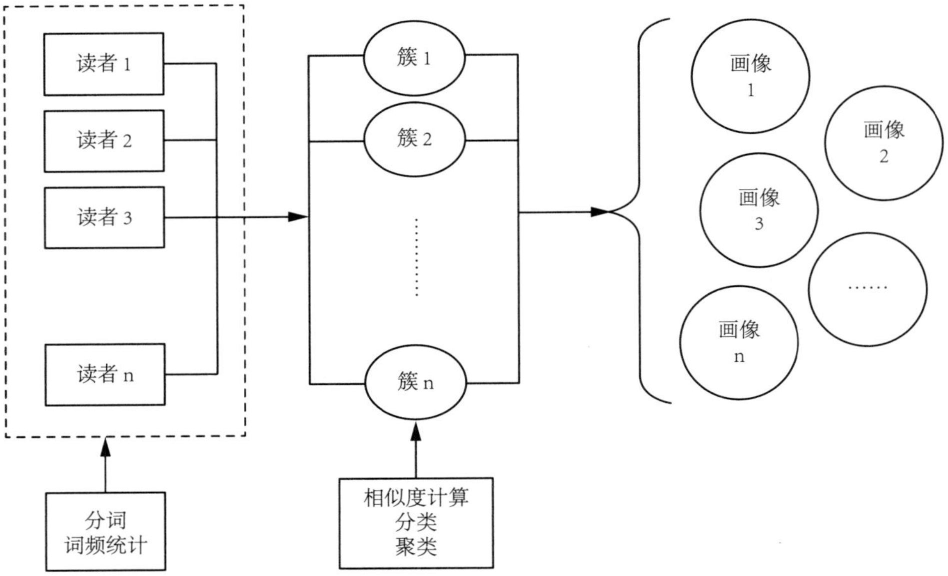

图5–4　群体用户画像

（资料来源：《情报理论与实践》2019年第1期）

① 何娟：《基于用户个人及群体画像相结合的图书个性化推荐应用研究》，《情报理论与实践》2018年。

三、出版用户精准画像

用户画像应用于精准出版是促进出版高质量的一大突破口。该不该做这本书？到底该印多少？其他出版单位的市场占有率如何？这些问题通常是出版单位的困惑点，而数据是解决这些问题的关键点。用户画像可以为这些难题提供一个解决思路。

关于精准出版，目前并没有一个标准的名词解释。与用户画像最为紧密的概念是“大数据”，用户画像虽然需要数据，但不是什么数据都需要，而是收集有用的数据。从用户画像的实用性上讲，用户画像必然与精准营销相结合。营销的目的是获得最佳经济效益，而获得最佳经济效益，就必须要研究读者行为和心理，对读者行为进行追踪。精准营销不仅要求掌握用户姓名、性别、年龄、职业等基本信息，还需要掌握用户在网上浏览、购物等行为信息。网络行为大数据是构建用户画像的重要依据。

1. 精准选题策划

在内容为王的时代，内容和创意来源至关重要，而哪种内容是读者所需要的和市场所看好的，都可以通过大数据做出用户画像。

（1）基于用户画像提高选题真实性。用户画像的真实性要求编辑不再根据自己的喜好和经验来判断选题，不再是编辑脑中虚构的用户需求，而是根据用户画像来进行真实可查的选题，明确读者关注点，最大限度地避免选题和市场的偏差。

（2）基于用户画像转变用户思维。用户画像要求编辑人员真正转变用户思维，从读者需要出发，真正做出读者想要、需要的产品。如根据读者阅读时间、内容、篇幅等个性化特征，来策划图书的内容、进行篇幅设置等。

用户画像的独特性、数量性和目标性使选题策划的目标读者群精细且准确，同时也能掌控图书文化出版导向，科学预估印数。

2. 精准组稿与约稿

（1）利用用户画像加深对作者的了解。自媒体的发展使得作者群体人数激增，出版社有了更多的选择空间，但同时也意味着出版社对这些新出现的作家要加深了解。而利用用户画像技术对作者进行立体化描述，能够让编辑对作者的行文风格，偏好、特点等进行了解，从而提高沟通效率，使作者感受到出版社对其的重视，同时又能避免作者筛选活动不受出版社人员变动的影响。

（2）准确匹配作者，提高作者接受率。用户画像技术的应用可以帮助理解作者所擅长的领域、心理及行为。当作者擅长或感兴趣的领域与选题一致时，作者接受的概率更大一些。

（3）科学预测写稿行为，把控图书出版进度。使用用户画像可以预测作者行为、完成进度时间及稿件质量等，这种预测都建立在对作者的数据分析之上，能够让编辑对作者所花时间及质量有所预估，从而方便编辑进行后续的校对、排版、营销等其他编辑出版流程环节的时间安排。

稿源是图书的生命，直接关系到图书的畅销与否。组稿与约稿应该目标明确，有的放矢，要确保是最合适的撰稿人，作品风格、擅长内容、读者粉丝群有高度的契合，用其所长。只有这样才能做好内容质量的第一环节。

3.精准选择审稿作家

（1）根据用户画像建立审稿专家库制度。根据专业特长和兴趣对每位审稿专家做出用户画像，方便更加精确挑选审稿专家。

（2）根据用户画像提高审稿人稿件接受率。审稿人拒绝编辑部发出的邀请会增加编辑部工作量，也会严重拖慢同行评议时间。因此，利用用户画像技术，根据审稿专家的研究方向、心理等方面，投其所好，能大大增加稿件接受率。

（3）提高审稿公正度，透明审稿过程。通过建立用户画像，可以最大限度地减少不公正的现象，透明审稿过程。

4.精准化营销

（1）构建用户画像定位潜在用户。通过构建用户画像，做数据挖掘工作，利用关联规则和利用聚类算法分析，可以分析购买不同类别书籍的人分布在哪个年龄阶段和哪个工作领域，进而定位所销售书籍的潜在目标用户。比如，京东对8000万名消费者购买分析后得出的消费规律，当时市场上购买《百年孤独》的读者还会购买《淡定的人生不寂寞》，诸如此类还有很多。据此，京东根据数据挖掘技术，分析数据结果，与新世界出版社合作发行《大卫·贝克汉姆》一书，取得不错的业绩。

（2）通过构建用户画像降成本提销量。通过构建用户画像，精准定位潜在目标用户和营销渠道，可以减少其他非目标用户和渠道的投放成本。知乎推出的《选个好专业》一书的良好销量就是得益于用户画像的应用。从前期的选题筛选，到后期的用户画像描绘，用户画像技术让编辑的目光更敏锐、更精准。《选个好专业》是根据高考学生的用户画像适时推出的。知乎技术团队提供的用户画像显示，知乎用户中有不少高中生，对选专业问题存在巨大潜在需求。图书推出后，果然获得了非常好的用户评价和销售成绩。

（3）增加用户黏性，优化用户体验。通过投放特定的渠道，可以增加用户的满足感，增强用户黏性，优化用户体验。比如，根据读者的需求，定期推送相关书籍信息。

第二节　用户画像要素在精准出版中的作用

精准出版的核心在于直击有需求的用户，然后提供相应的产品和服务。基于用户画像的精准出版，首先要对数据进行深入的理解，将消费者精细划分，了解消费者的需求并深入挖掘其消费心理和行为数据，分析出消费者的消费方向、消费水平，为出版企业开展精准营销提供支持。

一、基于用户画像要素的出版用户分类

1. 用户画像七要素

关于用户画像的构成要素，国外学者D.Travis①认为包括7个方面：一是基本性，二是同理性，三是真实性，四是独特性，五是目标性，六是数量性，七是应用性。这7个方面的首字母组成“persona”一词，译为中文即是“用户画像”。

具体来说，P（Primary）代表基本性，指用户画像要反映用户基本信息；E（Empathy）代表同理性，指用户画像对用户信息和对产品相关关系的描述能否引发同理心；R（Realistic）代表真实性，指对现场与用户沟通交流的人来说，用户画像是否看起来像真实人物；S（Singular）代表独特性，指单个用户是否具有区别于他人的独特标签；O（Objectives）代表目标性，指该用户画像是否包含有与产品相关的关键词来描述高层次目标；N（Number）代表数量性，指用户画像有数量要求，数量不能太少，方便设计人员能记得每个用户画像的姓名等基本信息；A（Applicable）代表应用性，指设计团队要能够运用用户画像进行实用设计。

在用户画像的7个要素中，最重要的是用户画像的应用性，即用户画像作为一种实用工具，要能够使设计团队运用它进行设计决策，使来自用户的数据能回过来真正服务于用户。

---

① TRAVIS D：*E-commerce usability:tools and techniques to perfect the on-line experience*，.CRC Press，2002.

现在，出版业将越来越多的目光聚焦到电商上，我国各大电商平台有关出版运营的一举一动都牵引着出版业的注意力。当当、京东、亚马逊和天猫四大图书电商平台给出的关于2020年度用户画像的总结报告，虽然是从不同的角度描绘自身用户的消费特征，各自维度不一，但亦可看出一些相同之处。

2. 基于用户画像要素的分类

（1）品类分类。首先是童书和文艺图书受欢迎程度较高。京东数据汇表明童书品类仍然最受欢迎，其次是文教书、社科书、生活艺术类图书。当当的销售数据也显示，童书和小说是销量最为可观的两大图书品类，此外，社科类图书也在当当热销。在2019年，亚马逊中国最畅销的纸质图书前3名分别是《解忧杂货店》《我们仨》和《皮特猫》，最畅销的Kindle付费电子书前3名则是《三体全集》《解忧杂货店》和《福尔摩斯探案全集》，均是文艺类图书。

（2）性别分类。各大平台男女比例明显不同。京东平台上，有50%是男性用户，32%是女性，还有18%的用户没有体现出明显的性别角色。其中，男性用户购买的第一大品类是文教书，文学书和童书并列第二，社科书排名第三，女性用户购买的第一大品类是童书，其次是文教书，再其次是文学书。当当在2019年度数据中并未披露读者性别维度的情况，但是曾在“2019上半年国民阅读‘品质’报告”中提到，女性购书量是男性的1.5倍，可以猜测当当女性用户的数量应该是大于男性用户的。

（3）年龄分类。图书市场的主力军是年轻人，天猫图书市场数据显示，30岁以下的年轻人群占比超五成，其中18～24岁的占比25.6%，25～29岁的占比19.59%；京东虽未明确指出哪个年龄段用户最多，但按照不同年龄统计出了他们最喜欢购买的图书，16～25岁的用户以学习为主，最喜欢购买的是文教书，其次是文学书和社科书，26～35岁的用户为人父母者增多，最喜欢购买的前3类图书分别是童书、文教书和文学书，在46～55岁的年龄段，文教书重回第一的位置，其次是文学书和童书。

（4）地域分类。总体看来，广东、北京、江苏、深圳、上海等省（自治区、直辖市）及广州、合肥等城市的消费者购书能力较为突出。京东平台上买书人数最多的5个省份是广东、北京、江苏、四川、山东。在亚马逊的平台上，乌鲁木齐、贵阳、兰州在亚马逊中国纸质书和电子书销量排行中位居前3位，近年来这个榜单中二、三线城市占绝大多数。天猫平台上，购书TOP10省份榜中，广东、江苏在天猫购书的占比明显高于其他省份。购书TOP10城市榜中，上海、北京在天猫购书量归为第一梯队，明显高于广州、杭州、深圳等城市。

由此可见，四大电商平台不约而同地从性别、年龄、学历、地域、品类等方面对庞大的用户群体进行了分析并形成用户画像，以便于更好地针对用户的需求开展营销推广活动，从而促进出版业务的快速发展。

二、用户画像的“独特性”要素在精准出版中的应用

用户画像要素中，S代表独特性（Singular），是指每个用户是独特的，彼此很少有相似性，而且用户群体也是独特的，基于独特性的用户画像才是精准的。

1. 避免高校图书馆资源建设中的浪费

运用个人画像和群体画像构建方法和技术提升高校图书馆资源建设质量也是精准出版的任务之一。建设步骤：一是通过对读者个人信息及其借还书记录等数据的收集、挖掘、分析为其“描绘”出个人画像；二是通过对用户群的数据挖掘实现读者群体画像的构建；三是通过将个人画像和群体画像所呈现出的特征构建综合建立智能推荐系统，实现为读者提供个性化图书推荐的目的。利用用户画像对图书情报领域里读者借还书问题进行大数据处理，可以解决图书馆长久以来“藏与用”的矛盾，不仅有利于图书库存、馆藏等的设计，还有利于帮助出版机构提高精准出版水平。

2. 图书推荐App设计

用户画像是基于推荐算法实现的。推荐算法要求做到：一是准确输入包括姓名、性别、年龄等用户信息在内的基本数据，同时掌握图书的基本信息以及用户对图书的评价等数据；二是通过对数据源与用户信息的匹配，结合推荐算法为用户推荐相关图书；三是通过用户兴趣和购物热点分析，在数据中挖掘、寻找与该用户购物喜好和兴趣相似的用户。最后，基于推荐算法设计图书推荐App。总的步骤是，首先掌握用户的基本信息数据，了解用户的喜好；其次是通过数据源与用户信息的匹配构造用户之间的相似度；其后是设计图书推荐App为用户进行推荐。

3. 精准定位目标读者人群

精准定位目标读者人群首先必须细分读者群体，向不同需要、不同类型的读者提供差异化的购物指导和信息服务。然后根据用户画像制定精准营销方案。如当当网上书店通过用户画像进行建模，来个性化定制排行榜和推荐榜单，通过获得的当当网用户的用户画像，制定精准营销方案。当当针对《三体》和《白鹿原》进行数据分析，可以看出喜欢这两本书的人群存在明显差异，因此对销售目标人群进行精确挖掘是精准营销的关

键所在。首先，企业可以在当当网的首页建立索引，要包括文化和科技两条标签、《三体》以及有关的名家推荐这样的关键字。其次，通过网络爬虫技术，对参与该话题讨论的用户信息进行收集整理，主要包括该用户的ID、个人标签、地域、性别和该用户过往在当当网所发表内容；最后，根据关联关系和该用户页面停留时间和所发书评对用户进行偏好分析，通过关联关系，可以建立单个用户标签，实现对其的精准追踪。

三、用户画像的“数量性”要素在精准出版中的作用

用户画像要素中，N（Number）代表数量，即对用户角色的数量要求。用户数量不能太多，否则，设计人员记不住用户信息。换言之，就是要对用户群体进行合理的划分，从而为用户贴上合适的标签。设计人员要对自己的目标受众有足够多的了解，只有掌握海量的用户信息才能对用户角色进行准确而合理的划分，才能用尽可能少的用户角色涵盖尽可能多的用户群体。

出版企业要尽可能多地掌握用户的信息，从而对用户进行合理地划分。用尽可能少的用户角色来涵盖尽可能多的用户群体，也就是如何为用户贴标签的问题。合理的、有效的用户画像是建立在对目标用户的充分理解基础之上的。对用户从态度到行为，再到一些细节特征的立体数据的收集，对于构建一个生动的、具有参考价值的用户画像是至关重要的。

1. 用户画像的建立是定性与定量的结合

定性分析是科学研究和商业研究的常用方法，表现为对用户个体、对产品、对用户行为性质的认识和概括，进而形成对应用户标签、产品标签和行为标签；定量分析是在定性分析的基础上，对每一个用户标签进行加权，通过数学公式计算出总的标签权重，进而形成准确完整的用户模型。所以，用户画像过程中用户标签的选择对于用户角色的确定有着至关重要的作用，只有确定合适的用户标签才能设计出合理的用户角色。

（1）用户数据的收集。出版企业通过对用户在网站信息的注册记录，可以对用户进行简单划分，然后根据用户的消费记录以及阅读习惯，逐步丰富用户的数据库信息。但目前大多数出版社在用户数据的收集方面依然停留在相对比较滞后的阶段，线上图书营销主要是通过第三方网站的形式（比如淘宝网、京东商城等）进行的，这就需要出版企业联合第三方企业共同建立出版企业的数据库，根据用户的购物记录，对用户的消费习惯、阅读偏好进行分析，从而实现精准出版、精准推送和精准营销，为读者量身定制，实现个性化定制。除此之外，出版企业可以在图书的封面或者扉页设计二维码，读

者通过扫码注册个人信息，在读书过程中可以随时在出版企业的官方网站上进行心得分享以及对图书的设计、内容的安排等提出合理的意见或者建议。

（2）目标数据的确立。用户画像最重要的是目标数据的建立，每个人身上有太多的属性、太多的特征、太多的故事，有些信息收集过来有可能反而会成为噪声。因此，在收集数据前，应该先明确自己的研究范围，有针对性地挖掘真实用户身上的相关信息。

（3）目标用户的合理聚类。收集到充分的用户数据后，我们需要对目标用户进行聚类，通过什么维度，怎样聚类才合理，才能够对后续的设计具有启发作用呢？这就需要对海量数据进行抽丝剥茧，从中挖掘寻找关键变量。关键变量一般是指导致用户对目标产品和目标服务的相关行为产生期望差异的核心因素。每个用户身上有很多属性，包括性别、年龄、收入水平、文化水平、性格特征、阅读行为偏好、消费观、价值观、个人爱好等，我们需要从这众多特征中挖掘识别出导致用户态度变化的主要原因。核心因素直接影响到用户需要什么样的阅读服务，用户会通过哪些渠道来获取出版物。而消费观念等属性，虽然会对用户的某些行为产生一定影响，但在用户聚类的阶段可以暂时视为低信息含量的噪音处理。

2. 用户画像的应用模式

在运用用户画像有针对性的开发、营销产品方面，许多行业例如电商、在线教育等已经形成自己成熟的模式，对于出版行业而言，要做到精准出版，提升图书产品的竞争力，可以借鉴这些优秀的经验，兼收并蓄，为我所用。“洋葱数学”是一款面向中小学生的在线教育产品，现有PC版和App版。目前已推出包括高中、初中、小学三个阶段的数学和物理课程，涉及国内12个版本的教材。每一节课程均是由5～8分钟的动画视频和智能练习组成，能让中小学生在网络环境下轻松进行个性化学习[①]。

（1）用户测试。如“洋葱数学”会让用户在学习前，先进行一系列测试，根据测试情况为用户制定个性化课程包，并且在用户完成一段时间的学习后，根据用户学习状态，展示可视化学习分析报告，在这一过程，根据收集到的数据，程序主动生成用户画像，并分类标签。

（2）广告投放。在构建用户画像的基础上，对不同用户进行分类标签，再开展营销活动，并根据活动性质，选择不同的营销方案。可直接选择标签，并且对标签进行组

① 百度百科．洋葱数学百度词条[EB/OL]. https://baike.baidu.com/item/%E6%B4%8B%E8%91%B1%E6%95%B0%E5%AD%A6/16200882?fr=aladdin.

合，选出目标用户，然后投放广告。例如，“洋葱数学”想对某一时间段内消费能力及黏合度较高的一批学员发送一条推送消息，希望他们能够参加一场直播，促进其对知识的掌握。那么可以直接选中新用户＋消费能力高＋互动次数多这几个标签，然后对这部分用户发送短信。这样针对性的投放内容，其效益会更高。

（3）个性化推荐。个性化推荐是用户画像的主要运用方式，以洋葱数学为例，根据不同用户，推送不同内容。针对未注册用户，根据其访问行为，为其推荐个性化课程页面，提高购买转化率。如果是通过互联网广告进来的用户，则可以为其制订个性化落地页，提高注册和购买转化。针对注册未购课，可根据其浏览行为，为其推荐个性化课程页面，提高购课率。根据用户学习行为，为其制订个性化试题和学习建议①。

由此可见，在线教育类产品构建用户画像是为了后续的精准运营做准备，清楚认识和了解产品的用户，这样无论是新产品开发还是内容运营，都可以实现精准化服务。可见，出版业要提升出版流程的精准度，实现精准出版，将用户画像应用于各个环节是非常可取的。

第三节　用户洞察在个性化出版中的应用

用户画像是用户洞察在大数据时代的表现，也就是说，用户画像是在用户洞察基本原理基础上的大数据应用，两者是相辅相成的关系。精准出版需要构建读者需求图谱，需要精准开展出版机构与读者之间的关系管理。换言之，个性化出版必然需要运用数据分析工具，即用户洞察，对用户信息进行综合管理与运用，才能将繁杂多变的读者信息内化成自己所需的高价值资源。

一、用户洞察的核心要义与出版应用

1. 用户洞察的核心要义

用户洞察是发现营销理论（SDI）的一种用户关系理解的工作模式，核心是对用户消费习惯、消费特征、潜在需求和生活方式的理解。用户洞察强调要尽可能调动自己的感知力，达到对用户生活的深入体察。洞察的主要内容有4个方面：一是不同品牌认

① 用户画像该怎么用呢？结合DMP产品和教育类产品进行分析[EB/OL]. http://www.woshipm.com/user-research/951082.html.

知，二是消费行为特征，三是痛点与潜在需求，四是价值感知方式。洞察最重要的“主线任务”，其一是为品牌探索明确“价值发现”，其二是指导、优化品牌的“价值表达”。一般采用定量和定性两种方法，通常采取观察法、实验法和调查法。比如说，借助调查问卷和小组访谈，了解用户切实需求。如果口口声声说着以用户为中心，却拿着二手甚至三手资料做产品，这样的产品注定会失败。更加切实的用户需求调研，不能仅仅以年龄收入为市场细分依据，更要从用户的质量追求度、价格感知度、品牌忠诚度、服务追求度、方便追求度等方面来考量。比如有的用户就对某个出版品牌情有独钟，对其他品牌的书一概不买。有的用户觉得售价高于50元的书超出了消费预期，不会购买。而有的用户更喜欢购买附有光碟、电子资源等附加服务的书等等。基于市场用户细分，用户定位会更加精准，个性化出版在调整运营战略的时候也更有针对性①。

2. 用户洞察的应用价值

（1）树立品牌认知，明确价值定位。在产品推出之前，也就是在选题策划伊始，出版者就应该针对用户市场进行深入分析。经过量化分析获得的用户数据，可以清晰地呈现用户对目标产品的已有印象、态度、需求和痛点。基于预洞察结果，有利于在之后的内容生产中明确产品定位，树立符合目标读者要求的品牌形象。茑屋书店是一家由日本CCC公司直接管理的新型复合式书店，创始人是增田宗昭。CCC公司是一家大数据公司，通过与便利店、加油站进行合作，发行积分点卡，已经发行了6000多万张的积分点卡。通过这种方式，他们可以清晰地掌握消费者的消费习惯和消费趋向，从而拥有非常清晰的用户画像。基于现实的用户数据，代官山茑屋书店以建造中产阶级的家庭书房为目标，树立“家的感觉”与“自然”的品牌形象，并在经营过程中逐步改善服务方向。

表1 TOP100书籍类别

类别	数量	分类	数量
文学	70	小说	33
		散文	20
		旅行	7
		其他	10
社科	26	心理学	9
		哲学	4
		政治	4
		其他	9
科技	4	计算机	4

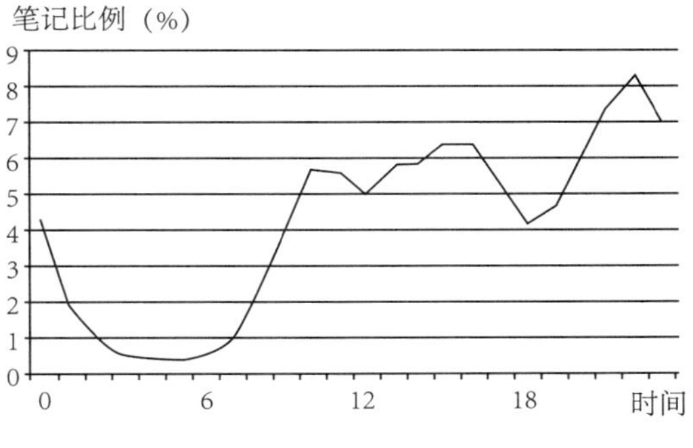

图5-5 豆瓣笔记读者数据

（资料来源：《科技与出版》2016年第8期）

① 宋秀倩：《对话另一个世界：产品经理的用户洞察》，《互联网周刊》2013年第13期。

在中国，豆瓣网推出的笔记功能可以让读者将自己的读书笔记、随想心得保存在网站上。豆瓣通过对这些笔记进行收集分析，就可以获知读者阅读取向、读书时间、笔记习惯等（图5-8）。以年轻人为主的豆瓣阅读群体在记笔记时以文学、散文为主，记录的时间通常是下午和晚上，并且图书出版后2～4个月时为笔记记录的高峰，这与图书销售情况相吻合。结合以上数据，出版商可以趁势进行有关文学社科类图书的选题策划，并在面世初期展开有效的推广。

（2）实现精准营销，优化传播表达。目前，我们正跨入消费4.0时代，也就是新消费时代。在新消费时代，买方占据主导位置，怎样捕捉到用户多变的需求动态，已成为出版变革制胜的关键。出版机构要深入分析读者浏览、订购、反馈全过程产生的数据，洞察和挖掘客户需求，从而锁定目标客户群，实现一对一精准营销。譬如在实体书店的发展运营中，面对的消费者需求正由“产品导向”变为“完品导向”。新消费时代，消费者要购买的是“完品”。所谓“完品”，即“完品＝产品＋体验＋品牌”。读者进书店，不仅关注图书本身，还关注书店的文化气质和品牌，感受文化营销带来的体验。Story Story是日本连锁巨头三省堂的连锁书店。Story Story除了销售书籍，还销售文具、背包、日用品、食材、咖啡等综合商品，店铺按照学习用品、趣味生活、食品等不同主题来进行分区销售。通过这种跨界营销方式，消费者可以在店内一边品尝咖啡一边阅读纸质书或电子书。在我国也有相似的图书贩卖方式，比如西西弗书店和南京的先锋书店以及武汉的卓尔书店。

（3）细化用户需求，防范出版风险。用户洞察符合个性化出版的“定制”特征，是对已确定的读者群体的二次定位。用户洞察可以清晰地了解读者需求，利用定制出版、按需印刷方式提高出版发行的成功率，大大减轻了出版方的库存压力，降低出版风险。

3. 用户洞察的主要方法

（1）数据分析。出版者获得的数据一方面来自已经公开发布的数据报告，另一方面来自读者行为产生的流量数据。通过数据分析可以精确地了解不同地区的图书销售情况，不同性别、年龄、职业的读者的读书倾向，读者选书、购书、读书的时间段分布，其他出版者的图书销售情况。

头条指数是今日头条算数中心推出的一款数据产品（图5-9），它作为内容生产、互动传播、营销推广、舆情监控的重要工具，致力于用数据服务个人和机构，提供丰富及时的数据维度。

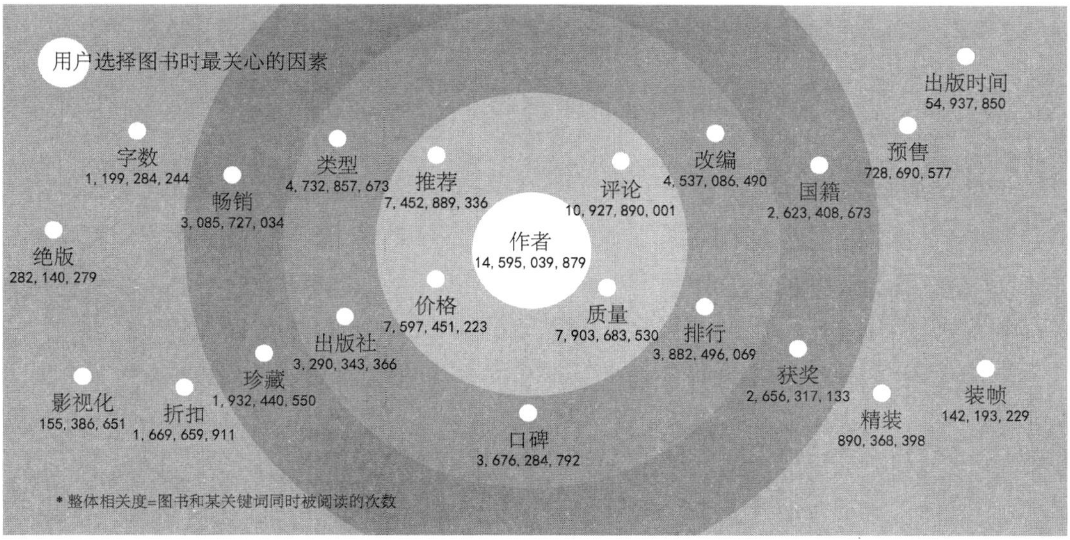

图5-6　2019年度今日头条图书阅读兴趣大数据

（资料来源：今日头条）

由图5-10可见，用户关注的因素在近几年越来越多元化、复杂化，用户选择图书时最关心的因素是作者，其次是评论、价格、推荐。2017年热词包括全民阅读与网络小说，而知识服务继续延续2016年的火爆盛景。除以上数据以外，今日数据还对用户性别、图书总榜、各门类图书、图书IP、网络小说进行盘点，获得比较清晰、全面的用户图谱。各内容生产商可以凭借此数据进行深入分析，对丰富自身目标读者的数据形象，开发受读者欢迎的出版产品有非常大的帮助。

图5-7　用户关注的文化热词

（资料来源：今日头条）

（2）问卷调查。目前国内专业的出版调查机构包括中国社会科学研究院中舆市场调查中心、中国出版科学研究所、北京开卷图书市场研究所、北京圣涛市场调查咨询公司。除专业机构之外，出版者可以自主地、有针对性地设计调查问卷，并利用线下线上相结合的方式，扩大取样范围。但需要注意是，在调查问卷设计之前首先要有明确的调查目的和明确的调查思路，这是顺利开展读者调查的前提。其次，问题设置要逻辑清晰和简单易懂，提出的问题切忌带有导向型。最后，在调查之前再次确定对调查对象的认识是否恰当，保证问题契合对象的心理与现实背景，能够调动对象积极性，进而顺利完成问卷。

曾有研究团体对众筹出版项目进行问卷调查，调查前先对众筹出版的概念、众筹出版的价值、众筹出版的功能以及众筹出版网站进行介绍，然后在受访者了解众筹后引入第一个问题："您是否访问过众筹网站？"只有肯定回答了"是"的用户才能进入后面的问卷回答。因此，本次调查仅针对有过众筹网站访问经历的用户，在一定程度上提高问卷的可信度与真实性。调查利用"信任支付意愿""对互联网的信任""众筹网站的信任""对作者的信任"4个选项对用户支付意愿进行分析，为众筹项目开展建立基础。

（3）焦点小组。焦点小组即小组访谈，是指同时对若干个被调查者进行针对性访问，目的是使目标用户能够参与对营销焦点议题的详细讨论。焦点小组的设计和组织将直接影响访谈的质量和调查结果。焦点小组访谈的两个关键因素是参与者的人数的选择和访谈指南的制定。在讨论开始之前，就应该设计好讨论的议题以及符合该主题的参会人员质量与数量。优秀参与者的选择需要考虑具有共同背景或类似经历，同时，焦点小组还要有一位组织能力强并且经验丰富的主持人。主持人需要引导每一位参与人员对问题积极讨论并且不会偏离主题。

（4）社交扫描。微博、微信、QQ是中国目前较大的网络社交平台，互通方便的社交环境给予出版者很好的信息获取环境。在这些社交平台上形成的圈子是具有共同的聚集目的和兴趣爱好的。出版者通过随时与读者保持密切联系，对读者每天的交流互动行为进行观察，从而构建目标用户画像。

二、用户洞察的设计建构

个性化出版最重要的就是客户的精准定位，只有洞悉客户，才能形成完整配套的服务产业链。从痛点出发是洞察用户的捷径。

1. 需求分析

（1）功能性需求分析，即建立职业化的需求分析系统，依据用户从事的不同职业来划分显在的职业出版物需求和潜在的出版物需求。功能性需求分析要求建立数据化的受众模型，引入Vemper需求分析系统，进行用户行为功利化趋向分析。保存用户购买记录、分析营销策划、购买途径、信息获得途径、定价等直接性因素对受众购买行为的影响，据此进行复合化的营销策划。

（2）事实标签需求分析。事实标签需求分析系统主要着眼于对用户阅读、浏览行为的即时事实进行标准型细化分析，得出不同行为所反映的用户消费心理。用户的即时事实消费行为分析可围绕登录、浏览、查看价格、点击频数、加入购物车、购物价格游离区间、购买行为间隔周期、评论、消费忠诚度等因素进行分析。事实标签着眼于用户的交互性分析，依托移动互联网构建“社群＋电商”的商业运营模式，将具有相同消费理念、生活态度、收入水平的用户进行集中，对其社交强相关关系进行用户洞察。借助于社交关系和社交行为，出版机构能够依托移动端快捷、精准地进行社群和用户圈子建构与转换，从而实现社交红利向销售红利的转换。

（3）基础统计功能需求分析。即将以事实标签分析得到的数据结果与业务需要结合起来，以特殊图表的形式展示出来。可以依据用户的购买记录、互动记录、购物价格浮动区间、书籍种类、活动区域等标准进行统计。基础统计分析需建立标准完善的分类数据库，并通过离散型数据统计进行分析，查看相关变量的相关性表现程度。基础性功能需求分析还可以对成本、发行渠道、物流、宣传效果等方面进行精确的分析。

（4）系统用户权限管理功能需求分析。用户权限管理包括对系统用户的管理、权限的管理、角色的管理。用户管理包括系统用户信息的检索和查看、系统用户信息增减和修改、系统用户删除和新增等。权限管理是指系统对用户可以查看页面内容的许可。用户权限管理中，可以为用户添加角色，也可以为角色添加权限。针对不同权限的客户人群，个性化出版可根据基础数据分析结果为其量身定制消费策略，培养立体式的消费层级，从出版的前期营销，到出版物硬件产品的构成要素，均可实现个性化发展。角色管理包括为新增角色、删除角色、修改角色信息、查询角色信息等功能。

2. 数据处理方案设计

（1）数据层划分。数据处理是一个过程，是从源数据处理到业务应用数据处理的逻辑过程。从数据体系的角度，可将数据划分为4层：一是原始数据层、二是预处理数据层、三是模型数据层、四是业务应用数据层。首先，原始数据层包括订单、订购人数、订购周期、购买行为偏好、价格、销量等原始直观数据，这些数据均未进行处理。其次，预处理数据层通常是原始数据层处理后的数据集合，包括订单表，销量汇总表，订购类别映射表等。再次，模型数据层是预处理数据层进一步处理得到的，包括偏好分布态、人群消费偏好分析、访问次数表、市场销售曲线、出版物分类需求曲线等。最后，业务数据表则是根据模型数据所得出的与个性化出版产业流程相关性，包括个性化出版信息流、资金流动向，营销策略布局以及个性化出版推广效益分析。

（2）用户洞察分析层划分。用户洞察分析层共分5层：一是数据层，二是分析处理层，三是数据访问层，四是服务层，五是视图层。在功能上，用户洞察分析系统能为用户和业务人员提供登录与身份核查、用户基本情况分析、用户群管理、用户社交分析、用户位置轨迹以及专题分析等服务，用户可以通过视图层页面选择相关的需求服务。在架构上，用户洞察分析层细分为基础统计模块、模型标签分析模块、事实标签分析模块、个人中心模块、用户画像模块、社交关系模块、位置轨迹模块、专题分析模块和系统管理模块。

（3）用户洞察分析系统数据库设计。根据需求和功能设计，设计数据库模型。数据库表关系图描述数据库表的字段和数据库表之间的关系。数据库表有客户购买周期表、客户购买种类表、客户购买偏好表、客户装帧设计表、客户营销策略反馈表、客户互动网络表、客户评论表等。

3. 用户洞察系统技术支撑

（1）扩展的ECM-ISC模型。该模型是研究消费者满意度的基本理论。该模型由感知有用性、信息系统持续意向、期望确认度、满意度四大要素构成。主体为感知行为控制、增添信息技术自我功效和可控制性两个变量。

（2）Echarts技术。Echarts是进行数据可视化展示的技术工具，数据可视化不仅生动、直观，而且还具有可高度定制化和可交互性的特点。Echarts包括4个主要部分，即基础库、接口、组件、图类等。其中，组件部分包括坐标轴、标题、网格、图例工具箱等；图类部分包括地图（map）、饼图（pie）、柱状图（Bar）、折线图（line）、散点图（scatter）等。Echarts还具有数据视图、多图联动、图例开关、拖拽重计算、混搭、炫光特效等许多特色，在用户洞察分析的实际应用中，可以结合实际发挥其特有功能。

（3）TDH（Transwarp Data Hub）大数据平台。TDH即分布式文件存储引擎。TDH以分布式文件系统作为存储引擎，使用YARN资源管理框架，基于存储引擎和资源框架对一些Apache项目进行合理组合，在用户洞察分析发挥数据采集、数据存储、数据挖掘、数据同步和批处理等功能。

三、用户洞察在众筹出版中的应用

众筹出版的运作流程可归纳为5个阶段：准备阶段、策划阶段、营销阶段、发行阶段和售后阶段。其中，准备阶段可细化为对出版物和众筹平台的选择、价格梯度和汇报设置以及售后阶段的咨询与服务，对这3个方面进行分析，可以帮助了解用户洞察在个性化出版中的具体应用。

1. 对出版物的选择

对出版物的选择包括对出版作者的选择和出版物内容的选择。首先，在对出版物作者的选择中，有两点非常重要，即作者知名度和资历背景。具有高知名度或雄厚资历背景的作者的作品会增加投资者对项目的信任度，提升众筹积极性。其次，在对出版物内容的选择中，主要考察两点：作者水平和内容设计。如此就需要对读者数量进行考察，选择具有稳固粉丝基数的知名作家，并通过读者互动了解读者评论，结合作家写作水平、写作素养进行综合考察，为出版物的最终选择奠定基础。比如，《本色》能够成功众筹，其主要原因在于作者乐嘉知名度和人气很高，拥有众多的电视观众和微博粉丝，受众对他有足够的信任，而且乐嘉在创作《本色》之前就已经出版过《色眼识人》《跟乐嘉学性格色彩》等书，反响不错，对性格问题有专业的研究和独到的看法，能够保证一定的出书水平。

2. 对众筹平台的选择

众筹平台是众筹出版的运作场景，是项目发起者和项目投资者之间联系沟通的桥梁和纽带。对众筹平台的选择主要考察以下3个因素：一是所选择平台的类型，综合型还是垂直型；二是受众、营销渠道的数量；三是平台信誉的高低。

3. 价格梯度和回报品设置

首先，众筹出版的盈利必须建立回报机制，而盈利回报应该设定价格梯度。设定价格梯度需要众筹发起者和项目出资者达成共识，众筹发起者需要详细考察读者或投资人的实际情况，根据出资额度的不同制定不同档次的回报类别。项目出资者也要根据预期选择合理的价格梯度。其次，众筹出版还要设定产品价格梯度。比如在AR科普绘本众筹出版项目《消失的世界》运作中，众筹方案将目标投资人设定为中低端参与者，将目标用户设定3～6岁的儿童，将产品价格依次设定为7个梯度：1元（抽奖）、69元、79元、109元、169元、199元和3099元。再次，众筹出版还要设定销售回报品，在国内，回报品主要分为两大类：实物性回报和服务性回报。实物性回报的是除了出版物本身之外的其他实体物品，包括书签、logo衬衫、雨伞、笔记本等文化和生活用品；服务性回报是非实物回报，包括读书会、讲座、读者沙龙、作者交流会、私人订制活动等文化交流活动。这些回报方式都是根据用户需求特点、图书内容来设定的。

4. 咨询及售后服务

通过即时的解答用户疑问并提供相应的服务不仅可以增强投资人的信任感，提升众筹体验。咨询及售后服务能够延展项目生命，将投资人发展成往后众筹出版的潜在目标，为新项目的开展准备条件。例如，在AR科普绘本《消失的世界》的众筹出版中，众筹出版者在众筹界面末端设置了客服的微信二维码，一方面方便回答投资人在参与项目过程中提出的疑问，另一方面可以展示众筹出版相关操作程序。

第四节　个性化出版与漏斗分析

漏斗分析是一套流程式数据分析工具和用户行为分析模型，能够精准反映用户行为状态以及从起点到终点各阶段用户转化率情况。漏斗分析是基于大数据的一种工具，本质就是分解和量化。现代营销观念认为："营销管理重在过程，控制了过程就控制了结果。"用户行为分析之漏斗分析模型是企业实现精细化运营，进行用户行为分析的重要数据分析模型，其精细化程度影响着营销管理的成败以及用户行为分析的精准度。个性化出版在推出产品的过程中，也需要从各个流程监测用户的流失度，再对症下药，做出调整。比如一款针对年轻受众阅读的手机App产品，在投入市场后发现最终的注册用户低于预期，那么借助漏斗分析工具，就可以对从App下载、浏览页面、体验使用、最终注册成为用户这4个环节中哪一个环节的用户数量流失最多的情况进行量化，那么就可以大致判断出是哪个环节的使用体验差，导致用户不会继续进行下一步操作。如果得知浏览页面这个环节到体验使用这个环节用户流失率比较高，那么可以判断出浏览页面这个环节的设计文案画面不打动用户、滑动翻页设计不人性化或者页面过于花哨等。对问题进行相应的调整后，可以提高用户转化率。

一、漏斗分析的价值功能

1. 漏斗分析的概念界定

漏斗分析是一套流程式数据分析工具和流程式用户行为数据分析模型，它是科学反映用户行为状态以及从起点到终点各阶段用户转化率（通过该层的流量/到达该层的流量）情况的重要分析模型。简而言之，漏斗分析就是先将整个流程进行拆分，细分成一个个具体步骤，然后运用转化率来衡量流程中每一个具体步骤的表现，最后通过对异常数据的挖掘分析找出存在问题的节点，进而提出解决问题的方案，最终实现提升整体转化率的目的。漏斗分析的关键词是分解和量化。漏斗分析模型已经广泛应用于用户流量监控、产品目标转化等日常数据运营与数据分析的工作中。

2. 漏斗分析适用场景

漏斗分析主要适用于电商平台，包括购书网站与App。通过转化率能比较充分地展示读者从进入网站、访问目标图书页面、咨询后台客服，直到生成订单整个过程中的读者数量及流失的情况。漏斗分析模型是评判产品健康程度的图表，由用户选购全过程中每一个步骤的数据转化反馈得到结论，然后通过各阶段的转化情况去改善设计，提升营销推广效率和读者体验。

所处环节	当前客户人数(人)	环节转化率(%)	整体转化率(%)	占位数据(人)
选购图书	1000	100	100	0
添加购物车	800	80	80	100
购物车结算	600	75	60	200
处理订单信息	400	67	40	300
提交订单	200	50	20	400
选择支付方式	150	75	10	425
完成支付	60	40	5	470

注：环节转化率=当前环节/前一环节；
整体转化率=当前环节/第一环节；
占位数据=第一环节-当前环节/2；
每环节客户流失数=前一环节-当前环节，
整体客户流失数=第一环节-当前环节。

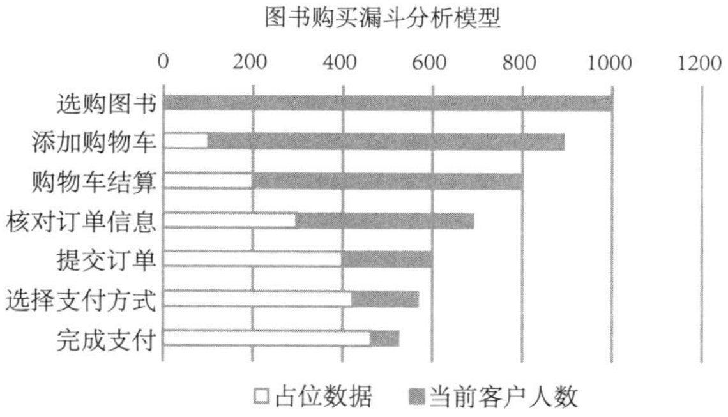

图5-8　虚拟漏斗分析模型示例

（资料来源：戎易大数据，2019年3月）

从图5-11可看出整个数据的衰减趋势，从选购图书—购物车“漏”了20%；从购物车—生成订单“漏”了30%；从生成订单—支付订单又“漏”了15%；从支付订单—完成订单还“漏”了35%。根据数据分析，最后一步流失较大，提示需要反思。从整体而言，读者从选购到最后完成途中流失60%，流失量相对较大，所以要思考如何减少读者损耗，提高转化率的问题。

3. 漏斗分析主要步骤

一是查看漏斗概览。以天为维度，对单日离线的漏斗整体数据进行查看；以媒体为维度，对请求数、点击率、在线订单量、竞价率、参与竞价数、赢价率、赢价数、采买率、有效曝光、在线转化率、计费单元、平巧点击消耗、平均点击成本、商户ROI、平台ROI、商户ROI等数据进行具体展现。二是查看漏斗分析单日汇总。以天为维度，首先对投放媒体、投放广告位、维度分为投放渠道、单日漏斗多维度数据和投放城市数据进行查看，然后以漏斗的形式对线上订单数、请求数、计费单元、曝光数、竞价数、赢价数和各个指标的日环比、周同比数据进行展示。最后以天为维度进行数据汇总并以表单形式显示。三是漏斗分析单日实时汇总。实时汇总与单日汇总较为类似，区别在于在进行数据展示的时候，以小时为维度，并添加了折线图，将单日的营销数据细分为小时级别漏斗数据进行展示，并同时以表格形式展现。

4. 漏斗分析所要遵循的原则

（1）控制过程比控制结果更重要。

（2）预防性的事前管理重于问题性的事后管理。

（3）营销管理的最高境界是标准化。

二、个性化出版的漏斗分析应用

1. 漏斗分析在个性化出版中的优势

漏斗分析可以直观地发现产品业务流程中的问题，清晰地呈现用户使用产品过程中各流程节点的转化率和流失情况，从而更好地改善产品、提升转化率、减少用户流失。漏斗分析在出版领域中可以发挥以下优势。

（1）正确抽取关键词，提高读者点击率。从漏斗分析模型的第一层可见，流量层是决定后续转化率的基础。通过设计吸引读者目光的关键词可以带来更多的读者点击量。对于关键词的设定，应该考虑到关键词是否能够全面地描述图书，有时候关键词太单一会导致一部分读者群体的流失，从而降低推广效率。除此之外，对于关键词的排列次序也会影响到后续客流，关键在于读者能否第一眼看到自己想要的信息，所以要有针对性地对关键词进行调整，增加被搜索到的概率。

（2）解决页面跳转问题，降低客流损耗。读者点击进入图书详情页只是成功购买之前的重要一步，因为即使客户被吸引后进入主页面，也会因为后面内容未达到期望值而失望走开。那么除了图书内容不能够满足读者需求之外，问题也有可能出现在网站页面上。比如网速过慢导致页面跳转困难、页面布局视觉效果差影响到用户的浏览体验、页面广告太多使读者产生厌烦感等。这就需要网络编辑在设计网页上考虑诸多因素，比如优化页面加载量、合理调整广告数量等，从而设计出能满足读者购物心理的优质网页。

（3）综合数据信息，提高最终转化率。读者是否最终购买图书产品涉及整个图书生产推广流程的各个环节，除了运用用户数据在图书生产时做好把关工作，还应该在营销推广中对图书产品进行真实、全面的解读。比如在图书购买的主页面，在对图书产品进行描述时就应简洁提炼图书信息，利用章节目录向读者快速传递内容框架，提高图书展示清晰度。此外，对于自出版而言，作者作为生产的主力军，应该在宣传文案中体现个人意志和创意性。对众筹出版则应该对众筹的条件、金额、宣传手段进行权衡，能够唤起读者为之筹钱的欲望。比如在“双11”活动期间，当当、中国图书网通过“满100减50”“满199减100”的打折力度促使消费者更多地投入到凑满减活动中，读者停留时间延长，购买概率上升，自然就能提高转化率。

比较用户洞察和漏斗分析的异同可以看出，用户洞察主要是在内容生产之初、选题策划之前和图书产品售卖之后进行，而漏斗分析则是在图书售卖过程中进行。两种数据工具的巧妙结合，可以对出版全过程进行有效把控。尤其是对于个性化出版这种自主性、互动性更强的出版模式来说，则更需要与读者形成强有力的联系，扩大图书产品的影响范围、提高价值效力，促进个性化出版的健康有序发展。

2. 用户洞察的几个漏斗模型

（1）个性化出版的支付用户流失模型。根据用户每一步骤流失的百分比数据，分析所在业务步骤的市场适用性。支付用户是进入支付环节的有刚性需求的真实用户，要根据支付用户保留的比例，合理配置资源，突出个性需求极强客户的需求满足属性，在网站设计、用户属性分析、支付途径方式、算法推送等步骤上做出合理调整。

（2）个性化出版的层级用户有效订单转换模型。根据用户每一步骤流失的百分比数据，比较分析普通用户和钻石用户消费行为的差异性。根据受众保留的比例，对普通用户和钻石用户消费行为的“障碍点”进行有效的针对性策划，并对两种人群推出具有针对性的营销策略，保证效益最大化（图5–12）。

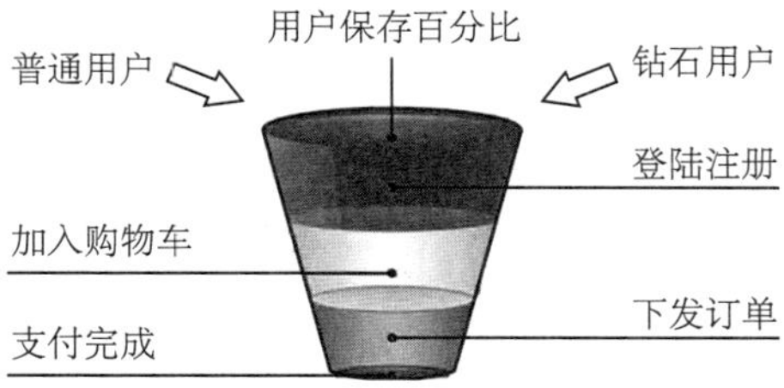

图5–9　层级用户转换

（资料来源：全球百科）

（3）个性化出版的销售漏斗模型。根据每一步骤盈利百分比数据，分析所在业务步骤的客户针对性。漏斗的顶部是存在需求的潜在用户，漏斗的上部是对本企业产品较为关注的潜在用户，漏斗的中部是将本企业产品列入优选清单的潜在用户（两个品牌中选一个），漏斗的下部是已确定购买本企业产品只是购物手续有待落实的潜在用户。漏斗的底部是期望马上成交的用户。

销售管理过程中使用销售漏斗管理时需要根据企业当时的产品特点、客户特点、销售周期和购买过程来确定漏斗中的阶段划分以及阶段所代表的成交可能性（图5-10）。

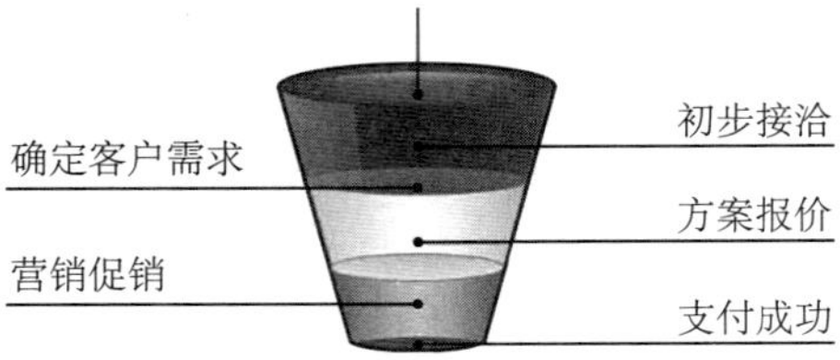

图5-10　销售漏斗模型

（资料来源：全球百科）

（4）个性化出版的网络推广宣传效益模型。网络推广宣传要提高展现量，尽可能影响辐射到可能购买的潜在客户，吸引有需求的网民提高点击量，提升网站黏性，为网站输送更多优质的访客，提升转化率，扩大效益。

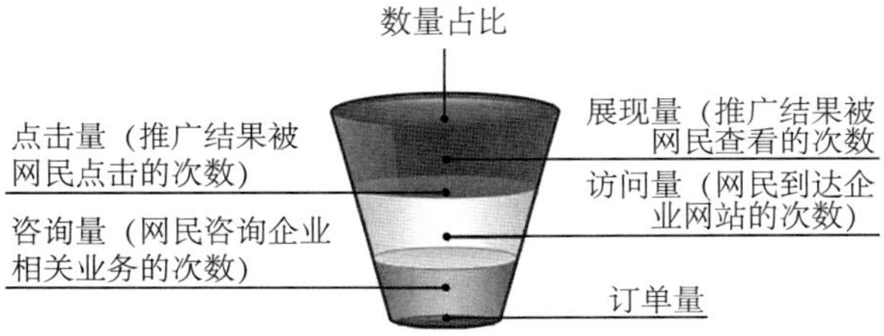

图5-11　网络推广漏斗模型

（资料来源：全球百科）

个性化出版是需求主体多层次变化和数据拓展双重作用的结果，是出版机构与用户的实时“对话服务”，也是作者和读者的对话交往。因此，基于用户个性化需要的精准出版应该运用用户洞悉系统和漏斗分析模型，将消费者的行为和心理进行标准量化，并将影响因子之间的离散相关性进行精确定位，才能进一步使产业走向专业化，更好地配置资源，提供可持续的定制性服务。

第六章　元宇宙视域下的精准出版展望

2021年10月，Facebook宣布更名为“Meta”。Meta是Metaverse（元宇宙）一词的缩写。以Facebook更名宣布转型做元宇宙景观图景生态构建为风暴眼，元宇宙之风迅速刮向全球各地，众多科技头部企业都抢先布局元宇宙版图，苹果、微软、英伟达、特斯拉、阿里、腾讯、小米、百度等都纷纷进行元宇宙战略规划。一时间，“万物皆可元宇宙”迅速成为热门话题，以至于2021年被称为“元宇宙元年”。这是自2013年的“大数据元年”、2016年的“AI元年”和“VR元年”、2019年的“5G商用元年”之后，近10年间出现的又一个元年。到底什么是元宇宙？元宇宙具有什么样的特征？它将如何影响和改变人们的生产和生活？元宇宙时代人们的阅读方式会有什么变化？元宇宙时代出版行业将会发生怎样的变革？元宇宙时代如何实现出版的精准化？这些问题虽然一时很难找到统一的标准答案，但有必要及早进行理论探索和思考。

第一节　元宇宙概念和特征

元宇宙的迅速火爆除了新闻传媒的传播作用力之外，资本的大举进入无疑起到了推波助澜的巨大作用。一方面，人们在浪潮席卷之下“言必称元宇宙”，另一方面，大多数人对元宇宙的概念、特征、属性、要素、系统结构、价值目标等问题并不了解，少数了解的人意见也并不统一。在元宇宙的商业动机和学术研究之间，媒体宣传和理论探索之间存在自然的鸿沟。由于元宇宙成为热门话题仅一年时间，在众说纷纭之下，关于元宇宙问题的不确定、不规范、不清晰的表述会持续很长一段时间，包括元宇宙对出版行业未来发展的影响问题也将是一个长期讨论的话题。因此，现阶段我们对元宇宙时代的精准出版问题的讨论只能是一种展望。

一、元宇宙概念的3种主要观点

“元宇宙”一词最早出现在1992年出版的美国科幻小说《雪崩》一书中。该书是科幻作家尼尔·斯蒂芬森的作品。《雪崩》描述的是脱胎于现实世界的一代互联网人对两个平行世界的认识和感知。在《雪崩》里，元宇宙是一种通过AR和VR技术创造出现实世界与虚拟世界相融合的状态。随后，1999年上映的电影《黑客帝国》、2009年上映的电影《阿凡达》、2018年上映的电影《头号玩家》等科幻电影让人们体验到了元宇宙概念最形象化的影像呈现。《黑客帝国》中黑客尼奥借助的是脑机接口，《阿凡达》中阿凡达借助的是太空舱，《头号玩家》中韦德借助的是虚拟现实头盔，借助VR、AR和MR以及XR，人们可以在现实世界和虚拟世界之间实现自由时空穿梭。及至2021年3月，元宇宙从小说和电影中走向了现实，沙盒游戏平台Roblox登陆纽交所，上市第一天市值就突破了400亿美元，在科技圈和资本圈引起强烈反应，超强反应不仅来自其吸金能力，还在于其第一个将“元宇宙”概念写进了招股书里。到2021年10月，Facebook更名为Meta，元宇宙概念迅速火爆。从小说概念到映像形象再到现实的资本投资，元宇宙概念涵盖了人类信息和数字革命的最新成果，从体现互联网革命的Web3.0，到体现信息革命的5G，到大数据到云计算，从AI到VR、AR、MR和XR，这些革命性成就向人们展现了一个由“虚拟世界联结而成的元宇宙”①。及至目前，关于元宇宙的概念主要有3种观点。

1. 元宇宙是新一代互联网或新一代网络

将元宇宙定义为“新一代互联网和新一代网络”的共同点是都从微观层面定义元宇宙的网络属性，不同点在于一派观点认为元宇宙是新一代互联网，而另一派观点认为元宇宙不是新一代互联网，而是新一代网络。

（1）新一代互联网说。新互联网说的观点是将元宇宙定义为互联网的新一代技术集，认为元宇宙是继互联网、移动互联网之后的第三代互联网，是互联网的“工具、平台、技术集”的最新呈现。喻国明教授认为，元宇宙是“共享虚拟现实互联网”和“全真互联网”②。石培华等认为，元宇宙是基于多种数字技术的虚实相融的“下一代互联网”③，是“虚拟空间、增强现实和互联网的总和”④。杨丹辉、星刚等认为，元宇宙是

① 赵国栋，易欢欢，徐远重：《元宇宙》，中国出版集团中译出版社2021年8月版，第2页。

② 喻国明：《未来媒介的进化逻辑：“人的链接”的迭代、重组与升维——从“场景时代”到“元宇宙”再到“心世界”的未来》，《新闻界》2021年第10期。

③ 石培华，王屹君，李中：《元宇宙在文旅领域的应用前景、主要场景、风险挑战、模式路径与对策措施研究》[EB/OL].(2022-04-16)[2022-04-23]. http://kns.cnki.net/kcms/detail/45.1066.c.20220414.1900.004.html.

④ Metaverse[EB/OL].(2022-04-19)[2022-04-25].https://en.wikipedia.org/wiki/Metaverse.

数字技术的“继承机制或融合载体”①，是“承载虚拟性活动的平台”，是融合大数据、云计算、人工智能、5G技术和区块链的“技术工具的结合”②。新一代互联网说虽然具体表述不一，但共同点是都认为元宇宙是新型互联网，包括互联网总和、互联网应用、共享虚拟现实互联网、全真互联网等含义。

（2）新一代网络说。万向区块链公司董事长肖风在为赵国栋等所著《元宇宙》一书所写的序言中认为，“元宇宙不是下一代互联网，而是下一代网络。CT技术构成了通信网络；计算机互联网构成了信息网；而人类社会迈入数字化时代，AI、云计算、区块链等构成了数据网络。元宇宙是新一代的网络：数字网络。”③因此，元宇宙是“新一代无线网络”④。新一代网络说认为元宇宙是“数字网络”或“数据网络”，但“数字网络”的构成要素是AI、云计算、区块链，这一表述与新一代互联网说强调的元宇宙是“技术工具的集合”，是“融合载体”，在含义上是一致的，因此两者可以归为一类。

2. 元宇宙是新型数字社会。

将元宇宙定义为新型数字社会的观点是从中观层面理解元宇宙，认为元宇宙是“数字社会或虚拟社会”，是比新一代互联网形态更广泛的数字社会形态。清华大学新媒体研究中心发布的《2020—2021年元宇宙发展研究报告》提出，元宇宙是整合多种数字技术形成的虚实相融的新型“社会形态”，是基于数字孪生技术生成现实世界的镜像，是基于XR技术提供沉浸式体验，是基于区块链技术搭建经济体系，将现实世界和虚拟世界深度融合的数字社会形态。⑤吴江、曹喆等人认为，元宇宙是基于新型数字技术的“三元世界数字社会”⑥。杨新涯等认为，元宇宙是运用UGC模式并提供沉浸式体验的“虚拟社会”⑦，是新型的创造超社交共同体验的“数字社会空间”。

将元宇宙视为新型数字社会形态，其视域更为广阔，除了强调元宇宙的数字技术属性

---

① 杨丹辉等：《元宇宙热潮的缘起、影响与展望》，《人民论坛》2022年第7期。

② 吴刚，杨芳：《元宇宙与教育活动的“物质转向”：老故事与新实在》，《南京社会科学》2022年第4期。

③ 赵国栋，易欢欢，徐远重：《元宇宙》，中国出版集团中译出版社2021年8月版，第23页。

④ 赵国栋，易欢欢，徐远重：《元宇宙》，中国出版集团中译出版社2021年8月版，第21页。

⑤ 清华大学新媒体研究中心：《2020–2021年元宇宙发展研究报告》[EB/OL].（2022–11–08）[2022–01–10]. http://www.163.com/dy/article/G)A3QN.html.

⑥ 吴江，曹喆等：《元宇宙视域下的用户信息新闻：框架与展望》，《信息资源管理学报》2022年第1期。

⑦ 杨新涯，钱国富等：《元宇宙是图书馆的未来吗？》，《图书馆论坛》2022年第12期。

之外，进一步强调了元宇宙的社会属性和经济属性，既凸显了技术形态与社会形态的融合，体现了元宇宙蕴含的以实现人的自由全面发展、拓展人的自由发展空间的价值归属，还强调了元宇宙基于区块链搭建的社会经济体系。从技术体系到社会体系和经济体系，新型数字社会说将元宇宙从微观的新型互联网说提升至中观的社会经济层面，具有更宽广的视野和更积极的意义，但新型数字社会说还没有涵盖元宇宙的全部外延，没有涵盖宇宙作为技术体系、社会体系、经济体系、自然生态体系等多体系组合的整体系统。

3. 元宇宙是数字世界

将元宇宙定义为数字世界是从宏观层面解释元宇宙。数字世界说认为元宇宙是超越现实世界的“数字世界”，是与自然宇宙相映射的能提供自由创造空间的“虚拟世界”。数字世界说由于视角差，又分为两种主要观点。

（1）从世界视角出发界定元宇宙。刘革平等认为元宇宙是高度发达的虚实交融的人造虚拟世界，是平行于现实世界又与现实世界深度融合、无缝衔接的“数字世界”①。王海龙等认为元宇宙是指由数字信息技术驱动构建形成的具有技术属性、社会属性、经济属性和自然生态属性的虚实交融的“生态世界”②。方凌智等认为元宇宙是基于新型数字技术的高度发达的虚实相融的“人造虚拟世界”③。

（2）从宇宙视角出发界定元宇宙。黄欣荣等人认为，元宇宙是指人们在自然宇宙即本宇宙之外通过新型数字技术搭建的与本宇宙相映射的“数字虚拟宇宙”④，元宇宙”给人们提供了本宇宙之外更大的自由创造空间，甚至是由数百万数字星系构成的“可观测数字宇宙”⑤。元宇宙具有映射现实宇宙（本宇宙）又独立于现实宇宙的性质，是物理现实与数字虚拟深度融合的“后现实宇宙”⑥。

由上可见，数字世界说两种观点的不同点在于视角不同，共同点在于都界定了元宇宙与本宇宙（自然宇宙）的关系，将两者的关系刻绘成为相互影像但又彼此独立的平行关系。从整体上强调了元宇宙具有技术属性、社会属性、经济属性和自然生态属性。这种界定从词义上更符合“宇宙”的语义学概念，从更高层面上表述了虚拟数字世界与自

---

① 刘革平等：《从虚拟现实到元宇宙：在线教育的新方向》，《现代远程教育研究》2021年第6期。

② 王海龙等：《元宇宙发展演变及安全风险研究》，《网络与信息安全学报》2022年第2期。

③ 方凌智等：《技术和文明的变迁：元宇宙的概念研究》，《产业经济评论》2022年第1期。

④ 黄欣荣等：《元宇宙的技术本质与哲学意义》，《新疆师范大学学报》（哲学社会科学版）2022年第3期。

⑤ 王文喜等：《元宇宙技术综述》，《工程科学学报》2022年第4期。

⑥ MYSTAKIDS.S：*Metaverse*，*Encyclopedia*，2022（1）。

然物理世界的融合关系。数字世界说的局限性在于其重点描述了元宇宙的空间维度，而对时间维度的解释不够。

二、元宇宙概念的开放性

由于元宇宙进入学界和商界的时间不长，学者和商界等不同领域的视角和着力点不同，因此到目前为止，关于元宇宙还无法形成一致的具有权威性的定义。

1. 商界和学界对元宇宙的不同界定

当前，商业投入元宇宙的着力点主要在游戏领域，而非VR、AR、MR和XR领域，因此有人将元宇宙定义为“超级游戏”。认为元宇宙本质上就是超级游戏，元宇宙实质上是使人性自由地在超级游戏中能够充分体现的“数字平台”。而学界有人从哲学层面出发，以人类社会形态从自然物理世界到社会经济世界到数字虚拟世界的演进为视域，将元宇宙定义为数字世界或互联网世界的终极形态，认为元宇宙将是人类社会的终极形态，是人类虚无主义的最新体现。①

目前，元宇宙还处在学术探索和商业运行中，因此，元宇宙应该是一个相对开放概念，对其内涵的界定须假以时日，其外延也在不断拓展和丰富。首先，元宇宙具有超级游戏属性，但又不能简单地将元宇宙界定为超级游戏，元宇宙在形态上已经突破了传统游戏以设计者为中心的框架，而演变为由参与者进行自由自主选择的架构。其次，元宇宙具有虚拟世界属性，但又不能简单地将元宇宙等同于虚拟世界，元宇宙是融合现实世界的“人造虚拟世界”，是现实物理世界的虚拟呈现，元宇宙拓展了人们自由创造的空间，赋予人们自由创造的无限想象力，但终究还是要回归人的自然属性和社会属性，满足人的最底层的物质生活需求和更高层次的情感需要。

2. 元宇宙概念的历史演进

朱嘉明在为《元宇宙通证》一书所写的序言中认为，元宇宙是人类将“宇宙”的认知与数字时代的技术工具、社会经济形态、人文思想和价值观念融合在一起的产物，从这个意义上说，元宇宙的演进经历了3个历史阶段。②

（1）古典文艺形态的“元宇宙”阶段，即以宗教、艺术、文学为载体的古典形态的

① 谢华平，李亚妮：《元宇宙时代数字出的新图景与监管挑战》，《传媒》2022年第3期（下）。

② 邢杰，赵国栋等：《元宇宙通证》，中国出版集团中译出版社2021年8月版，第3页。

“元宇宙”。在这个阶段，西方的《圣经》《神曲》《蒙娜丽莎》和中国的《易经》《河洛图》《西游记》等都属于古典形态的“元宇宙”。其中，《神曲》所描写的人类历经坎坷的“灵魂寓所”就充满了对闭环式的至善宇宙的想象。中国的《易经》也是刻绘了一幅自由世界的神秘运行的“元宇宙”图景，《西游记》则以人类丰富的自由创意想象力描绘了虚实相融的时空穿梭图。古典形态的“元宇宙”主要是人文意义上的，主要是人文形态的认知成果，由此成就了出版史上的大量中外名著，但古典形态的“元宇宙”科学形态的认知成果较少，不具有现代数字社会形态意义上的技术属性和认知基础。

（2）电子科幻时代的“元宇宙”阶段，即以科幻和电子游戏为载体的新古典“元宇宙”。这个阶段的成果有《弗兰肯斯坦》《哈利·波特》《雪崩》《黑客帝国》《阿凡达》《头号玩家》等科幻小说和电影。通过虚拟现实建模语言（VRML）构建的Cybertown，是新古典“元宇宙”重要的里程碑。

（3）数字时代“元宇宙”阶段，即以“非中心化”游戏为载体的高度智能化形态的“元宇宙”。这一阶段的成果主要以游戏为主，包括Lindew Lab基于Open3D推出的《第二人生》；Roblox公司推出的融合休闲游戏、虚拟世界和用户自建内容的游戏Roblox；瑞典Mojang Studios推出的《我的世界》；Facebook公司推出的Facebook Horizon搭建社交VR平台；及至2020年借助以太坊为平台推出的Decenraland，这款产品能支持用户拥有和运营虚拟资产，使元宇宙进入数字时代。

从元宇宙演进的3个阶段来看，贯穿几个阶段的一条主线是游戏，这也是“元宇宙游戏说”定义的来源之一，但元宇宙源于游戏又超越游戏，目前正进入第三阶段的中后期。王骥所著《元宇宙革命与矩阵陷阱》按时间顺序将元宇宙划分为九大层级[①]。他认为目前元宇宙还处于九大层级的第四大层级上，即“三维空间元宇宙”层级上，层级表现是正式提出元宇宙概念、以主动式沉浸体验为核心、虚拟现实＋社交生态先行，还包括形成初级经济文化系统，涉及Web3.0、IPFS协议、社交3.0、NFT、DEFI、DAO、6G、边缘计算、海计算、数字孪生、VR、AR、MR和MR以及新一代混合智能等层级表现。（图6-1）

① 王骥：《元宇宙革命与矩阵陷阱》，中国出版集团公司华文出版社2022年2月版，第9页。

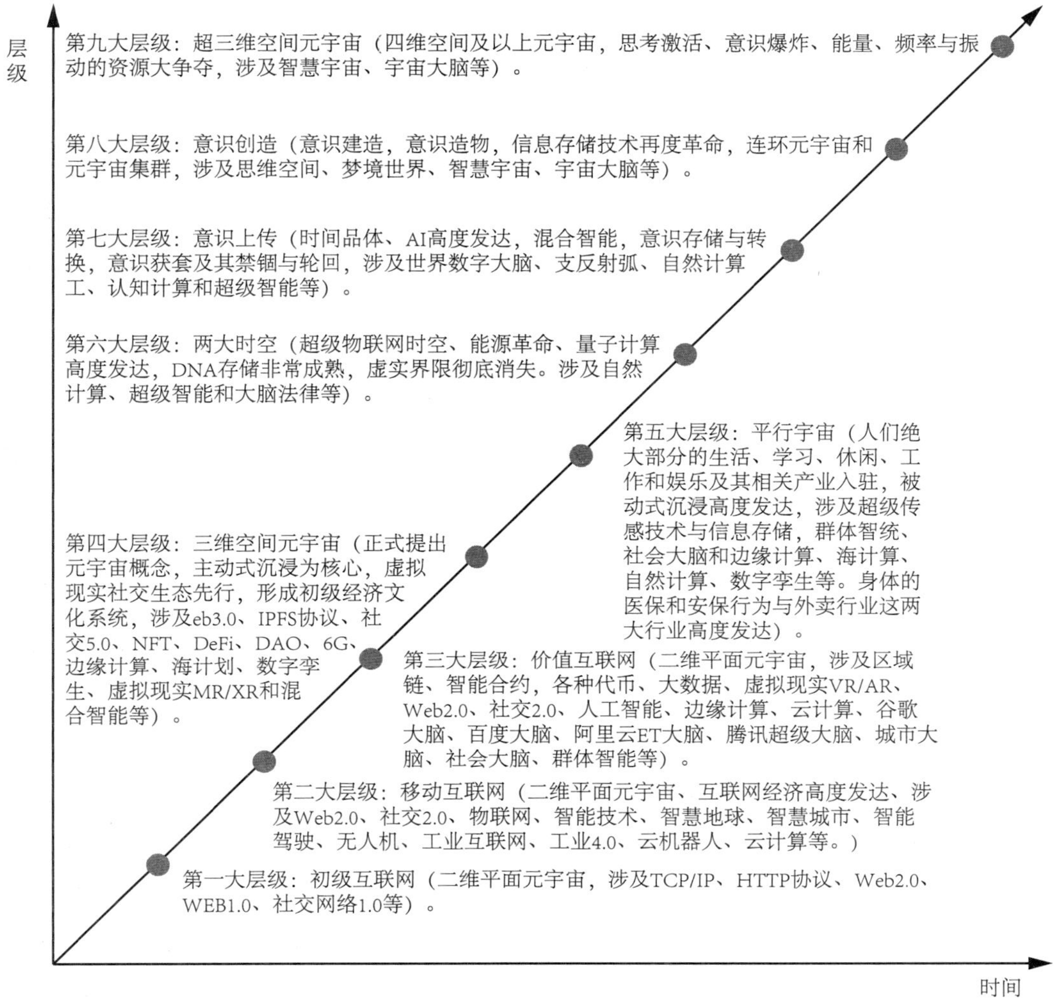

图6-1　元宇宙九大层级

（资料来源：《元宇宙革命与矩阵陷阱》）

三、元宇宙的特征

关于元宇宙的特征，王鸿宾在《元宇宙的逻辑》一书中介绍了华西证券和元宇宙领域拓路人Galan概括的元宇宙六大特征。[①]王骥以Roblox提出的元宇宙需要满足的八大关键特征为基础，归纳了初级元宇宙的八大关键特征。

① 王鸿宾：《元宇宙的逻辑》，中国文化交流出版社2022年1月版，第6页。

1. 关于元宇宙的基本特征

（1）华西证券提出元宇宙拥有六大基本特征：持续性、实时性、兼容性、经济属性、可连接性、可创造性。他认为元宇宙必须符合这六大特征。持续性是指元宇宙“虚拟世界”具有永久存在性，不会中断、不会停业。实时性是指元宇宙“虚拟世界”能与现实物理世界保持实时同步，能够实时映射现实物理世界的所有形态。兼容性是指元宇宙“虚拟世界”能够融合吸纳任何规模的人和事物，具有包容宇宙的巨大兼容性。经济属性是指元宇宙具有经济形态特征，能够调节用户在元宇宙内部的生产、分配、交换和消费[①]。可连接性是指元宇宙具有连接现实物理世界与虚拟数字世界的贯通性，能够实现社交关系和经济关系在虚拟世界和现实世界之间的无缝对接。可创造性是指元宇宙具有为用户自由创造提供空间的特性，能够使用户自主创造生成内容。

华西证券概括的元宇宙六大基本特征与全球最大的游戏风险基金MakersFund的合伙人之一马修·鲍尔的观点有相似之处。马修·鲍尔将元宇宙的品质概括为7个方面。[②]第一，一直在线，即元宇宙不会关闭，而会持续地永久地运行下去。第二，分享经验，即元宇宙与本宇宙的事件运行具有实时性和同步性。第三，做各种事情，即人们可以自由进行聚合分离，既可以融合现实世界和虚拟世界的任何事物，也可以分开开展活动，而不限定在游戏设定的情节里。第四，虚拟经济，即人们可以从事从一般商品买卖到房产地经营到资本运营的一切经济活动。第五，混合现实，即人们能够参与从现实物理世界到虚拟数字世界的一切活动。第六，共享在线空间，即元宇宙的共享性。在共享空间里，每样技术运用和每样东西都能正常共享使用。第七，用户生成内容，即元宇宙具有无限自由创意空间，能够让人们主动参与创造性活动，让人们添加创新内容进入元宇宙空间。

（2）Galan关于元宇宙基本特征的概括。Galan被称为元宇宙领域的拓路人。其主导研发的领主世界App已有“10万＋”数字领地被元宇宙居民抢占。Galan认为：“社群是现实世界和数字世界的基本社会单元。这是底层逻辑，不会因为构建了一个数字世界元宇宙而改变。”Galan提出元宇宙有六大基本特征：一是世界观，二是社群，三是虚拟中的真实，四是心流，五是文明，六是自我进化。Galan对元宇宙基本特征的概括不仅包括元宇宙的技术层级，还包括社交关系、心理行为系统、社群关系、社会治理形式、资产确权等，甚至还包括元宇宙的世界观和价值理念。

---

① 王骥：《元宇宙革命与矩阵陷阱》，中国出版集团公司华文出版社2022年2月版，第74页。

② 沈默GSL：《什么是元宇宙？虚拟与现实的碰撞》，腾讯网，2021年9月2日。

（3）Roblox关于元宇宙基本特征或要素的表述。Roblox公司是第一家在上市招股书中写入“元宇宙”概念的纽交所上市公司。在招股书中，Roblox提出真正意义上的“元宇宙”产品必须具备8个基本特征和要素。一是虚拟身份，即每个现实物理世界的人都拥有一个甚至多个元宇宙身份。二是社交关系，即多个元宇宙身份之间存在具有融通连接性的社交关系。三是沉浸感，即元宇宙能够提供沉浸式体验，使人沉浸在自由的忘我的元宇宙体验之中。四是低延迟性，即元宇宙具有实时同步性，元宇宙中的一切事情都同步发生，没有延迟性和异步性。五是多元化，即元宇宙能够提供多重场景和多种内容，包括自由空间、场景置换、N种玩法等。六是开放性，即元宇宙向现实物理世界的任何人开放，人们可以在任何时间、任何地点以任何方法进入元宇宙并自由互动，而且元宇宙操作系统的底层框架是开放的，人们可以利用元宇宙的接口开发出想要获得的任何应用程序。七是经济性，运用经济系统能够进行元宇宙内容的生产、分配、交换和消费。八是文明，即元宇宙具有不同于现实物理世界的社会系统、经济系统、文化系统、法律系统、生态系统以及安全监管系统。显然，Roblox的关于元宇宙的8个基本特征或要素的表述，很多是针对游戏来设定的，在商言商，Roblox本质上就是一家游戏公司。“沉浸感、低延迟、多元化、开放性、虚拟身份”等要素本身就是元宇宙的最低层次的条件，是元宇宙底层最基础的技术和数字设施。但“经济系统、文化体系、文明”等要素只有等到元宇宙演化到更高级阶段才可能产生和成熟。

2. 元宇宙的本质特征

本质特征是元宇宙的特有属性，是最关键的特征。张新新等在《元宇宙与出版（上）：元宇宙本体论与出版远景展望》一文中将元宇宙的本质特征概括为“数字时空性或曰数字世界性”①。元宇宙的数字时空性即元宇宙的时空拓展性，亦即把现实物理世界（本宇宙）的时间和空间延展到虚拟数字世界（元宇宙），延展的形式包括虚实之间的时空迁移、时空交融和时空再造。时空迁移是基于新型的数字孪生技术将现实物理世界（本宇宙）的人、事物、时间、空间映像到虚拟数字世界（元宇宙），形成与现实物理世界（本宇宙）平行的虚拟数字世界（元宇宙）。时空交融是指自然人与数字人通过交换身份自由穿梭往返本宇宙和元宇宙。时空再造是指基于现代数字智能在元宇宙原生再创造出一个虚拟世界，形成永不停息的实时同步的时空运行系统。元宇宙的时空拓

① 张新新，丁靖佳，韦青：《元宇宙与出版（上）：元宇宙本体论与出版远景展望》，《科技与出版》2022年第5期。

展性本质上是基于数字智能技术的赋能，是现代“科技赋能的超越与延伸”[①]。基于元宇宙时空拓展性的本质特征，元宇宙衍生出开发性、系统性、交互性、融合性、低延迟性、经济性、生态性、文化性、沉浸感等一系列基本特征。

元宇宙作为一个巨大的数字时空系统或虚拟数字世界，基本要素是以数字人为核心展开的数字资产、数字资本和数据信息；是以虚拟世界为核心展开的虚拟经济体系、虚拟政治体系、虚拟文化体系、虚拟社会交往体系和虚拟自然生态体系；是以数字智能技术为基础展开的通信网络技术、大数据技术、云计算技术、新一代人工智能技术、区块链技术以及VR、AR、MR、XR技术和作为元宇宙关键技术的数字孪生技术。元宇宙正是以现代数字智能技术为基础，以数字人创造为核心，以虚拟数字世界拓展为动力构成了一幅本宇宙与元宇宙相融合的新世界图景。

关于元宇宙的数字时空性本质特征，张新新等进一步将这一本质特征分解为本质属性和固有属性两个部分，认为元宇宙的“本质属性”是数字文化属性，“固有属性”是其数字经济、政治、社会、自然属性。并提出数字文化性作为本质属性，是对元宇宙的存在起决定性作用的特有属性。究其原因，一是从起源来讲，元宇宙从古典形态到新古典形态再到数字智能形态，都发轫于文化。其古典浪漫原型、科幻原型、影视原型均由文化产业创造并推出，是人类对自由、美好、幸福生活不断追求和向往愿景的文化呈现。二是从功能来讲，元宇宙的首要功能是文化功能。到目前为止，元宇宙的经济功能和其他社会功能虽然都有所表现，但主要功能还是文化功能，文化功能不仅推动文化创意产业向元宇宙虚拟文化产业进军，极大地拓展了文化产业的创造空间，而且也协同带动本宇宙的文化产业向深度和广度进军。三是从形态来看，元宇宙本身就是最新的数字文化形态，是数字智能技术文明的最新成果。从这些意义上来讲，元宇宙的性质是文化，是新型数字文化形态，这就赋予元宇宙以“数字文化性”的本质属性。[②]

四、元宇宙主要技术架构

元宇宙是基于数字智能技术进行构建的，数字技术体系是构建元宇宙的技术底座和赋能动力。在元宇宙的构建和运动中，数据资产、资本投入、信息知识如同元宇宙构建的建材，数字人则如同建筑师，而数字技术则是元宇宙构建的动能或能量。特别是数字

① 北京大学学者发布元宇宙特征与属性START图谱[EB/OL].（2021-11-19）[2022-04-25]. https://www.sohu.com/a/502061675-162758.

② 张新新，丁靖佳，韦青：《元宇宙与出版（上）：元宇宙本体论与出版远景展望》，《科技与出版》2022年第5期。

孪生技术、区块链技术、交互技术、物联网技术、网络及运算技术、空间架构技术、人工智能技术等都是元宇宙关键技术。（图6-2）

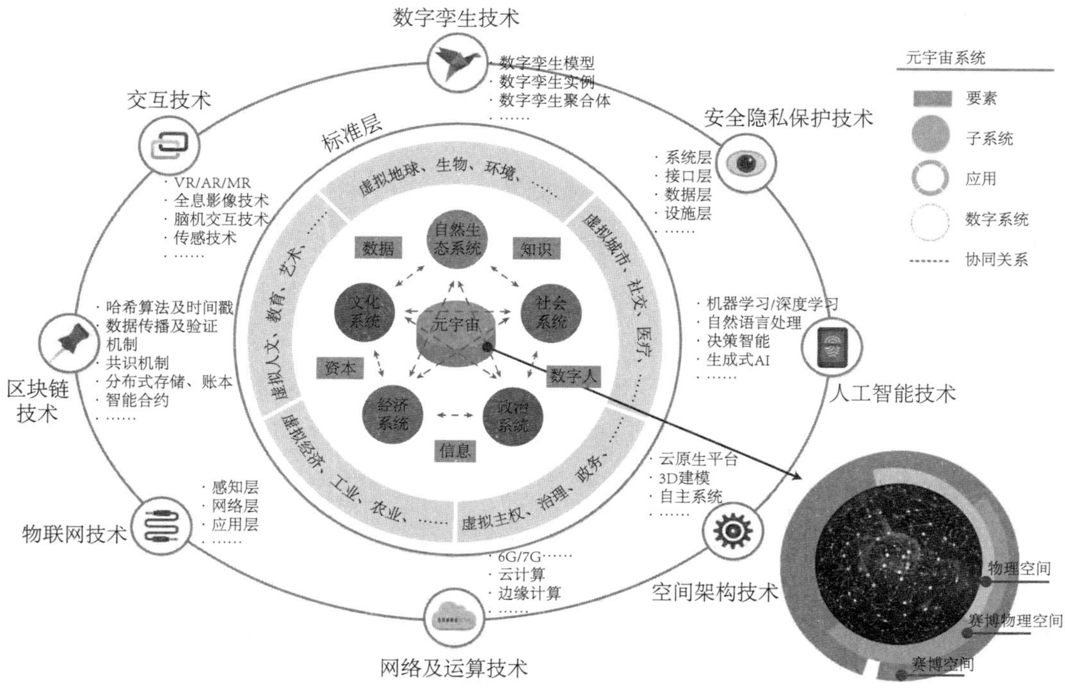

图6-2　元宇宙构想图

（资料来源：《元宇宙与出版（上）：元宇宙本体论与出版远景展望》）

在《元宇宙通证》一书中，作者将元宇宙技术架构归纳为六大技术支柱，即BIGANT[①]。B（Blockchain）指区块链技术；I（interactivity）指交互技术；G（Game）指电子游戏技术；A（AI）指人工智能技术；N（Network）指网络及运算技术；T（Internet of Things）指物联网技术。元宇宙的六大技术既是数字技术体系，也是未来智慧。BIGANT英文组合是一个较有意思的缩写，趣称为“大蚂蚁”，带有元宇宙技术体系由小聚大的寓意。

1. 区块链技术

区块链是支撑元宇宙经济体系的重要技术基础。去中心化是元宇宙的重要特征，而去中心化必须使虚拟资产能够跨越各个子元宇宙进行交易和流转，才能形成元宇宙经济体系。具体来说，区块链通过一系列的算法（如哈希算法和时间戳）和一系列运行机制

① 邢杰，赵国栋等：《元宇宙通证》，中国出版集团中译出版社2021年8月版，第69页。

（如数据传播机制、数据验证机制和共识机制）以及智能合约等技术为元宇宙经济体系的构建提供技术支撑。元宇宙经济体系的运行原则与本宇宙经济体系一样都是要坚持“诚信”，而诚信源自内在，而非外在。《区块链革命》一书的作者提出“网络化诚信”，强调“网络化诚信”的内在性在于诚信被编码到流程中去。区块链将“诚信编码到每一个环节中，它是分布式的，而不依赖于任何一个成员。参与者之间能够直接进行价值交换并可以期望另一方以诚信的方式行事”①。

区块链技术以及以区块链为基础的非同质化代币（NFT）是确保元宇宙空间经济交易行为规范化、透明化、体系化运行的核心介质。用户在元宇宙空间场景中的经济活动将以统一认证的货币进行交易，进入元宇宙的体验者可以使用NFT消费，也可以置换成一定比例的现实货币。②区块链技术带来的可信任的共识机制和认证机制带来元宇宙与本宇宙的高质同步，将线上线下实时连通，用户在元宇宙空间的行为能够直接影响现实物理世界的资产收支和财产拥有状态，以此确保元宇宙经济系统和资本运作系统的规范透明运行。区块链通过NFT、DAO、DeFi智能合约等技术的运作，能够催生大量具有创作激情的创作者，生产出大量有创新内容的作品。同时，区块链去中心化开放性特征能够打造元宇宙去中心化的清算结算平台，确保产品的价值保有和有序流转，实现元宇宙经济系统运行的透明性和高效性。

2. 交互技术

交互技术主要指人体交互技术或人机交互技术，人体交互技术是体验元宇宙沉浸感的关键技术，也是元宇宙商业应用的瓶颈所在。现阶段，元宇宙资本投资之所以主要集中在游戏领域，就是由于交互技术存在应用障碍。交互技术包括输入技术和输出技术，输入技术设备包括监控摄像头、位置传感器、速度传感器以及力量传感器等；输出技术设备包括可穿戴设备、便携式显示器、各类感觉神经信息传输设备等。数字智能化的复合型交互技术还包括各类脑机接口。交互技术的关键技术是显示技术，显示技术具体分为VR、AR、MR、XR四大类。VR亦称为灵境技术和人工环境技术。VR将虚拟信息叠加以识别物为基准的某个点位，通过设备屏幕对虚拟信息进行实时同步交互。要实现元宇宙沉浸感的效果，VR技术是关键。AR能将虚拟信息与现实物理世界有机融合，通过运用多媒体、实时跟踪、三维建模、数据传感、智能交互等复活技术对生成的多媒

① [加]唐塔普斯科特等：《区块链革命》，中信出版集团2016年10月版，第28页。

② 《元宇宙深度研究报告：元宇宙是互联网的终极形态》[EB/OL].（2022-06-07）[2024-10-30]. http://baijiahao.baidu.com/Spid=1701894625390555&wfr=spider&forpc%20.

体文件（文字、图片、音频、视频）等虚拟信息进行模拟仿真，实现虚拟世界和现实世界的信息互补，完成虚拟世界对现实世界的“增强”。MR主要包括增强现实世界和增强虚拟现实两个方面。MR是一种新可视化环境，来源于虚拟世界和现实世界的融合，是在虚拟世界、现实世界与用户之间搭起一个交互反馈的信息回路。在这一可视化环境下，自然物理对象与数字对象实时同步存在并进行实时互动。XR是VR、AR、MR等形式的总称。XR具有多层次性，既包括游戏传感器输入的数字虚拟世界，也包括完全沉浸式的虚拟世界。XR能够通过不同形式技术的融合来打通元宇宙生态。概括来讲，在交互技术中，VR能够创造一个虚拟世界，AR能够融合虚拟世界和现实世界，MR能够通过融合两个世界创造新的可视化环境，XR能够实现多技术融合协同打通元宇宙生态。①

3. 游戏技术

典型的元宇宙是从游戏开始的，游戏是元宇宙的初级形式。游戏本质上是人们通过发挥自由想象力对现实的虚拟，游戏产品形态与元宇宙非常具有类似性，因此才有元宇宙概念的“超级游戏说”。

游戏技术主要有以下几种。一是与游戏引擎相关的3D建模和实时渲染，3D建模是游戏的基础技术，能够使游戏中人和物体更具有立体感。二是与数字孪生相关的3D引擎和仿真技术，这是将现实物理世界数字化虚拟化的关键技术工具，仿真技术能够让数字孪生后的人与事物都遵守重力定律、电磁定律、光波定律等科学定律。三是通过5G和云计算等技术支持用户大规模实时在线，让游戏具有快捷实时进入通道。四是通过算法和算力推动实时渲染模式升级，使游戏更加具有可触达性。五是运用区块链技术与AI技术降低游戏创作门槛，使游戏更加既具有可延展性。

游戏在本质上更接近元宇宙，相似相通性在于两者都可同步和拟真，都可开源和创造，都具有收支交易的经济运行功能。虽然元宇宙的几大基本要素和需求都融入游戏之中，游戏能够成为元宇宙向更高形态演化的赛道，但游戏毕竟只是元宇宙的初级形态。在PGC内容方面，第一方游戏内容是进行元宇宙建构的基础性场所，要实现元宇宙与本宇宙（现实物理世界）的实时同步，仅靠3D建模是远远不够的，还需要借助算法算力和AI建模来提高PGC内容的质量和效率。

---

① 王鸿宾：《元宇宙的逻辑》，中国文化交流出版社2022年1月版，第49~51页。

4. 网络通信技术

元宇宙作为与本宇宙平行的虚拟世界，在本质上还是一种网络。如果没有网络，元宇宙的社交系统就无法运行和体现，对孤立存在的单个的个体来说，元宇宙是不存在的。

元宇宙元年正逢5G商用元年到来之后，这不是一种巧合。元宇宙对网络通信有非常高的要求，4G不一定能满足元宇宙对通信的要求，只有借助5G技术支持，元宇宙才能给用户带来虚拟空间感知的同步实时体验。5G的“低延迟、随时、随地”特性正是元宇宙所需要的。人眼分辨率为16K，这是没有窗纱效应的沉浸感的起点，但现在包括Oculus Quest2在内的大部分产品只能支持双目4K的分辨率，只能算成是初级的玩具级。目前，5G之后的6G的传输能力有可能再提高100倍，网络延迟性也有可能从毫秒级下降到微秒级，但6G还只是处于开发阶段，7G、8G也会在未来出现，但那会是更加靠后的事情。

元宇宙依托的通讯网络不仅只是我们熟悉的宽带互联网和高速互联网，还包括分布式计算、量子计算、边缘计算和AI等技术在内的智能网络，也就是说，元宇宙网络不再只是单纯的信息传输平台，而是综合智能网络平台，即云化的综合智能网络，云化的智能网络能够提供高速率、高算力、高AI、低延时、低能耗的系统接入，为元宇宙用户提供高效、实时、同步、流畅、无缝的沉浸式体验。从网络技术的发展历程来看，首先是CT技术进步推动了通信网络的发展，后来是IT技术的发展推进了信息网络的发展进步，再后来就是DT数字技术的发展推动了智能网络的发展进步。从CT到IT再到DT，元宇宙的发展也遵循这一技术逻辑。

5. 人工智能技术

人工智能虽然由来已久，但真正的技术突破是在大数据、云计算、机器算法取得重大技术突破之后。人工智能的三大要素——数据、算力、算法是元宇宙建构中最需要深度应用的技术。

（1）数据是AI发展的基础，也是元宇宙建构发展的基础，不管是第一方数据、第二方数据还是第三方数据，不管是公域数据还是私域数据，不管是前端数据还是后端数据。数据是信息的来源，数据的优化和驱动是大数据对于AI的两个核心价值。①

（2）算力是AI的重要保障，也是元宇宙建构的底层技术。尽管计算机的算力也在

① 宋星：《数据赋能》，中国工信出版集团电子工业出版社2021年1月版，第1页。

不断提升，计算速度呈指数级增长，可以做的事情也越来越多，但给人的印象仍然是“快却不够聪明”的印象，比如电脑不会下棋，不认识人，不会驾车，但当数据量足够大，大数据技术成熟之后，很多智能性问题就都能转化为数据问题，这时计算机就开始越变越聪明。①

（3）算法是AI发展的重要推动力。一方面，算法革命推动了机器学习和深度学习，使AI技术从简单的神经网络进化为复杂的智能机器学习网络；另一方面，算法革命会导致AI和元宇宙矩阵陷阱。由于元宇宙是将现实物理世界（本宇宙）与虚拟世界相融合的平行世界，本身有可能让用户置身于观念和行为被误导和操控的矩阵之中。这种误导和操控的情形主要有两个方面。一是算法本身的设计原理和运行机制是要用户看到更多吸引他们眼球的东西，而屏蔽掉用户不感兴趣的东西，这就很容易产生“信息茧房”效应。算法推送是基于用户行为大数据分析选择性的智能推送，这种基于用户偏好的选择性推送不断叠加，就会形成叠加矩阵，很容易使用用户陷入“故步自封”的陷阱，严重的话还会使用户产生认知撕裂和价值选择偏执，最后导致虚拟网络社会与现实自然社会的冲突。二是算法通常是以流量为导向的。为了商业利益和市场份额，追求流量的平台算法智能推送往往具有线性特征，机器算法虽然具有智能，但价值判断标准毕竟是非人类的。有时平台推送的内容虽然是无益甚至是有害的，但流量导向让其不断推送，用刺激性内容引导用户参与和互动，使人们陷入不断更新的矩阵陷阱。②从这方面来看，元宇宙既是技术和商业革命，但也会出现矩阵陷阱。

6.物联网技术

物联网技术既是互联网和移动互联网发展的产物，也是大数据、云计算和5G技术以及AI技术发展的产物。一方面，物联网技术具有在现实物理世界进行数据信息处理的功能，另一方面，也具有在虚拟世界处理和管理信息数据并进行自由创作的功能。只有真正实现了宇宙万物随时随地互联互通，元宇宙构建虚实共生的世界才会成为可能。物联网技术的迅速发展，不仅为数字孪生后的数字虚拟世界提供了精准的、实时的、持续的、鲜活的数据支持，也使处于元宇宙虚拟世界的数字人可以在网上做现实物理世界实时发生的事情，并能聪明地洞察现实物理世界的秋毫。

现代信息和数字技术的六大技术板块是支撑元宇宙的技术逻辑，从一定意义上说，

---

① 吴军：《智能时代：大数据与智能革命重新定义未来》，中信出版集团2016年8月版，第74-75页。

② 王骥：《元宇宙革命与矩阵陷阱》，中国出版集团公司华文出版社2022年2月版，第100-101页。

元宇宙是各种前沿技术的综合运用和深度融合。同时也应看到，现代前沿技术不是“固态化”的，而是“液态化”的。同样，元宇宙也不是“固态化”的，而是“液态化”的。“液态化”概念由英国社会学家鲍曼提出，用以描述现代社会发展所呈现的流动性、易变性和无形性。支持元宇宙的现代前沿技术仍在不断创新和高速发展，元宇宙也会与时俱进地演化为更高级的形态，元宇宙液态下的社会经济生态包括图书出版生态图景都会发生样态改变。①

第二节　从本宇宙出版到元宇宙出版

自Roblox上市成为“元宇宙第一股”和Facebook更名为Meta开启资本和技术进入元宇宙之旅后，2022年9月，南京信息工程大学将信息工程系更名为元宇宙工程系，以及此前中国人民大学成立元宇宙研究中心，进一步开启了培养元宇宙专业本科生、硕士生、博士生的元宇宙教育和研究之旅。元宇宙作为继互联网、移动互联网之后的新一代全真网络，展现在我们面前的不仅是一项技术变革，而是开启了一个新的技术经济时代。在这一新的时代，出版以及与出版密切相关的教育、图书情报、游戏等领域都将发生革命性变化。

一、元宇宙出版生态

元宇宙出版生态的底层逻辑包括两个主要方面：一是数字化生态，二是体验化生态。数字化生态是元宇宙的底色，朱嘉明认为，抽象的“元宇宙”首先是数字意义上的“元宇宙”，“元宇宙”是以数字技术为坚实基础的。②体验化生态是元宇宙的起始点，正式打开“元宇宙世界”的是游戏平台③，而游戏平台呈现给用户的元宇宙生态是体验性生态。

1. 元宇宙出版生态的数字化特性

传统出版与新兴出版的融合发展，主要是纸质出版与数字出版的融合发展。有研究

① 马雨涵，张聪：《元宇宙液态下图书出版生态图景与应用样态的建构研究》，《中国传媒科研》2022年第2期。

② 赵国栋：《元宇宙》，中国出版集团中译出版社2021年8月版，第6页。

③ 喻国明等：《元宇宙：未来媒体的集成模式》，《编辑之友》2022年。

成果认为，出版融合之路有四个阶段：一是融合出版1.0，即“相加”融合阶段，亦称融合起步阶段；二是融合出版2.0，即“相融”阶段，亦称融合出版推进阶段，出现了出版理念、出版体制、出版业务流程的全方位融合；三是融合出版3.0，即“深融”阶段，呈现出“你中有我，我中有你”的发展态势；四是融合出版4.0，即“虚实融合”阶段，呈现出“本宇宙出版—元宇宙出版”的新的二元结构态势。张新新等研究者认为，元宇宙出版将历经“数字孪生、虚拟映射、虚拟原生、反馈进化、虚实融生”等发展阶段，最终实现从本宇宙出版到元宇宙出版的融合发展，实现现实物理空间到数字赛博空间的融合发展，实现实时镜像到虚拟镜像的高纬度的融合发展。2022年4月，清华大学新闻与传播学院联合中文在线共同成立元宇宙文化实验室，就是在进行推动网络文学等出版业态向更高纬度的虚实融合发展的尝试。

（1）元宇宙与出版的耦合。耦合是一个物理学概念，是指“描述了两个或两个以上的系统通过相互作用而相互影响的现象”[①]。系统耦合有程度大小区分，称为耦合度。好的耦合度使系统相互影响产生正效应，耦合度既是目标，也是一个过程。元宇宙作为新兴的复杂系统与出版系统相互作用，也会出现耦合。

未来出版与元宇宙的耦合机遇主要表现在以下方面。一是从来源来讲，出版能够成为元宇宙建构的数据、信息、知识等要素来源，也就是说，出版可能扮演元宇宙数据、信息、知识要素的中流砥柱角色。二是从使命来讲，出版和元宇宙都共同承载着文化选择、文化传承、文化建构、文化传播的使命。三是从功能来讲，出版和元宇宙都共同具有推动社会政治、经济、文化、教育、生态发展的功能，其发挥功能的空间不仅在元宇宙的现实物理空间，也在元宇宙的数字虚拟空间。四是从形态来讲，出版数字化和元宇宙虚拟文化系统都具有虚实相融的形态，元宇宙空间中的元宇宙出版基于内化吸收型耦合原理，将元宇宙的数据进行吸收，可能开拓出更加广阔的出版市场空间。

（2）元宇宙与出版的融合。耦合是系统的相互作用和相互影响，融合是系统的相互贯通和相互转化，相互贯通使不同系统达到一种“融为一体”和“合而为一”的新质态。在信息技术、数字技术等技术系统作用下，出版系统已经走上了传统出版与新兴出版融合之路，元宇宙的出现也将促使出版融合走上元宇宙出版之路。

一是元宇宙延展技术能够实现“微粒个体”与“社会环境”的无障碍连接，为人人对话和人机对话提供无障碍通道，也就是说，元宇宙可进一步实现“Z世代”互联网“原住民”的“迁徙”，将用户的身体认知延伸到外部环境，通过自身与环境之间的交流和交换完善个人认知系统。

---

① 孙国锋：《文化、科技、金融产业间耦合协调发展研究》，《科技与产业》2019年第9期。

二是元宇宙的可融合特性能促使“离身化”向“具身化”转变，形成新的认识发生论。元宇宙虚实融合能将独立的数字技术“连点成线”，将互联网的全要素集结并统合起来。一方面通过网络终端设备将现实物理世界和数字虚拟世界融合起来，解决人们日常的社交需求，包括日常的通信联络、聊天和在线购物等。另一方面，进一步以VR、AR、MR和XR等沉浸媒介的日常化和普及化改变人们对世界的认知和体验方式，通过高度沉浸化的交互方式拓展认知路径，实现“离身化趋势”向“具身化认知”的转变，形成新的社会“认识发生论”。在元宇宙时代，“在场”与“缺席”不再是传统的认知标准，可接触到的能被感知的身体不一定是“在场”的唯一标准。人们通过VR、AR、MR、XR等可穿戴设备与技术进行具身化实践，这可以改变传统的线性表达叙事方式，而代之以多重视角和多重维度的立体呈现来实现受众认识发生和认知视角的转型，进而实现“离身性认知”向“具身化认知”的转变。

三是元宇宙可触达性能实现“空间导向”向“交互导向”应用场景的拓展。元宇宙场景是真人与虚拟数字人的多重构建，虚拟数字人呈现出普适化、智能化、精细化和多样化特性，它能帮助真人完成一系列的服务和信息反馈，以用户的个性化服务需求为导向构建交互场景。元宇宙是一种能集纳海量用户的参与式媒介，一方面营造出“时间消灭空间”的新交互场景，另一方面进一步激活分散在各处的个性化需求。元宇宙突破了现实物理世界用户有限性流动的局限，可在虚实融合中实现多圈层的流动并在“连接一切，赋权赋能”的平台上满足人的日益分众化的个性化需求。传统的满足全社会共性化需求的服务模式将被满足个性化需求的服务模式所取代，实现从“千人一面”到“千人千面”的交互场景的转变。从这个意义上说，元宇宙“交互导向”的可触达场景为打造未来出版的精准出版模式开辟了新的通道。

（3）元宇宙对数字出版资源的升维再构。元宇宙建构是围绕着虚拟相融和时空再构这两个核心进行的。虚拟相融是元宇宙的外在呈现，元宇宙所表现出的虚实平行、视觉转换、交互场景等环节都伴随着数字资源的多模态重构。时空再造是元宇宙的内隐特征，元宇宙所表现出的虚拟数字人、虚拟货币、虚拟事件和环境都可以在异度空间和同度异构空间之间相互映射，从而实现信息跳转和虚拟时空的穿梭。①从形态来看，元宇宙不同于互联网和物联网对现实物理世界的嵌入式改造，而是建构一个平行于现实物理世界的独立的虚拟空间，是一个越来越逼近于真实的数字虚拟世界。②元宇宙对数字出版资源的升维再构主要表现在：一是优化数字资源管理，包括多源聚类与场景整合，资源标引与图谱建构，

---

① 沈阳：《虚拟社区与虚拟时空隧道》，《情况杂志》2007年第4期。

② 朱嘉明：《“元宇宙”和“后人类社会”》，《经济观察报》2021年6月18日。

知识重组与AI生成，发布共享与确权认证，交互操作与沉浸体验。①（图6-3）

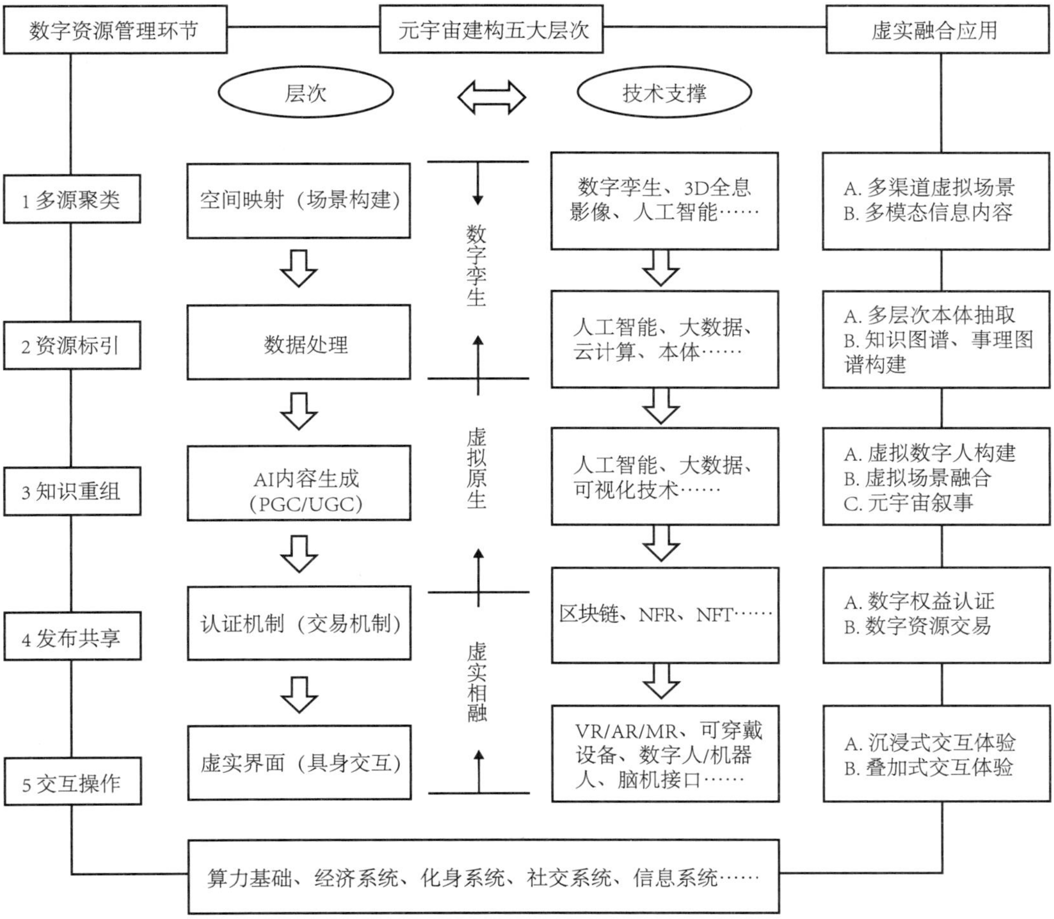

图6-3　元宇宙数字资源管理应有框架

（资料来源：《图书情报知识》2022年第1期）

2. 元宇宙出版生态的体验化特性

元宇宙的虚实相融和人机融合性实现了“人”作为主体的“三身合一”，即现实物理世界的“真身”、数字虚拟世界的“化身”、数字仿真的“假身”的三身合一。真身即真人的本我，化身是与真身对应的虚拟数字人，假身是以仿真技术打造的与真人相对应的机器人。真身出现在现实场景中，化身出现在虚拟场景中，仿身则主要出现在现实场景中。三身合一表明三者在身份上具有统一性或同一性，这种统一性具体表现在认知、情感、交互体验上的相融相通。在元宇宙中，三身没有固定不变的身份界限，可以

① 安向玲：《知识重构与场景再造：面向数字资源管理的元宇宙》，《图书情报知识》2022年第1期。

进行不同时空域的交互。在图书情报管理中，数字“化身”可以在虚拟图书馆借阅一册数字图书，并在线与图书管理员NPC进行接触，数字图书读完后，借阅人的“真身”去实体图书馆遇见图书管理员的仿真“假身”，假身可以根据数据记忆给真身进行个性化推荐，从而形成虚实场景交互的闭环。三身合一打破了现实世界与虚拟世界的边界感，使人机交互从数字孪生到虚拟原生再到虚实融合，真正实现虚实体验的无缝对接。

（1）元宇宙网络再造：从“产业互联网”到“体验互联网”。互联网从Web1.0发展到Web4.0，主战场从To B到To C再发展到人工智能、大数据、云计算以及物联网等新兴数字技术场景，产业互联网日益成熟，产业互联网形态日益形成。基于产业互联网和工业4.0社会的发展，元宇宙的大门逐渐被打开，人们在VR、AR、MR、XR可穿戴智能设备的导引下逐步从感知社会发展到体验社会，体验互联网形成，元宇宙的体验性特征被强化，去中心化的自主参与的平权化社会到来，用户权利不再只是表现在信息传播和获取层面，而是能自主自由地参与到对象系统的编辑和创建之中。互联网从“产业互联网”向“体验互联网”的过渡，既是互联网的普适，也是互联网的下沉，用户个性化的自主参与式体验成为元宇宙时代新的消费方式，并由此带来生产方式的变革。

（2）元宇宙主体再造：从受众到自适应体验者。从计算型范式被提及开始，就有研究者提出“普适计算”概念。“普适计算”的理想是允许任何人在任何时间、任何地点使用计算工具访问需求信息的一种计算生态环境。这种“普适计算”环境，在元宇宙条件下正在变成现实。在传统媒介时代，受众往往是通过报纸、期刊、广播、电影、电视等媒介“准互动”获得信息资讯。“准互动”是一种身体和思维缺席的单向互动方式，是一种共同物质空间共享性之外的游离状态。虽然融媒体的诞生推动了信息资讯呈现形式的数字化和多样化，但终究没有克服感官分割的缺陷。虽然传统媒介的个性化需求服务方式也重视用户对兴趣对象模型的主动量身定制，但本质上还是一种受众驱动的服务类型。这种受众驱动的服务模式要求用户参与并干涉系统的运作，对受众的操作技能要求较高，并不完全符合普适性主体的大众化要求。元宇宙模式强调现实孪生环境下的自适应式多模态感知体验。自适应体验模式下，系统可以主动智能性感知用户行为并记忆用户行为数据，运用感知数据为用户提供个性化的体验情境服务，用户可在多模态系统中自主选择并自主创造体验情景，这种自适应体验情景能够让用户在无指导的情况下自主选择创作素材进行交互和操作，通过情景关联提高用户体验效果。也就是说，元宇宙多模态体验使作为参与者的用户从“准互动”的用户转变为现实和数字孪生情景下的自适应体验者。

（3）元宇宙体验环境再造：从二维空间到三维空间。中国工程院院士潘云鹤认为，人类生存空间已经由物理空间和社会空间的二维空间发展到物理空间、社会空间和信息空间的三维空间。保罗·米尔格拉姆等人还构建了真实环境和虚拟环境的连续体模型。虚拟环境是虚拟现实、增强现实的环境再造。元宇宙基于当代数字科技将人们理想中的“西游记”环境构建出来。一是环境构建，即构建感知共生场域。元宇宙构造环境既进行现实赋能，又进行虚拟超越，用户可进行自由、泛在方式的学习体验。感知共生场域包括真实镜像、虚拟造物、可穿戴设备选择、学习场域情境预设等环节和过程。二是信息环境构建，即进行动态数据流通与资源服务环境构建。元宇宙不仅能够根据用户行为数据记忆智能化提供数据信息资源，还能够实现用户需要与资源服务的智能耦合，通过数据聚合、知识生长、动态服务、虚实联通等环节实现元宇宙信息资源与本宇宙信息资源的无缝对接。三是心理环境构建，实现用户持续性与动态性的主观整体体验。元宇宙改变了传统的分立式体验模式，而能够提供满足用户整体性体验需求，通过场所感、具身感、临场感、认同感等要素实现用户心理环境调适。四是文化环境构建，即实现用户内在价值认同与外在行为遵循的融通。元宇宙通过虚实相融将重塑人与人以及人与环境的关系，形成多元开放、和谐共生的文化场域，还通过人机协同、规范秩序、人际交往、价值观念等环节的重塑形成自我与他我、观念与行为、品德与规则等有序文化环境。①

二、元宇宙出版变革

元宇宙是又一次时代变革，将影响到社会生活的方方面面。李骏翼等研究者在《元宇宙教育》一书中谈到元宇宙对教育的影响时认为：“元宇宙时代，教育的数字化发展从初级到深度，从被动到主动，从跟随到引领，从普通网络到超算平台，从基础教育到高等教育乃至终身教育，指向更远的未来。”②方卿在《元宇宙与出版》一文中指出，元宇宙对经济社会发展的影响无疑将是十分巨大的。出版，作为现实世界的一种重要建构，毫无疑问也必然受到它的影响。近年来，关于出版与元宇宙的研究，有人关注元宇宙时代的阅读消费，有人关注元宇宙时代的出版模式与业态，还有人聚焦元宇宙背景下的知识生产与传播。凡事预则立，社会形态的演进终究会给出版带来新的机遇与挑战，出版业不可能无视元宇宙的发展而生存在一个封闭的现实世界之中。③

---

① 刘革平等：《从虚拟现实到元宇宙：在线教育的新方向》，《现代远程教育研究》2021年第6期。

② 李骏翼等：《元宇宙》，中国出版集团中译出版社2022年4月版，第17页。

③ 方卿：《元宇宙与出版》，《出版科学》2022年第5期。

1. 元宇宙出版思维变革

元宇宙不仅仅只是一种技术，而是一个新的时代。时代表征既有元宇宙技术创新，也有元宇宙体系变革；既有元宇宙战略格局，也有元宇宙思维革命。元宇宙出版的思维变革首先表现为出版技术新思维。

（1）从二维出版思维升级为三维出版思维。传统出版一直是以纸张、屏幕为媒介的二维模式呈现内容的。虽然近年来在少儿类出版物中出版过VR、AR等有声立体的三维读物，但用户和品种都比较单一。在学术出版中，虽然国家新闻出版署融合发展（武汉）重点实验室也推出过OSID码，但也不是完全意义上的三维出版，三维出版一直未能成为出版的主流。在元宇宙条件下，三维出版将逐步全面铺开，如参考文献可能会以音频、视频、图像的文本形式展现，文本写作可能会以多媒体手段进行，出版物形态可能会呈现出越来越多的三维形态。出版的技术进步一直都是推动出版升维提级的强大动力，元宇宙技术进步也将是出版从二维出版升至三维出版的强劲推动力。

（2）从智能出版思维升级为全息出版思维。出版革命是遵循“由重到轻”“由轻到虚”“由虚到无”的路径不断演进的。在“由重到轻”阶段，出版经历了从石片、泥土到兽骨、龟甲、木板、竹简再到羊皮、绢帛和纸张的演化。在“由轻到虚”阶段，出版又经历了从纸张到磁盘、软盘和光盘等封装型出版物到网络出版物的演进。进入元宇宙时代，出版将面临“由虚向无”的革命，“在元宇宙的赛博空间，全息技术将会取代虚拟现实，或曰成为虚拟现实的终极进化版本，在不需要携带任何可穿戴设备的前提下，提供面对面的沉浸式视听阅读享受。彼时，我们的阅读将由智能阅读步入全息阅读时代，所阅读的全息出版物内容将不再有任何载体依托、媒介依赖，而是呈现于面前透明的空气之中”①。全息出版将实现人类阅读从读书时代到读屏时代再到全息时代的跨越。

（3）从出版产业链线性思维升级为出版产业链立体思维。元宇宙是集大数据、云计算、AI、5G、AR、VR、MR、XR为一体的新技术体系。基于这一技术体系构建的元宇宙是立体的，将对现有的出版产业链产生颠覆性重构，形成立体的新型元宇宙出版产业链。首先，虚拟数字人将逐步成为元宇宙出版产业链的核心活动主体，形成真身、化身、假身三身合一的立体主体构造。虚拟数字人将与自然人一同参与出版活动，数字孪生人也将与自然人一同参与出版服务活动，仿真机器人也将与自然人一道分担作者、

---

① 张新新等：《元宇宙与出版（上）：元宇宙本体论与出版远景展望》，《科技与出版》2022年第5期。

出版商、经销商、服务提供商等角色。其次，数据、算法将成为元宇宙出版产业链的核心驱动力。以算力、算法、数据为核心驱动力的出版产业将与AI、5G和6G技术并联成立体产业链，产生出巨大的联通互动效应。再次，元宇宙出版产业链不仅能形成前后相连的线性产业链，还能以虚拟时空为介质形成以时间和空间为厚度的纤维状的立体产业链结构。虽然元宇宙出版产业链构建还只是一种趋势展望，可能会出现出版主体立体化带来的定位模式转变以及衍生数字版权纠纷等一系列问题，但事物都是一分为二的，任何新生事物的产生和成长都会带来新问题，只要认真分析研讨而不是因噎废食，就能找到解决问题的出路。

2. 元宇宙出版管理变革

一直以来，出版技术革命都是推动了出版管理规制变革的强大力量。元宇宙技术革命也将带来出版管理规制的变革。

（1）去中心化的共治共享运行规则。元宇宙是一种基于平权共治共享的运行体系。在元宇宙体系中，数字技术直接赋权于个体，在开放式运行规则的基础上将选择权交还给用户个体，由此形成了全新的社会组织方式—去中心化，即在保证组织者固有权利的基础上协调处理系统与个体之间的有效连接和触达。①在元宇宙上市公司第一股Roblox的平台上，既为用户提供游戏产品，又为用户提供创作平台，用户可以自主地在Roblox平台上创建内容、修改内容、输出内容。Roblox平台上的大部分游戏不是由专业团队创建的，而是由众多的业余爱好者创建的，创建总量已经超过2000万种。同时，随着其他用户的不断加入，产品创建数量与日俱增，游戏规则也日益完善，并且建立了独立闭环的经济体系。在Roblox的理念里，游戏已不再是游戏，而是一种“体验”。元宇宙对个体创造者的赋权赋能是一种点对点的强大的分布式力量，赋予用户个体更大的自由度和更多的选择权，这种去中心化的组织形式对传统的集中式的科层化组织结构形成巨大挑战。从这个意义上来说，在元宇宙条件下，未来基于个性化需求的精准出版具有了新的语境，精准出版需要在新的出版维度下进行思考和构建。

（2）平权化平台上的隐性集权风险防范。卡斯特在《网络社会的崛起》一书中指出，信息技术的流动与既定的社会机制之间是一种相互影响的动态关系。仲昭川在《互联网黑洞——史无前例的互联网忧虑》一书中提出：“到了互联网时代，一切都变成了兴趣和利益。”②虽然元宇宙是一个平权化平台和去中心化的底层设计，但“有人的地

① 喻国明等：《元宇宙：未来媒体的集成模式》，《编辑之友》2022年第2期。

② 仲昭川：《互联网黑洞——史无前例的互联网忧虑》，电子工业出版业2014年月版，第6页。

方就会有江湖”，元宇宙也会因为圈层聚集和隐性集权造成利益分配不公和财富积累不均并产生分配结果的垄断现象。从元宇宙运行过程来看，平权化平台将内容生产任务外包给内容创造者，从而在程序上减少了直接控制环节，实现降低运行成本、增大收益的效果，但平权并不是绝对放权，并不是平台放弃对所有环节的控制。当规模效应驱使中介性结构介入生产过程，将原来原子化、分散化的个体创作者聚集为模式化的生产团队时，尽管平台运作的整体效率提高了，但也会造成隐性的集权风险，破坏平台的“平权”规则。

（3）多元主体共治条件下的自律和他律。复杂系统的有序运行有来自自律与他律两个层面的约束，元宇宙作为多元主体共创、共治、共享平台，也要靠自律与他律来保障系统运行。自律主要来源平台运行规则，他律来自监管主体和“把关人”的审核机制。2021年11月，中国有两家与元宇宙相关的上市公司收到监管部门的关注函，一是平治信息公司收到关注函，要求公司说明合作方主营业务、主要产品与元宇宙的关联问题；二是中文在线收到深圳证券交易所的关注函，要求中文在线对“公司拥有海量IP库存且源源不断生产优质内容将会有力支撑构建平行的互动元宇宙场景”的表述做出明确解释，对公司进行“元宇宙”布局，对互动阅读业务与元宇宙概念和NFT概念的关联性，还有公司在元宇宙领域开展相互布局的具体情况以及中文在线是否存在与百度、腾讯在元宇宙方面的具体合作协议和计划安排等情况进行告知和说明。① “元宇宙”上市公司之所以频频引发监管机构关注，主要原因在于元宇宙概念股目前还是概念意义上的“宏大叙事”，而具体到不同上市公司的元宇宙概念，都只是元宇宙中很小的一个细分。实质上，元宇宙上市公司所依托的技术还是那些数字技术，只是用不同的外衣进行了包装。监管部门要求每个上市公司提供细节和具体信息，也是要引导元宇宙概念股上市公司落实真正的元宇宙落地场景，引导上市公司正确解决自己都还未明确的不确定性问题。

2. 元宇宙出版流程变革

传统出版流程是基于二维空间的线性构造，元宇宙出版流程是基于三维空间的立体构造，虚拟阅读空间将逐步成为元宇宙出版的主流创造空间。

（1）以阅读体验导引内容创作和分发。以中国图书进出口（集团）有限公司（以下简称中国公司）为例，中图公司作为出版界头部企业，正引领出版向“由轻到虚”和

① 赵学毅，许林艳：《“元宇宙”风刮至出版行业存在较大不确定性》，《证券日报》2021年11月13日。

"由虚向无"的方向进军。中图公司从优质出版物中精选内容，运用VR、AR、XR和MR等沉浸式技术打造全景视频，为读者提供全景沉浸式阅读体验，形成大屏（270°三折幕）、中屏（家庭电视）、小屏（VR眼镜）的不同场景体验环境。

大屏提供公共文化服务体验，中图公司与中国国际图书馆共同开发全景文化典籍《永乐大典》并建成首家全景阅读展厅，吸引众多读者到现场参与阅读体验。中图公司还与军事博物馆合作开发《三大战役之攻克锦州》，通过现场体验模式提升公共文化服务水平。中屏提供家庭体验场景应用，中图公司与中兴公司合作打造"云中新视界"全景TV频道，通过派发机顶盒让阅读体验触达每个家庭成员。小屏提供个人沉浸式体验应用，通过VR眼镜给读者提供720°全视角的沉浸式阅读体验。中图公司与首都图书馆合作推出"童书经典中的党史展"等产品就是"有书、有景、有声有社的沉浸式阅读体验。"中图公司开发的15部《刘慈欣科幻漫画》就是将纸质图书、手稿、有声读物、全景视频融为一体的真实空间和虚拟空间相融相生的全景沉浸式阅读体验世界。[①]元宇宙融纸书、音频、图书和全景视频为一体的出版形态，就要求出版流程与多形态出版融合相适应，中图对全景阅读世界的构建就是一种出版先行者的尝试。

（2）投稿审稿流程的重置。一直以来，作者投稿流程主要是以创作领域和所从事的研究方向来设置的。在元宇宙条件下，学术研究方式可能会发生重大改变。传统的学术研究强调资质，实验室和实验设备是向有资质的研究人员开放的，使用有限的实验室空间和实验设备要取得权限，而且，实验数据的获取和实验结果的成功获得往往需要N次实验尝试，这使得学术研究过程和成果获取是一种费时费钱的系统工程。但在元宇宙条件下，所有实验设备都可以在虚拟条件下轻松获得，实验过程也可以依靠算力和算法自动模拟，实验数据和实验结果的获取既快又好。也就是说，元宇宙环境下，重要的是设计实验的"创意"，将"做什么实验"和"怎样做实验"进行预设，实验过程可以由虚拟计算环境完成。[②]学术研究方式的变革也会要求出版审稿流程的转变，出版"创意"被提升到突出位置，出版时间会被缩短，审稿校对环节可以借助虚拟计算完成。元宇宙出版创作过程是一个心路历程，一直以来出版创作都是相对私密的过程，但元宇宙条件下的出版创作可以将创作过程同步记录下来，将资料查询、文献浏览、参考资料引用情况实时共享，还可在学术社区和阅读社区进行实时互动。同时，元宇宙出版审稿还可以改变传统出版审稿意见不公开、不对外的模式，作者可以利用虚拟身份投稿和审稿，可以对作品内容进行更客观公正的评价。另外，元宇宙条件下的出版可以运用以图

① 陈曦：《5G新出版元宇宙：虚拟阅读空间创造新的文明和共识》，《新阅读》2021年第11期。
② 武晓耕：《元宇宙视角下的学术出版发展趋势》，《出版科学》2022年第3期。

片或公式为核心的检索方式，还可以以某些公式和某组图片为核心设立虚拟研讨专题开展相关讨论。总体来说，元宇宙出版流程再造一方面可以将全链条的数字化内容进行虚拟呈现，另一方面可以充分发挥每一位用户读者的智慧，对出版内容进行自主排列组合，形成新的出版内容。

（3）元宇宙出版营销变革。一是服务体验将越来越在出版营销中占据重要地位，元宇宙条件下的用户个体化体验将向全景沉浸式体验方向发展，产品营销环境除了传统的线上线下书店销售外，还要营建更多的沉浸式体验设备和体验场所，包括大屏、中屏、小屏等不同规格体验环境的营造。同时，数字货币可能是元宇宙环境下的交换货币，虚拟的数字货币可以为元宇宙出版打造丰富多元的交易和场景资源。如抖音海外版（TikTok）在欧美等西方国家拥有众多用户，就可以为元宇宙出版提供丰富的交易和场景资源。

第三节　元宇宙时代的精准出版之路

从近期看，元宇宙出版主要集中在3个产品线：一是元宇宙游戏产品，二是元宇宙教育产品，三是元宇宙阅读产品。不仅上市公司的资本投入围绕这三个产品线展开布局，出版头部企业的产品开发也主要集中在这3个产品线上。元宇宙代表了视觉沉浸技术的最新发展阶段，也将成为出版的最新发展阶段。在元宇宙时代，出版将向更加个性化、更加精准化的方向发展，这或许是元宇宙技术赋予精准出版的又一次天赐良机。

一、元宇宙游戏出版精准化

出版是一个关于“语言”运用的文化工程。维特根斯坦认为，“语言就是游戏，也是一种生活形式”。与传统的人类自然语言系统不同，元宇宙语言系统主要是以计算机程序语言以及由代码转化而来的“超文本”语言，元宇宙语境下的活动与游戏以及语言游戏之间并没有明确清晰的边界。这就可以帮助我们理解为什么元宇宙的最初形态是游戏。元宇宙就是人们游戏、娱乐、工作和生活的虚拟时空。游戏出版虽然由来已久，但元宇宙条件下的游戏出版将在可创造性、可共享性和可治理性方面更加个性化、更加精准化。

1. 元宇宙游戏出版变革

（1）基于UGC（用户创造内容）提升用户创造性。元宇宙游戏出版的许多产品是

"阿凡达"创造的，这里的"阿凡达"是指元宇宙中每个人的虚拟身份，是每个人登录平台后都会获得的一个虚拟数字身份，即"化身"。元宇宙平台具有传统游戏出版不曾有过的UGC机制。在精良的成熟游戏产品中，一般都建有任务机制，用户可以在游戏中完成任务，并获取相应的激励。任务完成后的激励可以是获取游戏币，也可以是获得积分，也可以是一些用户稀罕的装备。在这种任务机制中，激励阿凡达进行个性化创造的是元宇宙"生产"的前提，因此，Roblox的大部分产品都是用户玩家创造"生产"出来的，生产过程不仅是UGC过程，也是满足用户玩家自我实现精神需要的过程。日益成熟的交互技术赋能元宇宙出版UGC场景体验，真人、虚拟数字人、仿真机器人三身合一的多元身份使用户能在真实世界、心智世界和概念世界等多维世界场景中进行身心融合和进行具身出版体验，知识与智慧互动、技术向内容赋能、产品与场景联动将带给用户在元宇宙出版场景下的独特交互和个性化体验。①

（2）基于交互技术提升游戏的沉浸感。游戏出版的历程就是提升沉浸感的历程。沉浸感是个性化体验在数字虚拟时代的新境界，提升沉浸感一直是游戏出版努力的方向。从休闲益智类的《愤怒的小鸟》到反恐精英类的CSGO，游戏建模方式从2D提升为3D，大大增强了游戏立体感，但3D游戏仍然是依靠垂直屏幕呈现游戏画面，玩家用户只有通过手柄、鼠标、键盘等硬件工具进行交互操作，沉浸感非常有限。在元宇宙技术条件下，VR、AR、XR、MR等人机交互技术使"同步与拟真"更多承载虚拟的开放世界游戏。在纸质出版增长乏力的情况下，作为数字出版主要板块的游戏出版日益成为出版"增量市场"。②游戏玩法的无限化或许为数据出版拓展出广阔的空间疆域。

（3）基于大规模在线提升游戏的可进入性。游戏出版的发展一直受制于技术瓶颈的限制，在5G和云计算技术条件下，元宇宙空间支持大规模用户同时在线，大规模的参与式媒介支撑交互用户数量可达到亿级。现今，在线游戏使用客户端软件，通常以用户计算机和游戏运营服务器作为处理终端运行，这种运行模式对计算机终端的性能要求形成了玩家使用门槛，游戏产品的可进入性差。此外，非5G条件下计算终端服务器承载能力有限，很难支持大规模用户同时在线。而5G和云计算的普及运用可以突破现有游戏的可进入限制，大力提升游戏的可进入性。虽然5G和云计算的普及运用可以用于无人自动驾驶和工业智能化领域，但仅仅依靠生产过程的场景来带动5G的发展是远远

① 丁靖佳，张新新：《元宇宙与出版（下）：元宇宙系统、价值与元宇宙出版新范畴——兼论元宇宙出版的新模式和新业态》，《科技与出版》2022年第6期。

② 马雨涵，张聪：《元宇宙业态下图书出版生态图景与应用样态的建构研究》，《中国传媒科技》2022年第2期。

不够的，必须还依靠消费级市场的更多场景应用才能有效拉动5G发展，而游戏是5G应用的重要选择，因为“真VR”需要5G，只有5G和云计算才能支持“云游戏”，也只有“云游戏”，才能拉动5G更大规模的应用。“云游戏”是一种以5G和云计算以及串流技术为基础的在线游戏，其游戏的逻辑运算和渲染运算都在云端而不是个人计算机终端完成。云游戏依靠5G的低延迟性支持用户随时随地享用3A级游戏的极致体验，提升用户个性化体验效果。

（4）基于算法算力提升游戏的可触达性。现有的3D游戏通常采用传统的终端渲染模式，在技术上受到个人计算机图形处理器渲染能力的限制，画面像素和拟真度都限制了游戏的可触达性。元宇宙七大层次中的空间计算层运用新型算法算力为游戏用户提供可触达性解决方案，运用新型算法算力用户能轻易触达并操纵3D空间，同时用更多的信息和体验来增强现实，从而消除现实世界和虚拟世界之间的障碍。提升游戏可触达性的意义不仅在于游戏本身，而是打破游戏、学习、社交与现实生活空间的界限，实现不同生活模式的自由切换，达到学习也是游戏，社交也是游戏，或者游戏也是学习、游戏也是社交的境界，真正实现寓教于乐、寓学于乐的学习成长目标。元宇宙游戏的可触达性不再是事先被设置好的具有天花板障碍的游戏，无限可能的游戏玩法和挑战突破天花板的创意成为元宇宙游戏的鲜明特征。比如一部以宋代历史为背景的言情作品，在元宇宙游戏中可以加入地震、海啸、森林火灾、冰川等日常生活体验不到的稀缺性惊险场景，借助VR、AR、MR技术，让用户从听觉、视觉、嗅觉、味觉等全感官进行场景体验。①

2.元宇宙游戏出版展望

游戏出版虽然是数字出版的重要板块，但一直不是出版产品的主流。在传统的观念中，有人甚至认为游戏是互联网时代的“数字毒品”，让年轻人沉迷其中无法自拔。但有研究者认为，我们需要为游戏正名，游戏并非玩物丧志，而是改变世界的手段。②游戏可以充分发挥人的想象力，用无限的想象力创造一个平行宇宙，打开一个充满无限可能性的空间。历史学家罗伯特·贝拉说过，没有人能够完全地生活在日常和现实之中，人总要用各种方式，哪怕是短暂地离开现实。无论是做梦、旅行、游戏、艺术创作、宗教信仰，还是科学猜想，都是人超越现实生活而对彼岸世界的想象和追求。游戏会有一系列的想象和假设，而“只要科学在思维着，它的发展形式就是假说”。游戏是人的天

① 谢华平，李亚妮：《元宇宙时代数字出版的新图景与监管挑战》，《传媒》2022年第3期。

② 邢杰，赵国栋：《元宇宙通证》，中国出版集团中译出版社2021年8月版，第7页。

性，是人的生命力和创造力的来源，正如萧伯纳所说："我们不是因为变老了才停止玩乐，而是因为停止玩乐才会变老。"[①]詹姆斯·卡斯则把世界上所有的事物都归为两大类型：一是有限游戏，二是无限游戏。有限游戏的有限性在于以获胜为目的；无限游戏的无限性是要让游戏永远进行下去。有限游戏的有限性是在边界内玩；无限游戏的无限性是无限地拓展边界。有限游戏是零和游戏，无限游戏则是非零和游戏。元宇宙游戏的价值意义在于高新技术条件下充分发挥人类超越自然的能力，创造可以不断延展的价值空间和非零和的无限正和机遇。从这个意义上来说，元宇宙游戏出版或许是传统出版走出困境的"增量市场"和元宇宙偏向性优势赋能下的出版新形态。

二、元宇宙教育出版精准化

出版是一个和教育有着天然联系的文化工程，出版和教育一直如影随形，可以说，没有教育就没有出版，没有出版就没有教育；教育的发展促进了出版的发展，出版的发展也促进了教育的发展；教育是在进行知识传播，出版也是在进行知识传播。在网络时代，在线教育已然成为教育变革的大趋势，而全球新冠肺炎疫情更是强化了这一趋势。联合国教科文组织发布的数据表明，在防控新冠肺炎疫情条件下，绝大多数国家和地区采用在线教育方式来防止教育停滞，保障教育的稳定和连续性。虽然对在线教育的评价参差不齐，教学效果广受诟病，但在线教育会作为与线下教育并存的教育形式而不断完善发展。当下的在线教育主要是基于Web2.0技术运行的，也逐渐进入发展的瓶颈期，二维网络技术难以满足学生对自然人机交互方式、沉浸式学习环境和面对面情感性交互的个性化需求。元宇宙的出现或许能赋能下一代在线教育以新的发展方向和新的教学形式。同时或许能赋能数字出版以新的发展动能和新的出版样态。

1. 元宇宙教育出版变革

元宇宙的超时空分离特征将重塑"泛在教育"无时不在、无处不在的教育时空新形态，形成新的元宇宙智能学习环境，并推动元宇宙智能出版变革。

（1）基于VR＋教育全面激活教育出版。元宇宙的本质是数字虚拟世界，"VR＋"是其典型的代表性业态。对于教育出版来讲，当下进入元宇宙出版的主要通道就是VR＋教育出版。VR技术将文字媒介扩展为视觉、听觉、触觉等多媒介，将读文视觉体验扩展为全感官体验，对用户群体的信息感知结构和情感体验构造进行重塑，

---

① 邢杰，赵国栋：《元宇宙通证》，中国出版集团中译出版社2021年8月版，第8页。

将现实空间事物映射到虚拟空间，使用户在虚拟环境中与虚拟角色产生互动交流，从而使学习和阅读成为更有趣的事情。VR＋教育出版旨在拓展用户阅读学习体验，

如原有的教育培训类出版物，由于其专业性强、理论色彩浓、趣味性差，很难成为受欢迎的热销书，特别是对一些实操性强的技术操作内容缺乏生动有趣的演示和互动，内容显得单调乏味，而VR技术的优势正好有利于弥补这些缺陷。在一些专业性很强的领域，可以将理论性的、抽象的、枯燥的操作步骤转换成VR技术下的直观的、生动活泼的虚拟现实。例如，由人民卫生出版社出版的《3D系统解剖学》就是VR＋教育的实际运用。青岛出版集团以VR课程资源、VR课程设计和“5G＋VR”未来教室三种形式组织VR＋教育出版。[①]其VR课程资源开发是根据不同年级的学生需求进行的；VR课程设计则以课程概述、教学目标和课程重难点为核心点进行的；5G＋VR未来教室则主要以教学、科普以及创客实践为核心点展开。目前，青岛出版集团的VR＋教育出版产品线主要集中在人文艺术、生命科学、校园安全等场景性要求较高的领域。以VR＋教育出版激活教育出版产品线，青岛出版集团还大力开发VR＋科普教育，多元打造VR沉浸剧场，如其开发的“科学大脑”项目，以科普VR课堂等多元载体推出沉浸式科普剧场，在深圳第十七届全国文博会上，该项目成为VR＋科普教育出版的代表性项目。

（2）基于元宇宙在线课程资源拓展教育出版。元宇宙是聚合态技术形态，是将多种教育资源和技术凝聚在一起的虚实融合的沉浸式视觉在线课程新形态。元宇宙在线课程资源的特点包括：首先，课程内容的精细解剖，既可对教学内容进行旋转、缩放、拆分等情境化展示和具身操作，也可将教学案例视频化、音像化、图像化。这促使现代出版技术改变传统的平面出版技术模式而转变为使用立体三维的技术。其次，课程架构的灵活组合，用户既可在既定的课程序列中选课学习，也可个性化定制场景组合，还可以在原有序列中加入自制场景进行课程再造。再次，课程共同体塑造，即师生共同塑造教学共同体，通过记录完整的教与学过程，对教与学大数据进行深度挖掘，真正为每个学生进行量身定做所需内容，实现因材施教的目标。

通过重塑教育资源，元宇宙教育出版可以进一步细化教育出版内容，打造精准的教育出版产品。一是基于学习者视角打造“主体”出版物，学习者以第一人称方式通过“沉浸”形式进行体验学习。二是基于超越者视角打造“真实”出版物，学习者以第二人称的方式通过“再造生命”的形式进行体验学习。三是基于旁观者视角打造“他者”出版物，学习者以第三人称方式通过“漫游”形式进行学习体验。也就是说，根据学习体验者的参与角度不同和主体参与程度不同，教育出版资源可以进行精准细化，使出版

① 延宏，王华：《“VR＋”：元宇宙视域下出版业的融合发展模式》，《出版广角》2021年第22期。

产品对象更明确，分类更明细。

（3）基于元宇宙在线教学方式变革教育出版样态。传统的在线教育主要是基于二维网络技术开展的，这种在线模式因“技术在场”掩盖学习规避，技术误用湮没价值目标，技术“集置”产生教学偏差，从而影响在线教育主动性、交互性、体验性和质量获得方面的效果。元宇宙在线教育能为解决这些问题提供可能途径。①

一是大规模社会化在线教学催生元宇宙空间下数字出版全方位提级升维。大规模社会在线教学场景呈现的是海量级知识宇宙，将给教育出版产业链带来结构性变革。从学习者维度来看，元宇宙的全息仿真体验能够在平行空间中增强交互场景，能够在出版物中呈现全方位全立体场景体验，不仅能在地理、历史、科学、艺术等多维度中还原真实场景，还能将人物、事件、地图、山川、河流进行一比一精准还原，甚至产生虚实不分的感官体验效果，实现代入式的“我”在场情景体验。身处异处的学习者可以通过化身共享虚拟学习空间，可以穿梭于不同的学习场景，开展探索式学习、创造性学习、合作式学习和自主性学习。学习者真身还可以与数字化身和仿真假身进行多元互动。

二是融课堂在线学习催生更多的出版学习包，使线下教学和线上视听教学混合进行，教学媒体是融媒体，教学课堂是融课堂，教学环境是虚实融合的环境。这就要求现有的数字出版要不断创新，推出新样态的元宇宙教育学习包，而不是原有的图书、光盘（磁盘、U盘）和二维码等传统样式。

三是实验化在线教学催生更多虚拟现实的VR＋教育出版物。元宇宙在线实验教学的特点是超越真实和再现“真实”。在具体出版产品选择上可关注3类出版物：一类是实验流程体验类产品；二是仿真操作类产品；三是终端实体操作类产品。元宇宙不仅使在线教育获得新的发展方向和新的发展动能，也将要求数字出版进行适应性变革。

2.元宇宙教育出版展望

教育出版一直是出版的主要产品线和重要生命线，面向基础教育的出版和面向高等教育的出版一直都与教育改革如影随形。《元宇宙教育》一书的作者认为，“从互联网到元宇宙，是一个连贯的过程。回顾历史，从20世纪末开始的互联网时代只是元宇宙大时代的序曲。深刻理解整个元宇宙时代，贯穿始终的既不是信息通信网络，也不是虚拟社交场景，而是数字。②数字化发展是社会进步的必然趋势，数字出版的存在和发展也需要与时俱进。

① 刘单平等：《从虚拟现实到元宇宙：在线教育的新方向》，《现代远程教育研究》2021年第6期。

② 李骏翼等：《元宇宙教育》，中国出版集团中译出版社2022年4月版，第15页。

（1）基于元宇宙教育理论进行教育出版重塑。首先，具身型体验出版物逐渐会成为市场热点。具身型体验出版物强调调动个体身心感官的全方位体验参与，这符合具身认知理论的要求。具身认知理论是对传统的“身—心”二元认知观的改造，认为认知的形成是人的大脑、身体与环境相互作用的结果。具身认知理论代表人物瓦雷拉提出，“具身”是认知依赖于经验的种类，这些经验来自具有各自感知运动的身体。“具身”还是个体的感知运动能力自身含在一个更广泛的生物、心理和文化情境中。”[①]具身认知理论的核心观点是强调身体全方位参与认知过程，而元宇宙为充分调动个体的身体感觉运动系统与环境进行具体交互和体验创造了条件。

其次，沉浸型体验出版物也将会成为市场热点。沉浸式体验出版强调调动读者极致愉悦的心理状态，这符合沉浸理论的要求。沉浸理论（亦称“心流理论”）追求的是学习者参与活动的全身心投入状态，其代表人物是米哈里·契克森米哈赖。沉浸作为一种全身心投入的愉悦状态，需要“主体”的“我”以第一人称扮演角色，这将大大提高学习者的自主性和参与性，而元宇宙能有效提供充满挑战性和高技能要求的体验环境给学习者。

再次，分布式认知的发展将细化出版产品。分布式认知理论强调认知是对个体内部与环境外部进行信息加工的过程。分布式认知强调认知活动的系统性，认为认知活动的各个要素和过程是紧密联系在一起的。其不仅关注认知过程中个体内部、个体之间以及人体与环境的相互作用，也强调认知活动的环境根植性与分布性。因此，元宇宙出版要根据学习者分布式认识特点的变化，调整和改变出版样式。

（2）基于元宇宙教育环境进行教育出版重塑。

首先，场域环境的变化。场域环境指元宇宙构造环境，即学习者所处的感知共生场域。元宇宙构造环境是复合环境，是现实物理环境与数字虚拟环境的融合，其既赋能现实，又能超越虚拟。其主要构成要素包括：真实镜像，即将现实环境进行三维全景采集，根据设计需要融入元宇宙环境实现真实再造；虚拟造物，即根据学习者的个性化需求重塑学习对象，从而对学习对象进行微观体察和宏观认知；可穿戴设备，即运用穿戴设备增强学习者体验感，实现沉浸式学习；学习场域，即对学习内容、学习方式、学习目标、学习过程进行动态建模，通过数字虚拟动态生成理想的学习场域。

其次，信息环境的变化。元宇宙信息环境是动态数据流通环境和知识资源服务环境的复合体。基于时间线的场景串联可以形成面向系统知识资源和单一知识资源有序的叙

① 刘革平等：《从虚拟现实到元宇宙：在线教育的新方向》，《现代远程教育研究》2021年第6期。

事模式，使分散的资源通过关系关联进行场景融合。[①]元宇宙信息环境的变化主要表现在：一是数据聚合，二是知识生长，三是动态服务，四是虚拟联通。元宇宙信息环境不仅能提供信息资源，而且能使学习者身处信息资源之中，实现学习认知与资源服务的耦合。

再次，心理环境的变化。元宇宙心理环境是学习者和教育者持续性、动态性的整体主观感受，是满足学习者全方位心理需求的感受体验环境。元宇宙心理环境包括场域感、具身感、临场感、参与感、认同感等多重感受，从生理学和心理学的角度讲，人的感官感知对推动人的智慧发展具有重要意义。眼耳鼻舌身等人体感官并不仅仅只是获取信息的器官，也不仅仅是被动执行大脑指令的工具，人的感官同时也是在与外界互动中产生智慧的智能器官。人们需要用眼来洞悉外界，用手来探索未知，用脚来丈量世界，由感官感知的现实世界可以映射到更逼真的虚拟世界里并由此推演出新知。而逼真的虚拟世界会形成“肌肉记忆”，在遇到类似情况下产生条件反射。[②]元宇宙整体感受的心理环境要求数字出版增加更多能触达人的感官、对感官产生刺激的出版形式和出版产品。

最后，文化环境的变化。文化环境是涉及人际关系和人与物关系的文化场域，教育文化环境是教育者和学习者共同的内在价值认同和外在行为遵循。元宇宙文化环境的变动在于塑造多元、开放、和谐、共生的文化场域，这种新环境场域包括人机协同、秩序规范、人际交往、价值观念认同等要素。元宇宙是“协同智能”，是人类智能与机器智能的协同融合，这种人机协同能广泛运用智能技术参与制定任务目标、过程规划、内容生成和效果评估，形成人机一体和人机互为主体的学习生态。元宇宙去框架化特征使学习者可以身处富媒体学习环境中，形成自由、自主、平等和公正的人际关系。元宇宙教育文化环境的变化要求数字出版增强出版物的互动性和读者价值认同的引领性，引导和培育读者形成健康向上的文化价值取向。

（3）基于元宇宙教育方式进行教育出版重塑。首先，智能工具的使用。元宇宙教育智能工具包括可穿戴工具和可触达工具，可穿戴工具可增强视觉、听觉、触觉、嗅觉、味觉等全方位感知，可对教育内容、过程和效果进行可视化动态呈现。元宇宙出版应考虑将传统的教育学习包升级为包括可穿戴工具在内的新型学习包，实现学习者人体感官的多维延伸。

---

① 向安玲等：《知识重组与场景再构：面向数字资源管理的元宇宙》，《图书情报知识》2022年第一期。

② 王鸿宾：《元宇宙的逻辑》，中国文化交流出版公司2022年1月版，第167页。

其次，具身学习的增强。元宇宙教育方式强调近乎自然状态的交互，融合泛在、近邻、可植入、多模态等多种交互类型，实现具身学习的技术性增强。具身学习突出学习事件发生的“现场感”，强调“亲身经历”和“亲历性”。虚拟逼真的具身场景既能代入真实，学习者如同亲临现场，又避免了真实现场的危险和高学习成本。如中图公司开发的《三大战役之攻克锦州》5G全景体验出版物，就入选军事博物馆“建党百年主题展”，吸引很多读者到现场阅读体验①，读者既能体验到战争场面的震撼，又能避免真实战场场面的危险。

再次，精准教学的优化。元宇宙教育是基于大数据、云计算、AI和5G技术底座的教育变革，精准教育将是其突出特点。元宇宙精准教学基于知识资源优选和环境智能对学习者进行学习和体验的量身定制，包括学习目标制订、学习资源优选、学习行为适应、学习内容推送、学习路径引导、学习过程监测和学习效果评估等等。教育者可根据被教育者的学习状态进行实时跟踪和最优化干预，被教育者也可向教育者反馈意见和建议，帮助改进教学设计，实现精准化的教学目标。

最后，教学类群的形成。教学类群不仅包括真身的教师和学生，还包括化身的教师和学生以及仿真的教师和学生。教学类群中的虚拟教师即具有真人外表的虚拟影像，可根据教学设计需要进行实时“变身”；化身老师即教师的数字人身份，可根据教学情景需要扮演不同的“教师”身份；全息教师即以真实镜像开展教学的教师，可对教学过程和教学内容进行全息映射。全息教师的出现必然推动全息出版的发展，元宇宙教学类群的生成也必然推动元宇宙出版改变传统的出版样式。

三、元宇宙阅读出版精准化

阅读类出版物是出版产品大类。如果说教育类出版物面向的是特定的学生群体和教育对象，那么，阅读类出版物面向的主要读者群体是普罗大众。虽然教育类出版物和阅读类出版物的读者群体会有所交集，但两者的边界还是相对清晰的。阅读类出版物内容相当庞杂，科普类、文艺艺术类、历史文化类、外语阅读类、娱乐养生类都属阅读类出版的范围。从数字出版的发展历程来看，数字出版首先就是从阅读出版开始的，大量网络阅读平台的构建首先推出的产品就是阅读出版物。进入元宇宙时代，元宇宙阅读出版也将成为出版新改革的热点。

---

① 陈曦：《5G新出版元宇宙：虚拟阅读空间创造新的文明和共识》，《新阅读》2021年第11期。

1. 全真阅读

在元宇宙时代，全真阅读将逐渐成为新的阅读趋势。相对于传统的文字阅读，全真阅读是全媒体的超文本阅读。全真阅读是“真实场景阅读”，是集文字、图形、视频、音频于一体的多媒介信息传播。与图文信息传播、短视频传播、有声信息传播相适应，移动阅读、数字阅读、有声阅读逐渐取代传统的纸质阅读而成为阅读主要形式，人人有一部手机而非人人有一本书已逐渐成为社会文化环境的主要场景。全真阅读的发展要求出版产业开发更多的移动读物、更多的数字读物、更多的有声读物和视频读物。元宇宙虽然催生了阅读方式的变化，但阅读的本质没有改变，阅读仍然是人们获取知识、获得信息、掌握技能和形成智慧的主要目的，只是在全真阅读时代，人们获取知识、获取信息并形成智慧的方式变了，由一元的文字阅读转变为多元的全真阅读。从古至今，文字一直是知识、信息传播的主要载体，在元宇宙时代，文字的传播功能仍不会消失，只是有更多的媒介传播形式加入现代传播体系之中。全真的“真实场景阅读”可促使知识和信息传播重回史前的“现场目击”状态，具身和具象的场景更多、更逼真、更能提升人们阅读的兴趣。

2. 沉浸式阅读

沉浸感是元宇宙的核心特征，没有沉浸感就没有进入元宇宙状态，元宇宙必须具有沉浸感才能让用户产生强烈的感官冲击，这也是软硬件技术发展和虚实结合带来的效果。除了社交和游戏娱乐领域，阅读内容体验也是沉浸感的最重要领域之一。阅读体验具有沉浸感，用户个性化体验就能得到最直观体现。沉浸感是阅读离元宇宙最近的入口，如文学作品以”“沉浸感”让读者进入故事情节和扮演虚拟角色；文旅作品以“沉浸感”为卖点创造逼真的虚拟空间；建筑师、工程师和设计师以“沉浸感”进入工程设计空间，自由进出现实世界和虚拟世界。青岛出版集团打造的VR＋全媒体和VR＋文旅出版产品，就是一种推动元宇宙沉浸式阅读发展的有益尝试。[①]还有如“云冈全媒体出版项目，以VR情景还原、云冈书房、3D打印石窟和影视纪录片等多种形式呈现云冈文化遗产，让读者沉浸在久远而广博的文化海洋中体验文化和艺术的强大感染力和穿透力。中图公司与中国国家图书馆合作开发的全景文化典籍《永乐大典》，将《永乐大典》以穿越时空的全景场景进行展示，并在国家图书馆建成首个5G全景阅读展厅，吸

---

① 延宏，王华：《“VR＋”：元宇宙视域下出版业的融合发展模式》，《出版广角》2021年第22期。

引了众多读者到现场进行沉浸式阅读体验。中图公司还在首都图书馆设立“童书经典中的党史展”，在中国革命军事博物馆设立“建党百年强军展”等5G全景阅读展示，也吸引了众多读者进行沉浸式阅读体验。从这个意义上来说，在元宇宙阅读条件下，阅读不仅仅是看书，还可以使用可穿戴设备和进全景展厅进行沉浸式阅读，让读者在“身临其境”和“浸”在眼前的场景中享受全景阅读空间，使阅读变得不再是枯燥无味而是其乐无穷的趣事。

3. 定制化阅读

去框架化是元宇宙的重要特性之一，去框架化亦即去中心化。元宇宙的底层技术之一是区块链技术，而区块链技术具有与生俱来的去中心化属性。区块链技术除了能有效解决版权加密之外，还能实现分布式记账，也就是说在区块链上生成的所有信息都能在区块链上所有节点同时记账。[①]分布式记账现阶段主要在消费、保险等领域进行日益广泛的应用，但在出版领域也日益得到重视。自从微博、微信、快手、抖音、小红书等蓬勃兴起后，普罗大众自主创作的热情日益高涨，也确实涌现出了一些符合大众口味的网红作品。[②]但是，在个性化、快餐化消费时代，人们求新的愿望日益强烈，海量信息让人目不暇接，自媒体传播的内容和方式已逐渐让人们感到审美疲劳。在元宇宙时代，个体自主创造和自由参与的色彩将更加浓厚，传播内容的选择和传播方式的安排将更加突出自主性。在元宇宙中，传统的以文字创作为主的文学作品可以更多地增添图像、游戏、动漫等创作方式和展现场景。元宇宙创作可以不预设结局，也可以没有完整的主题框架，角色安排可以是动态的、多元的和无主次之分的，故事情节也可以无轻重之分和无章节段落之分。这种开放式的、去框架的、去中心化的阅读体验虽然有很强的非逻辑色彩，但这种非逻辑的阅读体验可能更符合人的个性化需求，从而改变传统的、标准化的、被动式的阅读模式。

四、元宇宙出版的坎坷之路

当然，在对元宇宙进行展望的同时，要看到元宇宙是把双刃剑。技术越厉害，其带来的好处或坏处也就越有力量。

---

① 武晓耕：《元宇宙视角下的学术出版发展趋势》，《出版科学》2022年第3期。

② 谢华平，李亚妮：《元宇宙时代数字出版的新图景与监管挑战》，《传媒》2022年第3期（下）。

1. 元宇宙几大挑战。

在《元宇宙革命和矩阵陷阱》一书中，作者指出元宇宙对未来社会的五大挑战：一是元宇宙对人类关系、社会稳定和公共安全的挑战；二是虚实两大世界对身份管理和信任体系的挑战；三是现有密码算法和协议无法满足元宇宙众多应用需求的挑战；四是零计算模式对有效隐私保护提出的挑战；五是海计算对现有安全监测体系形成的压力和挑战。①元宇宙是一场革命，它将现实世界和虚拟世界连接起来，同时也让人们置身于虚实两重世界的矩阵之中。在虚与实的矩阵之中，人们的思想和行为有可能会被误导和操纵。

2. 算法误导与“信息茧房”陷阱

“信息茧房”概念是《信息乌托邦》一书的作者桑斯坦最先提出的，意指信息传播中受众往往只关注和选择自己感兴趣的、能让自己感受愉悦的东西，受众的现实需求并非是全方位的，内容和信息获取方式的选择容易形成习惯，久而久之就会将自己束缚于像蚕茧一样的“茧房”之中。身处“信息茧房”的受众如同把“自己封闭在自我设置的回音室中，每个人听到的只有自己的回音，相同的意见会被不断重复，异质的观点会被过滤掉，失去了了解其他事物的机会和能力。②从这个意义上来说，信息传播的分众化和个性化，一方面提高了传播的精准化，另一方面又有可能形成“信息茧房”陷阱。也就是说，个性化既有正效应，也有负效应，并非个性化的东西就都是好东西。

新型算法和算力是元宇宙技术基础之一，但在泛在网络条件下，我们自认为自主选择的东西往往是基于算法的网络信息推送的结果，这种算法智能推送看似没有人为因素，但其都有意或无意地加入了矩阵的编程。可以说，我们每个人都是生活在一个被算法和算力控制的虚拟矩阵之中，网络巨头和相关领域头部企业在获取巨大利益时，或许同时在制造无数的矩阵来误导和操控人们的认知。算法误导主要有两种情况：一是算法自身运行机制是不断地制造“Feed 流”，即把用户当作贪吃的动物一样不断提供他们喜欢的东西，这就极易形成“信息茧房”效应。“Feed 流”就是根据用户行为足迹记录投其所好，不间断地进行叠加推送，形成叠加矩阵，让用户陷入“信息茧房”陷阱。算法的流量导向不断地制造网红产品，鼓励更多的用户参与其中，这种流量导向有时缺乏正确的价值导引，“流量第一”甚至会引导用户不断走偏，向着极端化或分裂化方向

① 王骥：《元宇宙革命与矩阵陷阱》，中国出版集团华文出版社2022年2月版，第98～99页。

② 樊清丽：《关于算法推荐乃形成“信息茧房”的再思考》，《采与编》2019年第4期。

狂奔。我们在正确认识元宇宙正效应的同时，对元宇宙可能产生的算法误导和“信息茧房”等负效应应该有清醒的认识。

3.元宇宙出版的双刃剑

对出版变革而言，元宇宙出版一方面要顺势而为，另一方面要在出版内容推送审核和内容发布以及传播模式方面坚持正确的价值导向既要最大限度地发挥机器、技术和算法、算力的作用，也要最大限度地发挥人的作用。机器技术不能缺位，人同样也不能缺位。具体来说，元宇宙出版特别要警惕以下几个问题。

（1）资本和权力的进入可能给出版内容生产带来的不平衡。这主要是指资本的逐利性会导致出版内容生产更加利益化，从而导致社会效益与经济效益的失衡。在资本权力作用下，一些被资本包装或裹挟的不良作品会乘势出现，而且在区块链技术的保护下不可更改，从而加大传播力度和扩大传播范围。

（2）去中心化可能带来的价值断裂。这主要是指基于区块链技术的去中心化可能同时带来去价值化。出版业是价值取向色彩很浓的行业，本质上属于意识形态和文化产业，正确的价值定位是出版业的定海神针。去中心化一方面可以调动普罗大众的创作参与积极性，另一方面也可能给乌合之众表达负面心理提供可乘之机；一方面可以使作品内容更丰富、形式更多样，另一方面也可能在价值多元的外表下带来价值观混乱或滋生无政府主义的虚无价值观；一方面可以给用户带来沉浸式自然式体验，另一方面也可能给一些人提供沉浸虚拟世界而逃避现实生活的“庇护所”。麦克卢汉曾指出：“一旦拱手将自己的感官和神经系统交给别人，让人家操纵——而这些人又想靠租用我们的眼睛、耳朵和神经从中渔利，我们实际上没有留下任何权利了。”①任何新技术都是人为和为人的，元宇宙技术同样也是为人的，元宇宙出版需要不断创新，但也要有自身的价值定位和价值底线。

（3）技术升级可能带来的社会化差异。现阶段，元宇宙游戏出版、元宇宙教育出版、元宇宙阅读出版面向的读者对象主要是“Z世代”和“Y世代”，但出版读者群体不只有“Z世代”和“Y世代”，网络和数字时代造成的人们之间的数字鸿沟还没有消除，数字鸿沟也不会随着元宇宙的去中心化特征而消失，反而可能会拉大鸿沟，如元宇宙条件下的可穿戴设备、数字化产品和全景体验场景，都有相对较高的知识门槛和资本要求，对年龄偏大的人群和边远地区的孩子们来说，元宇宙阅读相对遥远。但从社会公平正义的角度来看，技术发展如果带来的是不断扩大的数字鸿沟，就需要高度重视并致

---

① 谢华平，李亚妮：《元宇宙时代数字出版的新图景与监管挑战》，《传媒》2022年第3期（下）。

力于填补这些鸿沟了。

总之，元宇宙出版目前还处于概念化阶段，但由于资本和技术的推动，发展势头也很迅猛。高新技术的发展总会给社会带来“扩增”和“代沟”等结构反应，出版业要未雨绸缪，要对元宇宙出版的未来形态进行预判和展望。研究和探索一直是出版产业生生不息的前进动力，进入元宇宙时代，出版产业同样需要研究和探索出一条使传统出版摆脱困境而渐入佳境的新路。